Alexander Sviyash

Ab heute bin ich Glückskind

W0195400

Alexander Sviyash

Ab heute bin ich
Glückskind

Leben ist das, was ich will

Aus dem Englischen von Susanne Lück

//////////////////// SILBERSCHNUR ////////////////////

Copyright © 2009 by Alexander Sviyash
Titel der Originalausgabe: »How to Learn Life's Lessons and Become Life's Favorite«

Copyright © der deutschen Ausgabe:
Verlag »Die Silberschnur« GmbH

ISBN: 978-3-89845-354-7

1. Auflage 2012

Übersetzung: Susanne Lück
Gestaltung & Satz: XPresentation, Güllesheim
Druck: Finidr, s.r.o. Cesky Tesin

Verlag »Die Silberschnur« GmbH · Steinstr. 1 · 56593 Güllesheim
www.silberschnur.de · E-Mail: info@silberschnur.de

Inhalt

Einführung

Worum geht es in diesem Buch? Wir werden daran erinnert, dass wir alle in einer Welt des Reichtums leben. In unserer Welt gibt es jede Menge Essen, Geld, Wohnraum, Autos, Männer, Frauen, Kinder, Gesundheit, Liebe, Ruhm, Orte der Ruhe und Erholung und vieles mehr. Gott hat uns all das in Hülle und Fülle geschenkt. Warum also haben einige Menschen manches im Überfluss, während andere Mangel leiden? Oft ergibt es sich, dass diejenigen, die viel von etwas besitzen - zum Beispiel viel Geld -, dafür von etwas anderem nicht genug haben, beispielsweise Liebe oder Gesundheit. Umgekehrt scheint es, dass Menschen, die gesund sind und geliebt werden, oft verzweifelt etwas anderes benötigen, zum Beispiel Geld. Nur sehr wenige Menschen haben tatsächlich alles, was sie brauchen oder sich wünschen.

Solche Menschen nennen wir Glückspilze, und oft glauben wir, dass sie ihr Glück gar nicht verdienen, dass all ihr Erfolg in den Augen Gottes nichts weiter sei als ein glücklicher Zufall. Manchmal glauben die betroffenen reichen Menschen das selbst und sehen gar nicht, dass sie ihre Freuden und Errungenschaften durchaus aus eigener Kraft erschaffen haben.

Können auch Sie zu einem dieser Glückskinder werden? Ja, nämlich wenn Sie sich ebenso verhalten wie sie.

Es kommt nur auf Sie an!

Mit dem Ratschlag, sich um den eigenen Erfolg zu bemühen, indem Sie das Verhalten erfolgreicher Menschen nachahmen, ist noch nicht viel Neues verraten. Diesen Gedanken verfolgen zahlreiche Selbsthilferatgeber in aller Ausführlichkeit. Doch die Autoren dieser Werke konzentrieren sich auf das *äußere Verhaltensmuster der Erfolgsverwöhnten* – wie sie arbeiten, planen, sprechen und so weiter.

Solche Empfehlungen können sicher auch helfen, doch effektiv können sie nur dann sein, wenn das *innere Wesen eines Lesers auch dem inneren Glaubenssystem einer erfolgreichen Vorbildfigur entspricht.* Und wie Sie sich leicht vorstellen können, herrschen zwischen diesen beiden inneren Welten oft deutliche Unterschiede. Sie können endlos Ziele verfolgen, Leistungen vorplanen oder achtzehn Stunden pro Tag arbeiten. Doch wenn Sie tief in Ihrem Innern den Chef für einen Dummkopf halten, der seine Stellung zu Unrecht bekommen hat, dann führen alle Anstrengungen dennoch zu negativen Ergebnissen, und Sie werden die Karriereleiter vermutlich eher hinab- als hinaufsteigen. Sie verstehen nun die Welt nicht mehr: Sie haben doch alles getan, was der Erfolgreichere auch getan hat – warum sind Sie dennoch gescheitert?

Das liegt daran, dass es außer den äußerlich sichtbaren Verhaltensweisen noch *einige andere sehr bedeutsame Regeln* zu beachten gilt, wenn Sie mit anderen interagieren. Diese Regeln sind ganz einfach. Wer sie aber missachtet (wie es Millionen von Menschen fortwährend tun), dem erteilt das Leben eine Lektion. Und solche Lektionen gehen weit über eine schlechte Schulnote für vergessene Hausarbeiten hinaus. Wenn Sie sich diesen Lektionen verweigern, dann blockiert das Leben auch all Ihre weiteren Bemühungen, Ihr Ziel zu erreichen. Egal, wie viel Energie Sie aufwenden, egal, wie sehr Sie sich für ein Ziel ins Zeug legen, Sie erhalten dennoch nicht die gewünschten Ergebnisse! Sie werden nie ein Glückspilz – im Gegenteil, Ihnen droht das Schicksal eines ständigen Versagers.

Verstehen und verinnerlichen Sie aber diese schlichten Lebenslektionen, und widersetzen Sie sich nicht schon ihren simpelsten Grundlagen, dann werden auch Sie zum Glückskind. Und ohne Frage ist es äußerst angenehm, vom Leben geliebt zu werden: Die meisten Ihrer Ziele erreichen Sie dann mit wenig Mühe, Sie leben in innerer Harmonie und Freude. Sie haben nie mehr einen Grund, die Zukunft zu fürchten, weil das Leben Ihnen, seinem Liebling, niemals Schaden zufügt.

Das mag wie ein Wunschtraum klingen, aber es ist eine unumstößliche Tatsache, die Sie fördern kann, wenn Sie es zulassen. Es hängt nur von Ihnen selbst ab, ob Sie zu einem wahrhaft glücklichen Menschen werden.

Jemand in der unsichtbaren Welt hilft den Menschen dabei, die einfachen Lebensregeln in unserer Welt zu beachten. Diese unsichtbare, schützende Macht nennen viele Gott, andere bezeichnen sie als Engel oder als Himmelsmacht – die Bezeichnung ist letztlich nicht wichtig. Unsere Herangehensweise ist nicht religiös, wir verwenden daher einfach den Begriff »Leben« oder »Universum«; Sie können jedoch auch jedes andere Bild verwenden, das Ihrem eigenen Glauben entspricht.

Praktische Grundlagen meiner Methode

Unsere Studien zeigen, dass wir Anspruch auf jedes Geschenk des Lebens haben und auch die Fähigkeit, jedes gesetzte Ziel zu erreichen. Viele Autoren äußern sich dazu, doch leider bringen ihre Ratschläge nicht immer die gewünschten Ergebnisse, und wir wissen auch, warum.

Es hat sich gezeigt, dass wir Menschen, bevor wir uns an die Verwirklichung unserer Wünsche machen, zunächst *die uns umgebende Welt akzeptieren und harmonisch mit ihr interagieren* sollten. Das heißt, wir müssen aufhören zu verurteilen, was in unseren Augen Fehler und Missstände dieser Welt zu sein scheinen. Können wir das nicht, dann verletzen wir die wichtigsten Verhaltensregeln des Lebens, und unser Versagen ruft Sorgen, Krankheiten, Unfälle oder Unvermögen erst hervor. Sobald wir aber aufhören, gegen diese Erfordernisse zu verstoßen, lösen sich all unsere Probleme auf wundersame Weise in Luft auf.

Das Leben beginnt dann, uns Freude zu bescheren und uns zu allem zu verhelfen, was wir uns ersehnen. In diesem Buch erfahren Sie genau, wie Sie ohne Kummer und Leiden zu leben lernen und wie Sie Ihr Leben dazu bewegen, Ihnen nur Glück zu bringen.

Die Grenzen unseres Wissens erweitern

Es reicht im Leben nicht aus, nur die Lerninhalte aus Schule oder Universität anzuwenden, denn dieses Wissen gründet sich ausschließlich auf die Wissenschaft. Doch die ist materialistisch – sie hält also nur Dinge, die gemessen, berührt oder in Teilchen aufgespalten werden können, für real und befasst sich folglich nur mit solchen. Im Leben existieren jedoch zahlreiche Phänomene, die mit der modernen Wissenschaft nicht erklärt werden können. In der Zukunft wird die Wissenschaft höchstwahrscheinlich ihre Grenzen erweitern und zu erklären versuchen, was sie bislang noch abstreitet oder als Einzelfall abtut. Doch wir wollen nicht erst darauf warten, sondern stattdessen heute schon religiöses und esoterisches (das heißt verborgenes) Wissen in unserer Argumentation einsetzen.

Mit den Informationen aus diesem Buch kann jeder sein Leben – selbst unter den schwierigsten Umständen – drastisch zum Besseren wenden ... sofern er das wirklich will! Es ist das Recht jedes Menschen. Das Buch ist nichts weiter als eine Anleitung, die erläutert, warum Schwierigkeiten und Probleme in unser Leben treten und wie wir sie selbst erschaffen. In diesem Buch finden Sie demnach lediglich die nötigen Informationen – zu den richtigen Schlussfolgerungen kommen Sie selbst.

Auf diese Weise haben schon viele ihre Einstellung zum Leben gründlich verändert – mit der Folge, dass ihr Liebesleben schöner wurde, sie zu Geld und einer erfüllenden Arbeit kamen, ihr Geschäft erfolgreich lief und Krankheiten schlicht verschwanden. Hier finden Sie Hilfestellungen – Sie selbst entscheiden, ob Sie sie auch anwenden möchten.

Wenn Sie sich für mein System entscheiden, lernen Sie, gegen Probleme anzugehen, von denen die Urvölker glaubten, sie seien das Werk »böser Geister«. Eigentlich jedoch sind sie nur das Werk einer falschen Einstellung zum Leben in dieser Welt.

Abkehr vom Materialismus

Wie schon erwähnt, gehe ich bei meiner Methode von der Tatsache aus, dass neben der sichtbaren Welt, die wir anfassen, messen und mit den Augen sehen können, auch noch eine andere Welt existiert, die »subtile Welt«. Diese unsichtbare Welt umfasst all das, das wir noch immer nicht genau kennen. Die Wissenschaft wird all diese Mysterien wahrscheinlich irgendwann einmal enthüllen und erklären, aber das wird nicht so bald geschehen. Es gibt eine zweite, unsichtbare Version unserer sichtbaren Welt, und mit dieser können wir alle zu unserem Vorteil interagieren. Im Buch wird häufig vom »Leben« die Rede sein; damit ist das gemeint, was andere Himmelsmacht, Gott oder Schöpfer nennen, und es bezeichnet nichts weiter als die erreichbaren, aber unsichtbaren Mächte, die unsere Wirklichkeit beeinflussen. Es gibt bereits zahlreiche religiöse, philosophische und esoterische Modelle der subtilen Welt. Mir und Ihnen sollen sie alle recht sein. Meine Methode erscheint jedoch eher wie eine psychologische Theorie, die durchaus materialistische Aspekte beherzigt. Doch am wichtigsten sind die konkreten Wege, praktisch mit dem subtilen

Reich zu kommunizieren – und in dieser Hinsicht ist die Methode alles andere als materialistisch. Daher können sie auch gläubige Menschen ebenso wie Atheisten zur Anwendung bringen. Grundsätzlich ist meine Methode mit jedem bestehenden Glaubenskonzept vereinbar, da sie über der Religionsebene steht und wirkt. Als Nutznießer dieser Methode können Sie ohne Weiteres den Ritualen Ihres Glaubens nachgehen – es wird keine Widersprüche geben.

Anwendungsbereiche

Die Informationen in diesem Buch erklären etwa 80 Prozent aller negativen Ereignisse auf der Welt. Die restlichen 20 Prozent betreffen Menschen, die wir als »besonders« bezeichnen können, und diese Fälle müssen gesondert erforscht und erläutert werden. »Besondere« Menschen führen Leben, die sich von der Mehrheit stark unterscheiden. Es sind (unter anderem) unglaublich reiche Menschen, berühmte Personen des öffentlichen Lebens, Stars, Serienmörder, psychisch Erkrankte oder solche Menschen, die sich durch Behinderungen von Geburt an von anderen unterscheiden. Ihr Leben, ihre Schwierigkeiten sind ganz andere als die der meisten von uns. Hier soll es aber vor allem um die Probleme der ganz gewöhnlichen, durchschnittlichen Menschen gehen.

Wir erkunden mögliche Gründe für die *typischen negativen Situationen*, die sich im Leben der meisten Menschen ergeben. Dazu gehören Krankheiten, Misserfolge, familiäre Sorgen und andere Lebensprobleme. Meiner Erfahrung nach hilft die Herangehensweise in diesem Buch sehr schnell, diese üblichen Probleme nachhaltig zu beseitigen, und Sie erfahren, wie Ihnen das ohne Hilfe von außen eigenständig gelingt. Wenn Ihre Sorgen dann einmal verschwunden sind, bleibt Ihnen nichts als Freude in einem glücklichen und erfolgreichen Lebenslauf.

Keine Voraussetzungen

Einer der großen Vorteile meiner Methode ist ihre perfekte Anpassung an das Tempo unseres modernen Lebens. Um von ihr zu profitieren, benötigen Sie keine besonderen Fähigkeiten und weder mehr Zeit noch zusätzlichen Raum. Sie können sie in jedem Augenblick Ihrer Freizeit anwenden, und die Übungen eignen sich für Auto- und Bahnfahrten ebenso wie für die Zeit beim Schlangestehen. Sie müssen Ihren gewohnten Tagesablauf also nicht verändern.

»Ich« und »wir«

An späterer Stelle verwende ich nicht mehr das Pronomen »ich«, sondern »wir«. Das hat den Grund, dass ich nicht mehr nur von mir als Person spreche, sondern als Vermittlungsstelle höherer Mächte, die dem Menschen all seine Möglichkeiten bewusst machen möchte, die ihm am Tag seiner Geburt zuteilwurden.

Kurzfassung der »Sensible Life«-Methode

Das vorliegende Buch ist die dritte Ausgabe eines Manuskriptes, das ich 1998 verfasst habe. Seitdem ist eine ganze Weile vergangen, doch immer noch führen so viele Menschen, die das Buch nicht gelesen haben, nicht die Art von Leben, die sie sich wünschen. Sie sind keine Glückskinder des Lebens, sondern höchstens seine Stiefkinder. Diese Menschen haben nun die Chance, ihr Leben harmonischer und erfolgreicher zu gestalten, sofern sie nur dazu bereit sind, einige ihrer Überzeugungen und Lebensansichten zu überdenken. Sie alle brauchen dieses Buch nach wie vor!

Es enthält die Hauptgedanken der Methode, die ich als »Sensible Life« bezeichne. In den vergangenen Jahren hat sie in vielen

Ländern zahlreiche Anhänger gefunden. Auf Gebieten wie dem Liebes- oder Familienleben, der Geschäfts- und Arbeitswelt und auch im Gesundheitsbereich konnte ich Empfehlungen und Anwendungsbeispiele geben, die schon vielen Menschen geholfen haben. Die vollständige Anleitung findet sich in sechs Bänden unter dem Titel »Sensible Life«-Methode. Mehr darüber finden Sie auch im Internet unter **www.sviyash.com**.

Viele Menschen rund um die Welt setzen diese Methode bereits erfolgreich ein und konnten ihr Leben radikal verbessern. Sie verwirklichen heute Ziele, die sie früher für unerreichbar hielten. Wenn Ihnen gefällt, was Sie hier lesen, haben Sie später noch die Möglichkeit, sich auch mit dem Rest der »Sensible Life«-Methode vertraut zu machen, deren Einsatz Ihnen immer mehr Wünsche verwirklichen wird. Die amerikanische Akademie »The Sensible Way« hilft Ihnen zudem durch Trainingsseminare und private, durch Fachspezialisten erteilte Beratungsstunden.

Ich lade Sie dazu ein, Ihr Leben bewusster und glücklicher zu gestalten, und wünsche Ihnen viel Erfolg auf Ihrem Weg!

Herzlichst, Ihr
Alexander Sviyash

1.
Lebenslektionen verstehen

Im ersten Teil des Buchs lernen Sie zu verstehen, was das Leben von Ihnen will, welche Lektionen es für Sie bereithält und wie Sie zu einem seiner Glückskinder werden. In den darauffolgenden Abschnitten erfahren Sie, welche Schlüsse Sie aus diesen Lektionen ziehen können und wie Sie sich den Vorteil zunutze machen, ein wahrer Glückspilz zu sein.

Strategien zum Erreichen eines Ziels

Wie kann das Leben unser Verhalten beeinflussen? Ganz einfach: indem es uns entweder weiterhilft oder aber Hindernisse auf dem Weg zu unseren Zielen auftürmt.

Jeder hat Wünsche und Ziele in seinem Leben – etwa einen bestimmten Schulabschluss oder eine angenehme Arbeitsstelle zu bekommen, viel Geld zu verdienen, eine Familie zu gründen, die Kinder richtig zu fördern, bestimmte Vorhaben erfolgreich zu beenden und so weiter. Auf diese Ziele bewegen wir uns zu, und früher oder später erreichen sie auch die meisten von uns. Manche Menschen jedoch scheinen leicht und schnell zum Ziel zu kommen, während andere einen enormen Aufwand an Zeit und Mühe investieren müssen. Warum ist das so? Theoretisch kommen zwei Strategien zur Zielerreichung infrage.

Die erste Strategie ist der Weg der Kraft, des Kampfes und der Überwindung von Schwierigkeiten. In der Tierwelt wäre die beste Entsprechung etwa das Verhalten eines Büffels oder Bären, der sich vor nichts fürchtet und alle Hindernisse auf seinem Weg einfach niederreißt. Manche Menschen verhalten sich in ihrem Leben ebenso und bezwingen zahlreiche Hürden mit großer Hartnäckigkeit und Hingabe. Ihr ganzes Leben scheint einem ewigen Kampf zu gleichen. Schwierigkeiten scheinen solche Menschen beinahe zu begrüßen, weil erst sie es ihnen ermöglichen, das Leben nach ihrem Geschmack in vollen Zügen zu genießen. Es ist klar, dass wir auf diesem Weg über eine Menge Mut, Zuversicht, Energie, Entschlossenheit und nicht zuletzt über eine gute Gesundheit verfügen müssen. Doch nicht viele von uns besitzen all diese Eigenschaften.

Die zweite Strategie ist der Weg der Ruhe und des Selbstvertrauens. Dieser Weg schließt Konflikte, Kämpfe oder Hindernisbeseitigung quasi völlig aus. Es ist der Weg eines weisen Mannes, der seine Kraft nicht damit vergeudet, gegen Menschen anzukämpfen, die nicht wissen, was sie tun. In der Tierwelt verhält sich beispielsweise ein Wildpferd so. Es ist sehr stark, aber dennoch lauscht es lieber erst genau und sieht sich gründlich um, ob sich eine Bedrohung nähert. Mit dieser Strategie vermeiden Pferde sehr erfolgreich unnötige Kampfhandlungen.

Dieser zweite Weg ist der sinnvollste für die große Mehrheit der Menschen, die keine herausragenden Führungs- und Kämpferqualitäten besitzen, und eben diesen Weg werden wir hier erkunden. Sie werden lernen, sich einem gewünschten Ziel zu nähern und dabei gut auf die Signale zu achten, die das Leben an Sie aussendet. Denn das Leben interagiert unablässig mit Ihnen, doch Sie sind es nicht gewohnt, auf seine Hinweise zu hören oder ihm die korrekten Befehle zu geben. Niemand lehrt Sie diese Dinge, daher müssen Sie immer wieder Fehler machen, die Sie an der Erfüllung Ihrer wahren Wünsche und Sehnsüchte hindern.

Was Ihnen im Weg steht

Die wichtigste Schlussfolgerung, die wir aus der Erforschung von Fehlern und Misserfolgen bei der Zielerreichung gezogen haben, ist folgende: Wir alle gelangen so schwer ans Ziel unserer Wünsche, weil wir mit der Welt um uns herum oder mit uns selbst in Konflikt stehen. Eine der wichtigsten Bedingungen für praktische Hilfe durch das Leben selbst ist aber die Fähigkeit, die Welt um uns so anzunehmen, wie sie ist - trotz ihrer aus unserer Sicht offensichtlichen Makel.

Zu dieser Haltung zu gelangen, ist alles andere als einfach. Es ist sogar ungemein schwer in einer Welt, die in Reiche und Arme, Gläubige und Ungläubige, Verfolger und Verfolgte und so weiter gespalten scheint. Aber Akzeptanz bleibt eine notwendige Voraussetzung. Damit Ihnen diese leichter fällt, soll zunächst ergründet werden, warum Sie überhaupt auf die Welt kommen.

Warum kommen wir auf die Welt?

In praktisch allen Glaubensrichtungen der Welt wird gelehrt, dass Menschen ihre Existenz nicht selbst in die Hand nehmen, sondern Gott oder anderen Himmelsmächten anempfehlen sollten. Doch jeder von uns weiß: Falls wir gar nichts selbst tun, sehen wir uns eines Tages ernsthaften Problemen gegenüber, beispielsweise dem Verlust von Arbeitsstelle, Heim, Familie oder Gesundheit. Wer würde das schon riskieren? Richteten unsere Vorfahren ihre Ratschläge vielleicht nur an einige wenige Ausnahmepersonen – Mönche beispielsweise? Aber nein, sie bezogen sich tatsächlich auf uns alle. Um das wirklich und wahrhaftig verstehen zu können, müssen wir aber erst wissen, warum wir geboren werden.

Um der weiteren Argumentation folgen zu können, sollten Sie daran glauben, dass die menschliche Seele in verschiedenen Körpern wiederholt geboren werden kann. Dieses Phänomen ist aus fernöstlichen Glaubenssystemen als *Reinkarnation* bekannt und bedeutet, dass ein Teil unserer selbst, unsere unsterbliche Seele, nach dem Tod in einen anderen Körper übergehen kann. Das geschieht so oft, wie die Seele es braucht oder wünscht. Die Gründe dafür sollen nun im Detail beleuchtet werden.

Grundsätzlich ist es so, dass unsere himmlische Substanz, also die unsterbliche Seele, gar nicht auf die Erde kommen *muss*. Wir könnten mit ihr solange wir wollen in der Welt verweilen, die wir die subtile nennen (die Esoteriker nennen sie Jenseits). Doch viele von uns ziehen es vor, zur Erde hinabzureisen und dort ein recht mühseliges Leben zu führen.

Die Ebenen der verborgenen Welt

Aus zahlreichen Quellen, auch aus religiösen, ist uns bekannt, dass die verborgene Welt, die wir präziser die »subtile Welt« nennen, aus vielen Ebenen besteht. Die niederen Ebenen der subtilen Welt könnte man als »Hölle« bezeichnen, und die obersten Ebenen der subtilen Welt wären dagegen vergleichbar mit unserer Vorstellung des Himmels. Zweifellos möchte jede Seele einmal einen Platz auf einer höheren Ebene ergattern, doch das zugewiesene Stockwerk hängt von der Menge an »Sünden« ab, die die Seele zu der Zeit begangen hat, wenn sie ihren alten Körper verlässt (also bei dessen Tod). Östliche Philosophien sprechen in diesem Zusammenhang von »Karma«.

Fernöstliche Lehren

Der Begriff *Karma* ist bereits uralt und bedeutet so viel wie »Tat« oder »Wirken«. Gemeint ist damit, dass die eigenen Gedanken und Taten aus der Vergangenheit unsere Gegenwart und Zukunft bestimmen, da Karma meint, dass man das am eigenen Leib erfahren muss, was man anderen angetan hat – das gilt sowohl für gute Taten wie für solche, die anderen geschadet haben. Viele befürchten, wenn sie den Begriff Karma hören, hilflos einem vorgezeichneten Schicksal ausgeliefert zu sein, doch glücklicherweise ist es lange nicht so schlimm!

Unserer Erfahrung nach stammen die meisten Lebensprobleme von den Fehlern her, die Sie *bewusst und als Erwachsene* machen. Sie brechen ein paar der einfachen Regeln, die Sie in diesem Leben befolgen sollten, und das Resultat sind Sorgen, Krankheiten oder sogar ein früher Tod. Nicht all diese Schwierigkeiten sind den Ereignissen aus einem früheren Leben geschuldet. Sie selbst sind es, die Ihre Probleme und Krankheiten erschaffen, wenn Sie eine falsche Haltung zur Welt einnehmen und viel zu viel Gewicht auf bestimmte Aspekte Ihres Lebens legen, während Sie andere völlig ignorieren.

Das Leben ist voller Abwechslung, aber die Menschen nehmen sie nur selten an. Sie halten ihre Ideale hoch und sind enttäuscht, wenn ihre hohen Erwartungen nicht ganz erfüllt werden. In unserer Methode sollen diese exzessiven Vorstellungen als »Idealisierungen« bezeichnet werden.

Was »Idealisierung« bedeutet

Wenn Sie etwas idealisieren, räumen Sie einem Lebensbereich, der Ihnen besonders wichtig ist, eine übersteigerte Bedeutung ein und lassen ihm entsprechend viel Aufmerksamkeit zukommen. Das führt zu *langen Perioden negativen Stresses,* wenn das Leben Ihren Erwartungen nicht gerecht zu werden scheint.

Eine Idealisierung liegt beispielsweise vor, wenn Sie sich in Ihrer Vorstellung auf ein bestimmtes *Verhaltensmuster* Ihres Partners, Ihrer Partnerin, Ihres Kindes, Ihrer Bekannten, Vorgesetzten oder anderer festlegen. Sie glauben dann zu wissen, wie diese Menschen sich benehmen sollten, doch sobald ihr wirkliches Verhalten ein wenig (oder deutlich) von Ihrer Vorstellung abweicht, enttäuschen Sie die Ideale, die Sie unterhalten. Als Folge davon könnten Sie aggressiv versuchen, sie zu dem von Ihnen als richtig erachteten Verhalten zu zwingen. Passen sie sich Ihrem Ideal weiterhin nicht an, fühlen Sie sich eventuell verzweifelt oder deprimiert. Sie nehmen die andere Person (sowie oft den Rest der Welt) *nicht so an, wie sie ist,* nur weil sie nicht den Idealen in Ihrem Kopf entspricht.

Sie können ebenso Umstände und Ereignisse in der Welt idealisieren. Einige verbreitete Beispiele: Die Regierung handelt unverantwortlich und führt das Land nur ins Verderben. Politiker haben nur ihren eigenen Nutzen im Sinn und denken gar nicht an andere. Das Leben ist zutiefst ungerecht, denn zu viele unschuldige Menschen müssen in Kriegen, Katastrophen und so weiter leiden. Wenn Sie sich lange Zeit selbst nicht gefallen - wegen Ihres Äußeren oder Ihrer Gewohnheiten beispielsweise - dann werden Sie zum Objekt Ihrer eigenen Idealisierung.

Und es gibt noch unzählige weitere Idealisierungen, die Ihnen das Leben verleiden können.

Offene und latente Idealisierungen

Zunächst sollten Sie zwischen zwei Sorten der Idealisierung unterscheiden lernen: der offenen und der latenten.

Als *offen* soll eine Idealisierung gelten, wenn etwas Greifbares in Ihrem Leben Sie lange Zeit über ärgert oder andere negative Gefühle in Ihnen auslöst. Es kann sich dabei um alles handeln: Ihre Arbeit, Ihre Wohnung, eine Fernsehsendung, die Regierung, ein Vorgesetzter, ein Kollege, Ihre Schwiegermutter oder Partnerin, Ihr Ehemann oder Kind, ein ungeliebtes Fahrzeug – manchmal sogar Sie selbst. Sobald Sie etwas über lange Zeit hinweg stört, bedeutet das, dass Sie das Objekt oder Ereignis idealisieren und ihm eine unangemessene Bedeutung beimessen, weil es sich anders verhält, als von Ihnen erhofft, und Sie so unglücklich macht. Ob Sie den Ärger darüber offen zeigen oder ihn vor anderen verbergen, spielt keine Rolle. Dass Sie sich tief in Ihrem Inneren damit herumschlagen und dabei ständig das Gefühl haben, die »korrekte« Ordnung der Dinge sei nicht erreicht, ist das, was zählt.

Die zweite Sorte der Idealisierungen findet *latent* statt. Nämlich dann, wenn Sie sich gar nicht immer bewusst sind, dass Sie etwas stört oder unglücklich macht. Manchen ist nicht einmal klar, dass eine bestimmte Vorstellung von ihnen selbst oder von anderen Menschen sehr bedeutsam für sie geworden ist. Wenn mit dieser Vorstellung oder Person etwas Ungewöhnliches geschieht, sind Sie tief in Ihrem Innern unangenehm berührt, unglücklich, enttäuscht, verzweifelt oder auch verärgert. Vielleicht fällt Ihnen erst dann auf, dass Sie ohne Ihre Arbeitsstelle oder Ihre Familie nicht leben können, wenn Sie sie verloren haben. Aber zuvor, als Sie sie noch hatten, da haben Sie nicht einmal darüber nachgedacht, wie wichtig es Ihnen war, doch sobald es fort ist, wird es

Ihnen klar. Dann haben Sie diesen Aspekt Ihres Lebens zuvor innerlich idealisiert, ohne es zu wissen.

Sie können bei sich selbst nach latenten Idealisierungen forschen, indem Sie sich vorstellen, wie Ihnen bestimmte Werte Stück für Stück entzogen werden. Verursacht Ihnen der Mangel an einem bestimmten Wert kein emotionales Leid, dann idealisieren Sie ihn auch nicht. Können Sie sich aber Ihr Leben ohne diesen Wert (Beruf, Geld, Ehre, Familie, Kinder, Sex, Macht und so weiter) nicht vorstellen, dann wissen Sie, dass sie ihm einen übersteigerten Wert beimessen.

Vielleicht ahnen Sie nicht einmal, dass Sie eine latente Idealisierung hegen, bis dann einmal etwas Ungewöhnliches mit dem geschieht, was Ihnen so wichtig ist (zum Beispiel dann, wenn Sie als ordnungsliebender Mensch in eine Situation geraten, bei der Ihre Umgebung unordentlich und schmutzig ist) – und die Veränderung Sie prompt lange quält.

Abweichende Welt

Begriffe wie *exzessiv* oder *übertrieben* deuten hier darauf hin, dass das eigene Weltbild, das eigene Modell der idealen Welt einen zu hohen Stellenwert in unserem Leben einnimmt. Sie glauben zum Beispiel, dass jeder Mensch ehrlich sein sollte, Kinder ihre Eltern ehren und sich um sie kümmern sollten, dass niemand andere beleidigen sollte und so weiter – damit leugnen Sie aber, dass das Leben in einer anderen Form ebenso existieren kann oder darf. Sie glauben zu wissen, wie die Welt funktionieren sollte, und Sie räumen anderen Realitäten keinen Spielraum, kein Existenzrecht ein.

Sind Sie über etwas in der Welt unglücklich, dann macht das Leben Sie auf Ihren Fehler aufmerksam. Es bestraft die Menschen nicht wie Knechte oder ungezogene Kinder. Stattdessen gibt es ihnen Ratschläge, lehrt sie und spricht zu ihnen als vernünftigen

Wesen, die die offensichtliche Wahrheit nur noch nicht begriffen haben. Sobald sie seine Unterweisung begriffen haben, hört es auch auf, ihnen Widerstände entgegenzusetzen.

Keine Verurteilungen

Wenn Sie etwas idealisieren, erhalten Sie eine Art spirituelles »Mentorenprogramm«, das in der gewaltsamen Zerstörung des von Ihnen idealisierten Wertes besteht. Auf diese Weise erklärt Ihnen das Leben: »Sieh mal, dein Ideal gibt es nicht mehr, und doch ist die Welt noch dieselbe. Du bist derselbe, und du kannst sehr gut weiterleben. Es war absolut unnötig, für deine Illusionen zu leiden und zu kämpfen.«

Sind Sie beispielsweise zu heftig verliebt und idealisieren Ihren Partner oder Ihre Partnerin, dann wird er oder sie Sie höchstwahrscheinlich über kurz oder lang verlassen. Ist das Leben danach vorbei? Das gilt nur für Sie und nur so lange, wie Sie brauchen, um sich von Ihrem persönlichen Leiden zu trennen. Die meisten von uns haben diese Erfahrung bereits einmal (oder auch öfter) gemacht.

Wenn Sie Aspekte Ihres Familienlebens idealisieren, ist es nicht sehr wahrscheinlich, dass Ihr Ehemann, Ihre Ehefrau, Kinder oder Eltern exakt dasselbe Ideal verfolgen. Also wieder eine Enttäuschung – solange Sie selbst es so empfinden. Dasselbe geschieht in jedem anderen Lebensbereich auch.

Damit Sie diese Sichtweise vertiefen und besser nachvollziehen können, versuchen Sie es mit folgendem Modell.

Der Stressakkumulator (SA)

Stellen Sie sich all die negativen Emotionen, die Sie fühlen, wenn das Leben Ihre Erwartungen nicht erfüllt, *als eine bestimmte Flüssigkeit vor, die sich in einem Behälter sammelt, den wir von jetzt an als »Stressakkumulator« (SA) bezeichnen.* Die Flüssigkeit fließt durch eine Leitung oben in den SA hinein. Der Stand der Flüssigkeit in diesem Behälter repräsentiert Ihre «Menge» an Unzufriedenheit mit dem Leben. Gleichzeitig fließt aber auch wieder Flüssigkeit durch eine Leitung unten im Behälter ab, und zwar in dem Maße, wie Sie (aus Sicht des Lebens selbst) Positives leisten.

Sobald die Flüssigkeit im SA einen gewissen Füllstand erreicht hat, wenn also eine gewisse Menge Unzufriedenheit angesammelt wurde, zeigt sich Ihnen Ihr spirituelles Mentoring, bei dem das Leben Ihnen auf die eine oder andere Weise beweist, dass Sie bestimmten Idealen keine übertriebene Bedeutung hätten beimessen dürfen. Das Leben hält dabei fünf verschiedene Methoden bereit, die Ihnen vor Augen führen, wie falsch überzogene Erwartungen sind.

Das Leben als Chance

Wie bereits erwähnt, kann die menschliche Seele einfach auf ewig in der subtilen Welt verweilen und muss gar keinen menschlichen Körper bewohnen. Doch jede Seele möchte sich zu einer höheren Ebene fortbewegen. Sie kann allerdings nur zu der Ebene vordringen, die dem Füllstand in ihrem SA zum Zeitpunkt des Todes entspricht.

Vermutlich könnte eine Seele auch schon in der subtilen Welt ihren SA-Füllstand senken, doch würde das sehr lange dauern. In der subtilen Welt sind die Gelegenheiten, »etwas Gutes« zu tun, um die Flüssigkeit aus dem Behälter abfließen zu lassen, begrenzter als in unserer Menschenwelt. Als Mensch ist dieses Ziel viel schneller zu erreichen. Auf unserem Planeten lässt sich der Füllstand im Lauf eines Menschenlebens drastisch senken. Daher kehren Seelen auch oft in Länder, Gegenden und Familien zurück, in denen viel Armut, Krieg, Gewalt, Krankheit und ähnliche ernsthafte Herausforderungen zum Alltag gehören, um ihren SA-Füllstand jetzt möglichst rasch und effektiv zu senken. In einer solch elenden Umgebung ist es unglaublich schwer, beharrlich freundlich und versöhnlich zu bleiben. Die Seele hat also enorme Mühe, ihr Energielevel zu halten, und viele resignieren und erhöhen ihren Füllstand damit noch weiter. Gelingt es Ihnen hingegen, unter solchen Bedingungen ohne Bitterkeit und Wut, ohne Ärger und Schuldzuweisung zu leben, dann werden Sie auch entsprechend viel SA-Flüssigkeit auf einmal los.

Die reinen Seelen aus den höheren Ebenen der subtilen Welt sehen unseren Planeten dagegen als einen Ort, an dem sie echte Empfindungen und weltlich-körperliches Erleben finden und dazu noch anderen dabei helfen können, ihre Fehler zu korrigieren. Daher kehren auch viele friedliche Seelen zur Erde zurück, auch wenn sie es gar nicht müssten. Sie wählen einen Körper für ihre neue Inkarnation aus und kehren mit den besten Absichten hier ins Leben zurück. Viele von ihnen verpflichten sich höchstwahrscheinlich, den Menschen Güte und Ruhe, Aufklärung und Heilung zu bringen und anderen die richtige Lebenseinstellung nahezubringen. Einige Bewohner der höheren Ebenen möchten vielleicht speziell auf unseren Planeten zurück, um physische Genüsse zu erfahren: Liebe, Sex, Essen, Freundschaft, Luxus, Schönheit und so weiter. Sie wählen dann oft eine reiche Familie aus, in deren Mitte sie materiellen Wohlstand genießen können – sofern sie die Regeln nicht brechen natürlich. Denn leider erinnern sich nicht immer alle an ihre Verpflichtungen und guten Absichten, wenn sie auf der Erde ankommen. Sie können den irdischen Verlockungen erliegen und völlig vergessen, dass sie nur auf einen kurzen Abstecher in die Welt gekommen sind – »kurz«, wenn man bedenkt, dass unsere 70 bis 90 Jahre Menschenleben im Vergleich zur Unsterblichkeit unserer Seele nur einen flüchtigen Moment darstellen.

Unser Leben als Reise

Wenn Seelen sich auf ihre nächste Inkarnation vorbereiten, werden sie daran erinnert, dass sie nur vorübergehend »auf Urlaub« gehen, als würden sie ein Museum besuchen. Sie werden ersucht, sich entsprechend zu verhalten. So ähnelt unser Leben auch wirklich einer Reise. Nicht so sehr einem Besuch in einem historischen Museum, in dem alle Ausstellungsstücke nur hinter Glas zu sehen sind und nicht angefasst werden können, aber auf jeden Fall einem zeitgenössischen Museum, einer Hightech-Schau, auf der wir alles anfassen und mit fast allen Gegenständen interagieren können. Jedes Ausstellungsstück führt uns verschiedene Effekte vor: Echo, Streuung, Magnetismus, Laserstrahlung und so weiter. Wir Besucher können Griffe und Hebel bedienen, auf alle Knöpfe drücken und jede Maschine bedienen. Durch den Eintritt, den wir am Eingang des Museums zahlen, erwerben wir das Recht, zu den Öffnungszeiten alle Ausstellungsstücke auszuprobieren und zu benutzen. Doch wir können sie nicht mit nach Hause nehmen, da sie uns nicht gehören. Wir kommen ins Museum, spielen mit den Geräten und gehen dann wieder!

Dasselbe widerfährt auch einer Menschenseele. Bevor sie auf die Erde kommt, wird ihr gesagt: »Wir geben dir die Möglichkeit, ein Mensch zu werden. Geh dorthin, sieh dich um und bemühe dich um alles, was es dort unten gibt. Werde deine Makel los, wenn du kannst. Vergiss nie, dass es dir nur für einige Zeit erlaubt ist, auf der Erde zu bleiben. Mach dir alles zunutze, was sie dort zu bieten haben, aber verstoße nicht gegen die Besucherregeln, und sei dem dankbar, der dich hereingelassen hat.«

Das sind die Regeln, und sie gelten für jeden.

Leider aber vergisst die Seele ihre Instruktionen. Kaum sind wir in der wirklichen Welt angekommen, halten wir sie auch schon für die einzig existierende. Vor allem der Atheismus und unser

Bildungssystem, das allein dem Verstand ein Podest baut, lehren uns, das zu glauben. Aus irgendeinem Grund glauben wir nicht mehr, was man uns gesagt hat, und lassen uns von der Welt gefangen nehmen. Wir verlieben uns und glauben, die andere Person sei unser Eigentum und ohne sie könnten wir nicht mehr leben. Wir sind besessen vom Gedanken an Geld und Macht. Sobald wir uns zu sehr vereinnahmen lassen, vergessen wir, warum wir eigentlich hierhergekommen sind ... um uns zu vervollkommnen.

Probleme kann es auch geben, wenn jemand beispielsweise ein herausragendes Talent zur Malerei besitzt. Er kann arrogant werden und denken, er sei der Beste der Besten. So beginnt ein fataler Prozess, denn statt unsere alten Unebenheiten abzuschleifen, sammeln wir neue dazu. Wir schreiben also etwa unserem Talent übertriebene Bedeutung zu und erfahren in direkter Folge Stress und Enttäuschung. Das obere Ventil unseres SA öffnet sich, und er füllt sich zusehends. Eigentlich sind wir auf die Welt gekommen, um den Füllstand unseres SA zu senken, stattdessen erhöhen wir ihn noch. Es liegt auf der Hand, dass wir, solange wir unsere Begabungen einfach nur ausüben und uns daran freuen, keinerlei Probleme bekommen, da wir dann glücklich bleiben und keiner Lebensermahnung bedürfen. Leider geschieht das aber nur sehr selten. Auf die eine oder andere Weise verstoßen fast alle Menschen gegen die Regeln des Lebens in unserer Welt, und so muss das Leben sie auf ihren Irrtum aufmerksam machen.

Die Natur hat einen quasi in unsere Seele eingebauten Mechanismus entwickelt, der unsere Gedanken und Taten ständig überwacht und auf dieser Grundlage den Füllstand in unserem Stressakkumulator reguliert. Später erfahren Sie noch mehr über die Funktionsweise dieses Überwachungssystems, das wir als unseren *Wächter* bezeichnen wollen. Er überwacht unsere Aktivitäten, berechnet den Füllstand unseres SA und entscheidet, wie uns jede notwendige Lektion am besten erteilt wird.

Was geschieht, wenn sich der Stressakkumulator füllt?

Wenn Ihr Stressakkumulator weniger als bis zur Hälfte gefüllt ist, hat der innere Wächter nichts zu bemängeln. Das Leben ist angenehm für Sie, bringt Ihnen Freude und erfüllt Ihnen Ihre Wünsche. Das bezeichnen wir als »Glücksstand«, denn unter dieser Voraussetzung hilft Ihnen das Leben gern und erfüllt Ihre Wünsche ohne großes Aufsehen. Sobald Sie aber etwas idealisieren und sich folglich langfristig stressen, beginnt sich die Stressflüssigkeit im SA anzusammeln. Ist der Akkumulator zu zwei Dritteln gefüllt, ergreift der Wächter erste Maßnahmen. Die Signale werden stärker, je länger Sie sie ignorieren, und wenn Sie sich weigern, sie zu verstehen, spitzt sich die Lage zu.

Die zunächst subtil belehrenden Botschaften werden deutlicher und machen sich klarer bemerkbar. Vielleicht geschehen kleinere Unfälle – je nach Art der Idealisierung gibt es Probleme bei der Arbeit, in der Familie oder mit Geld, auch Diebstähle sind nicht ausgeschlossen. Beachten Sie die Signale weiterhin nicht und halten sie einfach nur für Zufälle, dann folgt eine ernsthaftere Warnung.

Einfache Zufälle gibt es nicht; die Ereignisse sind ausnahmslos vorbestimmt.

All Ihre unangenehmen Erlebnisse sind von Ihrem Wächter gewollt und sollen Sie daran erinnern, dass Sie der Welt und Ihrer Umgebung die falsche Einstellung entgegenbringen. Viele lehnen diese Erkenntnis zwar ab und bestehen darauf, dass sich die Probleme zufällig ereignen, doch so kommen sie im Leben nie voran. Wenn Ihnen etwas Schlimmes zustößt – beispielsweise ein Raubüberfall –, sollte Ihnen klar werden, dass Ihr Wächter sich mit dem Wächter des Räubers darauf geeinigt hat, dass Ihr Besitz gestohlen werden soll.

Sie werden auf diese Weise auf Ihr Fehlverhalten hingewiesen.

Tatsächlich erkennen nur die wenigsten von uns die Botschaft ihres Wächters und machen so weiter wie bisher. Die Versicherung bezahlt für den gestohlenen Wagen, und dann wird einfach ein neuer gekauft. Doch später verwickelt Ihr Wächter Sie vielleicht in einen weiteren Unfall mit dem neuen Wagen. Alles deutet darauf hin, dass es Zeit ist, Ihrem Leben eine neue Richtung zu geben, aber einfacher ist es natürlich, noch immer an Zufall zu glauben oder an die Schuld der anderen. Und dann muss das Leben zu härteren Mitteln greifen. Sobald mehr als 80 Prozent Ihres SA gefüllt sind, sendet der Wächter Ihnen wirklich heftige Signale. Ernste Unfälle geschehen, Familien brechen auseinander, Ihr Berufsleben gerät aus den Fugen. Zuerst verlieren Sie die Dinge, denen Sie sehr zugetan sind. Ein überzeugter Geschäftsmann verliert vielleicht seine Kunden, wird verklagt oder muss Insolvenz anmelden – und keine Anstrengung, die er unternimmt, scheint die Situation verbessern zu können. Eine Mutter könnte in eine familiäre Krise geraten, ernste Probleme mit den Kindern oder anderen Verwandten bekommen und so weiter.

Wer nicht versteht, warum er diese Signale erhält, muss mit schweren Erkrankungen rechnen. Tatsächlich führt die allgemein verbreitete falsche Lebenseinstellung bei enorm vielen Menschen zu chronischen Krankheiten. Heute noch absolut gesunden Menschen zu begegnen, hat Seltenheitswert. Die moderne Medizin hat jedoch vielfältige Mittel, um körperliche Erkrankungen recht effektiv zu bekämpfen beziehungsweise zu unterdrücken, und so reichen dem Wächter physische Beeinträchtigungen oft nicht mehr aus, um sich klar zu äußern. Doch es gibt noch viele andere Möglichkeiten für Warnungen.

Über die Krankheit hinaus zeigen sich Lebensprobleme in vielen anderen Bereichen. Wenn zum Beispiel ein besonders erfolgreicher Sportler seinem Ruhm zu viel Bedeutung beimisst, behandelt er andere oft arrogant. Dann liegt eine offensichtliche Verletzung der Besucherregeln vor. Folglich öffnet sich ein Ventil im SA, er beginnt, sich zu füllen, und der Sportler bekommt Probleme. Sein Erfolg lässt nach, die Geldgeber bleiben aus und er verschwindet aus den Schlagzeilen. Er glaubt dann vielleicht verzweifelt, sein Leben sei vorüber. Doch in Wahrheit macht er einen Prozess durch, bei dem seine Seele gereinigt wird. Jetzt ist er in derselben Lage wie all die Menschen, die er gerade noch verachtet hat. Wenn ihm das klar wird und er seine Einstellung ändert, wird sich sein Leben schon bald wieder zum Besseren wenden.

Leider verstehen wir unsere Lektionen im Allgemeinen nicht ganz. Die wenigsten verstehen, dass es das Leben ist, das uns am Spiel teilnehmen und gewinnen lässt, und dass es auch das Leben ist, das uns Verluste zumutet, damit wir verstehen, dass wir auf der Erde nur zu Besuch sind – genau wie alle Menschen.

Eine Seele, die frisch auf die Erde kommt, hat die Erlaubnis, an allen Spielen des Lebens teilzunehmen. Sie darf die Liebe, den Krieg, Macht, Politik, Geschäfte, Spiritualität und Kunst erfahren. Dennoch darf sie dabei nie vergessen, dass sie die Erde nur wie ein Museum betreten hat – oder wie einen Nationalpark.

Unser Leben als Reise in den Nationalpark

Wir wissen alle, dass wir mit dem Bezahlen einer Eintrittskarte das Recht erwerben, den Park zu betreten und ein Zelt dort aufzustellen. Doch nicht alle denken daran, dass sie dort unter ständiger Aufsicht stehen. Sobald Sie gegen die Regeln, die im Nationalpark gelten, verstoßen, taucht ein Parkwächter auf und brummt Ihnen eine Ordnungsstrafe auf. Für einen eklatanten Verstoß drohen Ihnen sogar Parkverbot oder eine Gefängnisstrafe. Dieses Beispiel zeigt genau, wie Sie sich auch in der Welt verhalten sollten. So sehr Sie auch etwas darin ablehnen mögen, sollte das doch nie ein Anlass für Sie sein, aggressiv oder gekränkt zu reagieren. In der freien Natur mag Sie das Aussehen einer Hyäne stören, das Brüllen eines Löwen erschrecken, dass und wie er eine Antilope tötet, mag Sie abstoßen – aber Sie bringen doch genügend Verständnis für die Natur auf, dass daran nichts geändert werden kann. Ob es Ihnen gefällt oder nicht, *Sie müssen den Nationalpark so annehmen, wie er ist.* Es wäre albern, sich ernsthaft vom Aussehen einer Hyäne oder der Stimme eines Löwen verärgern zu lassen. Und doch fühlen wir uns oft durch Politiker, Geschäftsleute, Familienmitglieder, Bekannte und andere beleidigt, verletzt oder abgestoßen. Niemand kann die Situation ändern, wir können nur unseren eigenen SA weiter auffüllen, wenn wir uns über Dinge ärgern, die wir nicht verursacht haben und auf die wir daher auch gar keinen Zugriff haben. Daher ist die beste Einstellung zum Leben die eines Reisenden, der für einige Zeit auf die Welt kommt, um die Gegend zu genießen, anstatt kritische Anmerkungen zu machen.

Das Beispiel des Nationalparks erklärt auch, warum es hilft, wenn wir uns in Krisenzeiten an die höheren Mächte wenden. Was ist eine Krisenzeit? Sagen wir, Sie verstoßen schon seit längerer Zeit gegen die Parkordnung, und der Aufseher hat Sie erwischt und will Sie verhaften lassen. Wer kann Ihnen nun noch helfen? Der Parkwächter nicht, er hat seine Pflicht korrekt erfüllt. Sie können nun nur noch auf den Besitzer des Nationalparks zählen – das heißt auf Gott. Gott ist gnädig, er wird Ihnen also vermutlich glauben und vergeben. Natürlich weiß er, dass Sie vor dieser Krisensituation kaum an ihn gedacht haben. Dennoch: Sie dürfen nur die Versprechen nicht vergessen, die Sie ihm jetzt geben.

Was geschieht, wenn der Stressakkumulator voll ist?

Aber weiter mit den Strafmaßnahmen des Wächters. Ist unser SA zu 90 bis 95 Prozent gefüllt, werden wir mit lebensgefährlichen

Erkrankungen oder sehr bedrohlichen Situationen (wie etwa einer Gefängnisstrafe) konfrontiert. Wenn wir auch dann nicht verstehen, dass wir selbst die Lebensregeln brechen und zu viel Hoffnung auf die Ärzte, Heiler, Richter oder andere im Außen setzen, hat das extreme Folgen.

In diesem Stadium fließt der SA über, und der Wächter gibt uns auf. Gelingt es uns noch im letzten Moment, unsere Fehler zu erkennen und unser Verhalten sowie unsere Denkweise drastisch zu ändern, schließt sich das obere Ventil, und die Flüssigkeit im SA fließt wieder ab. In diesem Fall verschwindet die Krankheit (wir haben alle schon von scheinbar unerklärlichen Spontanheilungen von Krebs oder AIDS gehört). Verändern wir aber nach wie vor nichts, wird uns das irdische Leben genommen – das Ende ist der physische Tod.

Wenn wir mit gefülltem SA sterben, wird die Seele auf die niederen Ebenen der subtilen Welt verbannt. Dort leidet sie ohne Frage sehr. Wenn wir etwas im Leben idealisiert haben und uns das Leben daraufhin wieder genommen wurde, dann befinden wir uns auf dieser Ebene unter Gleichgesinnten. Haben wir in diesem Leben beispielsweise andere verachtet, werden uns in der subtilen Welt die anderen ebenfalls verachten. Eine Welt, in der jeder jeden verachtet – was für eine Vorstellung.

Nach unserem Tod landen wir alle auf derjenigen Ebene der subtilen Welt, die der in unserem SA angesammelten Flüssigkeit zum Zeitpunkt des Todes entspricht. Wir schaffen uns also unsere Hölle oder unser Paradies durchaus selbst durch unsere Entscheidungen. Um den Füllstand in den späteren Lebensjahren zu senken, werden manche älteren Menschen in einen Gesundheitszustand versetzt, in dem sie nicht mehr fähig sind, Sex zu haben, Nahrung zu schmecken oder andere Genüsse zu erfahren. Das führt zu einer weniger exzessiven Bindung an diese Welt (der berühmten Altersweisheit) und zu einer von ihnen selbst oft unbemerkten Senkung des SA-Füllstandes.

So geht es häufig den Menschen, denen niemals klar wurde, dass sie diesem Planeten nur einen flüchtigen Besuch abstatten. Was aber widerfährt denen unter uns, die bereits verstehen, dass wir als Gäste auf der Erde leben und hier mehr oder weniger eine Exkursion unternehmen?

Bewusster Besuch auf der Erde

Zunächst einmal sollten wir uns die Eintrittskarte besorgen. Deren Preis entspricht vermutlich dem Versprechen, den anderen Menschen Erklärungen und Hilfe anzubieten. So haben wir die Möglichkeit, unseren SA komplett von Stressflüssigkeit zu leeren. Natürlich hat eine Seele, die von einer höheren Ebene der subtilen Welt stammt, eine große Auswahl bezüglich der Form ihrer nächsten irdischen Inkarnation, und um einem zermürbenden Überlebenskampf und großem Leid schon in jungen Jahren zu entgehen, werden diese Seelen meist in wohlhabende Familien hineingeboren. Das fällt auch auf, wenn man die Biographien großer spiritueller Führer betrachtet.

Solch eine Seele erhält oft auch ein besonderes Talent – für den Sport beispielsweise, für die Kunst, die Wissenschaft, die Medizin, die Finanz- oder Handelswelt. Mit diesen Fähigkeiten wird unser Leben leichter, denn sie tragen zum Erfolg in dieser Welt bei. Andererseits aber ist so eine angeborene Gabe auch eine große Versuchung, da wir mit ihr dazu neigen, unsere Fähigkeiten, Ruhm oder Wohlstand zu idealisieren. Gelingt es uns aber, unsere naturgegebenen Talente zu nutzen und wertzuschätzen, ohne dabei herablassend oder überheblich zu werden, dann haben wir eine gute Chance, unseren SA vergleichsweise leer zu halten und uns nach unserer Rückkehr in die subtile Welt einen höheren Platz zu sichern.

Leider zeigt sich in den Lebensläufen zahlreicher berühmter Maler, Dichter, Wissenschaftler und anderer Berühmtheiten, dass sie ein Leben voller falscher Leidenschaft und unangemessener Hingabe führten. Die meisten von ihnen landen also vermutlich zwei oder drei Stufen unter ihrem vorherigen Platz in der subtilen Ebene.

Zugang zu allem Irdischen

Wir haben nicht vor, Sie mit dem bislang Dargelegten zu ängstigen oder abzuschrecken. Im Gegenteil, wir versichern Ihnen: Sie sind auf die Erde gekommen, um alles hier Angebotene zu nutzen. Jeder Mensch hat die Chance, es mit der Geschäftswelt, der Politik, der Liebe, dem Sex, der Kunst und auch dem Reichtum zu versuchen. Viele tun einiges davon mit Leidenschaft und Lust. Dennoch ist es sehr wichtig, nie zu vergessen, dass das Leben ein Spiel ist, bei dem Verachtung, Hass oder Zorn gegen die Regeln verstoßen. Das sind gravierende Fehler, die Ihren Wächter nur dazu bringen, Ihnen eine Lektion zu erteilen.

Wir glauben, dass jeder Mensch selbst spüren sollte, wenn er die Regeln des Lebens bricht und eine Ermahnung verdient. Doch es gibt einige Empfehlungen: Sie gehen beispielsweise Angeln, und ein großer Fisch springt Ihnen vom Haken. Vermutlich stimmt dieses Missgeschick Sie zornig und traurig. Später nehmen Sie die Situation jedoch an und vergeben sich selbst, dem Fisch und allen anderen Umständen. Genau so sollten Sie alle Misserfolge in Ihrem Leben annehmen, ob diese nun das Familienleben, die Arbeit, kreative Bemühungen oder anderes betreffen. Es ist geschehen, und daran lässt sich nichts mehr ändern. Vergessen Sie das nie, und Ihr Leben entfaltet sich leicht sowie frei von Problemen, und zukünftige Pläne lassen sich leicht und rasch umsetzen!

Erste Schlussfolgerungen

Unser Modell der Welt und unsere Argumentation für unseren Daseinszweck auf der Erde erklären die Gründe für die meisten (wenn auch nicht alle) Erkrankungen, Probleme und Unfälle. Wir sollten uns bemühen, uns nicht lange zu ärgern oder zu sorgen, wenn etwas oder jemand nicht unseren Erwartungen entspricht. Lernen wir hingegen zu verstehen, wie wir uns auf dieser Welt verhalten sollten, und nehmen wir sie so an, wie sie ist, dann erwerben wir das Recht, vom Leben alles zu erwarten, was wir brauchen. Wir werden es bekommen. Auf unserem Planeten ist alles reichlich vorhanden. Wenn wir den guten Dingen und Ereignissen nur den Zutritt zu unserem Leben erlauben, dann kommen sie auch zu uns.

ZUSAMMENFASSUNG

1. Wir kommen auf die Welt und dürfen hier alles tun, was anderen keinen Schaden zufügt. Wir sollten aber nichts als unser Eigentum betrachten und unsere irdischen Werte und Güter nicht idealisieren. Wir sind auf der Erde nur vorübergehend zu Besuch und müssen lernen, unsere Erfolge und Misserfolge als Teil des Spiels zu betrachten.

2. Sobald wir bestimmten materiellen oder geistigen Werten übertriebene Bedeutung beimessen, sie mit anderen Worten idealisieren, füllt sich unser Stressakkumulator, und das Leben erteilt uns spirituelle Lektionen, bei denen es uns die Werte nimmt, an die wir uns gebunden haben, um unsere Idealisierung so als Illusion zu enttarnen.

3. Erkennen wir die Signale des Lebens nicht und verstoßen hartnäckig weiterhin gegen die Lebensregeln

dieser Welt, droht uns das Ende des Spiels, ein früher Tod.

4. Überdenken wir jedoch unsere Einstellung zum Leben und zu den Menschen und hören auf, unseren eignen Erwartungen und Idealen übertriebenen Wert beizumessen, braucht das Leben uns keine weiteren Lektionen mehr zu erteilen, denn wir haben sie schon verinnerlicht. Folglich können sich schwere Erkrankungen, Sorgen, weitere Unfälle und andere Hindernisse auf dem Weg zu einem erfolgreichen Leben einfach verflüchtigen.

Idealisierungen

Wir wollen noch einmal auf den Stressakkumulator (SA) zurück-kommen. Sie erinnern sich, wir stellen ihn uns vor als einen Be-hälter für menschlichen Stress, der sich dort ansammelt. Auf Abb. 1 sehen Sie ein Modell des SA. Wie Sie sehen, entspricht jedes Ventil einer anderen Idealisierung. Sobald wir etwas ideali-sieren, öffnet sich in der oberen Leitung das entsprechende Ventil und lässt Stressflüssigkeit in unseren Stressakkumulator fließen.

Mit »Sünden«, und das ist wichtig, meinen wir nicht etwa die Ge-danken und Taten, die den gewöhnlichen religiösen Standards zufolge als »sündig« betrachtet werden. Unsere Definition von »Sünde« umfasst die Unzufriedenheit mit dem Leben, die sich in langfristigen negativen Stresssymptomen auswirkt, welche die Hauptursache der meisten Probleme im Leben der Menschen sind. Durch diese Unzufriedenheit mit dem Leben tritt die Stress-flüssigkeit in Ihren SA ein.

Denken Sie daran, dass die Idealisierung eines beliebigen Aspekts dann beginnt, wenn Sie ihm zu viel Bedeutung beimessen – dabei spielt es keine Rolle, ob es um einen tatsächlichen Besitz geht oder nur um den Traum von diesem Besitz. Es zählt der Stress, der aus der Nichterfüllung Ihrer Erwartung resultiert.

Idealisierung irdischer und spiritueller Werte

Die SA-Ventile lassen Ihre Sünden, das heißt irdische und spiri-tuelle Idealisierungen, in Ihrem SA ansteigen (akkumulieren). Diese Sünden zeigen sich am häufigsten in Form übertriebener Wertschätzung für oder Sorge um die folgenden Aspekte Ihres Lebens.

1. **Geld und materielle Werte.** Für die meisten Menschen ist die Situation, nicht genügend Geld für die Erfüllung all ihrer

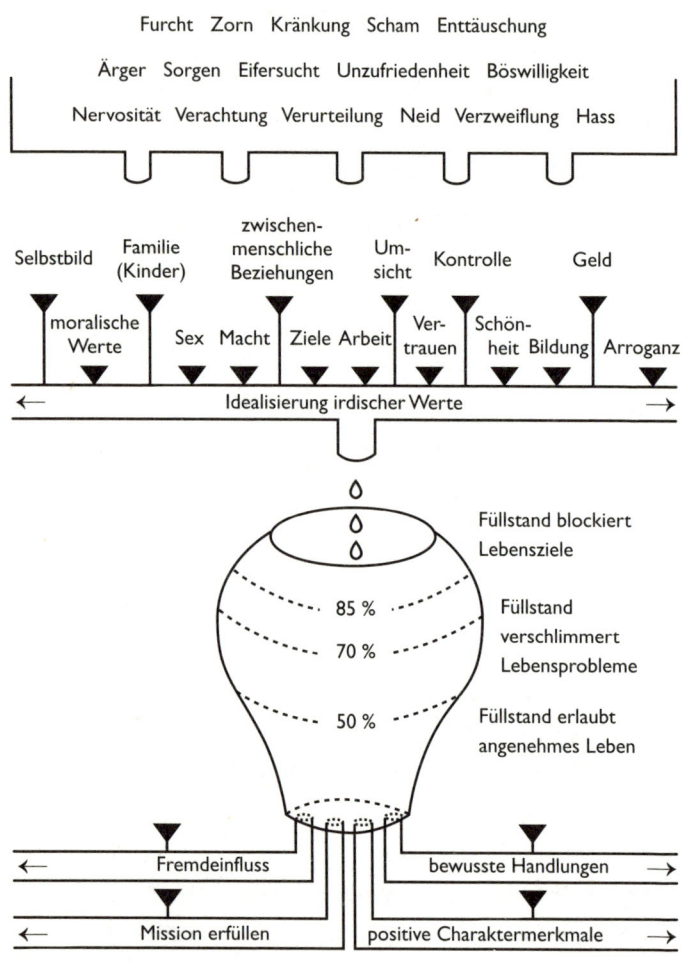

Abb. 1: Stressakkumulator

Wünsche zu haben, recht normal und treibt sie erst dazu an, auf neue Ziele hin zu arbeiten. Zu einer Idealisierung kommt es erst dann, wenn Ihr Einkommen Ihnen ununterbrochen Sorge bereitet und Sie befürchten, dass es nie für ein anständiges Leben ausreichen wird.

2. **Schönheit und Attraktivität.** Diese Idealisierung kommt zustande, wenn Sie sich ständig Sorgen um Ihr Äußeres machen, sich fragen, ob Sie auch attraktiv genug sind, eine schöne Figur haben, elegant genug angezogen und frisiert sind und so weiter.

3. **Arbeit.** Viele Menschen sind »Workaholics«, die sich ein Leben ohne ihren geliebten Beruf gar nicht vorstellen können. Das Resultat ist, dass das Leben diesen Menschen hin und wieder Lektionen in Form von beruflichen Problemen bis hin zum Arbeitsplatzverlust erteilt.

4. **Familiengründung.** Diese häufige Idealisierung betrifft diejenigen, die glauben, sie müssten unbedingt eine Familie gründen und Kinder haben, obwohl es ihnen nicht gelingt. Auch wenn Sie eine sehr klare Vorstellung davon haben, wie Ihr Ehepartner sich verhalten soll, welche Pflichten jedes Familienmitglied hat, was die Kinder tun und lassen sollen und so weiter, handelt es sich um eine Idealisierung. Denn sobald ein Familienmitglied eine andere Meinung hat als Sie oder Ihre Erwartungen nicht erfüllt, könnten Sie deprimiert und unglücklich reagieren.

5. **Sex.** Es kann sein, dass Sie in Ihren Träumen Sex mit vielen Partnern oder Partnerinnen genießen, sich das Erlebnis der Intimität im wahren Leben aber versagen, weil Sie zu schüchtern sind, anderen misstrauen und so weiter. Es kann sein, dass Sie sich permanent fragen, ob Sie gut genug im Bett sind, und dem Sex zu viel Bedeutung in Ihrem Leben zuschreiben.

Der entgegengesetzte Fall dieser speziellen Idealisierung ist anzutreffen, wenn Sex nur als großes Opfer oder gar als Erniedrigung empfunden wird.

6. **Macht.** Sehr viele Menschen möchten mehr Macht, doch nur wenige haben die Möglichkeit, sie tatsächlich auszuüben. Macht ist nichts Schlechtes; wer sie hat, sorgt für ein selbstbestimmteres Leben und kann anderen helfen. Doch eine Idealisierung findet leicht statt, nämlich wenn wir darauf versessen sind und es genießen, sie zur Unterdrückung, Erniedrigung oder totalen Kontrolle anderer einzusetzen.

7. **Glaube und Vertrauen.** Viele verbringen ihr Leben damit, es auf den Vorstellungen anderer aufzubauen, etwa auf Demokratie, Monarchie, Kommunismus und anderem. Viele glauben heute an genau diese Ideale und werden böse, wenn sich die Wirklichkeit morgen als anders strukturiert herausstellt. *Übertriebenes Vertrauen in andere* fällt also auch unter die Kategorie der Idealisierungen. Gehören Sie zu den exzessiv Gläubigen, dann wird das Leben dafür sorgen, dass Ihr übersteigertes Vertrauen in ein theoretisches Ideal zerstört und widerlegt wird.

8. **Moralische Werte.** Diese Idealisierung ist besonders unter älteren Menschen verbreitet, die mit anderen, älteren Moralvorstellungen erzogen wurden. Die »guten alten Zeiten« werden dann hoffnungslos idealisiert, und das Verhalten der nächsten, jüngeren Generation wird verurteilt, weil es im Vergleich zu den alten Standards unmoralisch wirkt.

9. **Zwischenmenschliche Beziehungen.** Diese Idealisierung tritt auf, sobald Sie eine bestimmte Vorstellung davon entwickeln, wie die Menschen sich benehmen sollten. Wenn Sie erwarten, dass sie ehrlich sein, ihre Pflicht tun, nett zu anderen sein und nie die Geduld verlieren sollten oder Ähnliches, dann

reagieren Sie zwangsweise bald enttäuscht, wütend oder gar aggressiv, wenn sich die Menschen in Ihrem Umfeld nicht Ihrem Ideal entsprechend verhalten und Sie ihnen Ihr Modell nicht aufzwängen können.

10. **Entwicklung, Bildung, Intellekt.** Das Idealisieren dieser Werte ist typisch für Akademiker, Wissenschaftler und Künstler. Es führt dazu, dass sie weniger gebildete oder in ihren Augen »unterentwickelte« Menschen verachten.

11. **Vernunft und »gesunder Menschenverstand«.** Sie idealisieren die Vernunft, wenn das albern und dumm erscheinende Verhalten anderer Sie ärgert. Wenn Sie denken, dass es immer möglich sein muss, sich zusammenzusetzen und anderen alles rational erklären, sie »zur Vernunft bringen« zu können, dann lässt deren weiterhin sonderbares und vielleicht unverständliches Verhalten Sie unnötig leiden.

12. **Eigene Unvollkommenheit.** Wenn Sie sich fortwährend selbst vorwerfen, es an wichtigen Eigenschaften wie Entschlossenheit, Dynamik, guter Herkunft, guten Beziehungen, guter Bildung und so weiter mangeln zu lassen, messen Sie dem unerreichbaren Wert der Vollkommenheit eindeutig zu große Bedeutung bei. Leben Sie in permanenter Furcht davor, eine falsche Entscheidung zu treffen, dauert es viel zu lange, bis Sie überhaupt je etwas entscheiden.

13. **Erfolg.** Diese Idealisierung zeigt sich in der übersteigerten Darstellung Ihrer Leistungen und Eignung, dem übertriebenen Lob Ihres eigenen Erfolgs und dem Widerwillen, von anderen Ratschläge anzunehmen. Haben Menschen mit dieser Idealisierung einmal keinen Erfolg, geben sie die Schuld rasch anderen Leuten oder äußeren Umständen. Sie nehmen vieles übel und reagieren beim kleinsten Anzeichen von Kritik oder Zweifeln aggressiv.

14. **Ziel.** Zu dieser Idealisierung kommt es, wenn Sie entschlossen sind, etwas zu erreichen, und sich auf dem Weg dorthin von Hindernissen oder Verzögerungen verärgern lassen. Für Sie zählt dann nichts mehr außer Ihrem Ziel, das Sie nicht erreicht haben.

15. **Arroganz.** Manche glauben, sie seien das Zentrum des Universums, und was immer darin geschähe, geschähe entweder zu ihrem Nutzen oder zu ihrem Schaden. Kein Wunder, wenn sie dann auch nur ihre eigenen Meinungen, Bedürfnisse und Interessen schätzen und auf alle anderen herabsehen.

16. **Kontrolle über die Umwelt.** Diese Einstellung zur Welt finden wir sehr oft bei Managern und Führungskräften. Es gehört zu ihrem Beruf, große Planungsarbeit zu betreiben, und wenn ihre Strategien sich nicht auszahlen, frustriert sie das und macht sie wütend. Mit der Zeit vertrauen sie anderen immer weniger und versuchen, alles selbst zu erledigen. Innerhalb einer Familie oder der Partnerschaft zeigt sich diese typische Idealisierung bei dem Versuch einer Person, den anderen ihren Willen aufzuzwängen. Solche Menschen, die auch als »Kontrollfreaks« bezeichnet werden, machen sich oft ununterbrochen Sorgen um ihre Familie und leiden unter Zukunftsangst.

Außer den hier aufgeführten typischen gibt es noch viele weitere Idealisierungen, zu denen beispielsweise auch übertriebene Religiosität gehört! Natürlich ist im Grunde nichts auszusetzen an einem starken Glauben an Gott - außer dass Gläubige oft jene verurteilen, die nicht dasselbe glauben wie sie, und Anhänger anderer Religionen regelrecht verachten. Und manche von ihnen nehmen es Gott sogar übel, dass er ihnen nicht genügend Aufmerksamkeit schenkt.

Doch zurück zu unserem SA-Modell. Jede der beschriebenen Idealisierungen besitzt ihr eigenes Ventil in der Röhrenleitung zum Stressakkumulator. Sobald wir aufgrund enttäuschter Vorstellungen langfristig zu leiden beginnen, öffnet sich das Ventil, und die Stressflüssigkeit beginnt, in den SA zu strömen. *Die gesamte Zeitspanne, während der wir auch nur einen irdischen Wert idealisieren, bleibt das entsprechende Ventil geöffnet und lässt immer weiter Flüssigkeit in den SA fließen.* Kaum haben wir jedoch verinnerlicht, dass wir mit der falschen Einstellung an die Sache herangehen, schließt sich das Ventil, und der Zufluss von Stressflüssigkeit wird gestoppt. Wenn nun auch die anderen Ventile geschlossen bleiben (unterhalten wir also keine weiteren Idealisierungen), beginnt die angesammelte Flüssigkeit langsam durch die unteren Abflüsse abzufließen. Das Leben muss uns keine spirituellen »Strafen« mehr aufbürden, und unsere Situation verbessert sich umgehend.

Leerung des Stressakkumulators

Auf dem Grund des SA befinden sich mehrere Rohrleitungen. Diese lassen Flüssigkeit aus dem SA entweichen und leeren ihn so. Wenn Sie Ihre »Sünden« bereuen und das durch Gedanken und Taten beweisen, wird der Stressakkumulator gereinigt. *Die unteren Abflussventile sind immer halb geöffnet* und lassen die Stressflüssigkeit ganz langsam abtropfen. Zu dieser Schlussfolgerung bringt uns die Beobachtung, dass der SA sich langsam vollständig entleert, sobald keine Stressflüssigkeit von oben mehr nachkommt. Die Zahl der angesammelten »Sünden« verringert sich wieder. Der SA wird durch die folgenden vier Leitungen geleert:

Absichtliche gute Taten

Eine der unteren Leitungen ist für bewusst vollbrachte gute Taten vorgesehen. Es kann sein, dass Sie noch einige irdische Werte idealisieren, aber durch hilfreiche Handlungen und eine positive Einstellung zu anderen Menschen können Sie dieses Ventil öffnen und ein wenig Stressflüssigkeit abfließen lassen, bevor der kritische Füllstand im Stressakkumulator erreicht wird.

Zu absichtlichen guten Taten zählen solche des Mitleids oder der Gnade, der selbstlose Einsatz für ein edles Ziel, Wohltätigkeit, Verzicht zugunsten anderer und ähnliche Taten mit dem Zweck, anderen zu nützen. Wenn Sie beispielsweise dieses Buch jemandem geben, der in Schwierigkeiten steckt, vollbringen Sie absichtlich eine gute Tat.

Positive Charaktermerkmale

Die zweite untere Rohrleitung betrifft positive Charakterzüge wie etwa Güte, Freundlichkeit, Fröhlichkeit, Optimismus und so weiter. Selbst wenn Sie an vielen Dingen übertrieben hängen und sich daher viele Idealisierungen zuschulden kommen lassen, wird sich Ihr SA dank eines freundlichen Wesens und einer zuversichtlichen Grundeinstellung nie ganz füllen. In diese Kategorie gehören viele herzensgute Menschen.

Einfluss von außen

Die dritte Leitung am Grund des SA ist für den Einfluss anderer Menschen vorgesehen. Es steht jedem offen, sich in gute medizinische oder heilpraktische Behandlung zu begeben, wenn diese etwas Flüssigkeit aus dem SA abfließen lassen kann. *Die Erfolge werden nicht langfristig anhalten,* denn ohne die Ventile oben zu schließen, wird die Stressflüssigkeit bald wieder nachfließen (in einer Woche, einem Monat, einem Jahr?). Dabei verhält es sich wie bei der Medikamentierung: Medikamente nützen auch nur, solange wir sie einnehmen – sobald wir damit aufhören, ohne die Krankheitsursache beseitigt zu haben, kehren die alten Probleme zurück.

Erfüllung unserer Mission

Eine weitere Abflussleitung im SA entspricht der Entdeckung und Erfüllung der Mission, mit der wir auf diese Welt gekommen sind. Wir alle müssen in jeder unserer Inkarnationen mehrere Aufgaben erfüllen (zum Beispiel eine Familie gründen, ein Kind zur Welt bringen, Wissenschaftler werden, etwas Neues erfinden oder neues Wissen erwerben). Das gelingt am besten, wenn wir alles ausprobieren, was uns das Leben bietet – Liebe, Familie, Macht, Politik, Lehre, Sport, Krieg, Kunst, geistige Beschäftigungen und so weiter. Manchen gelingt es, im Lauf eines Lebens mehrere Missionen zu erfüllen. Ein klares Anzeichen dafür ist immer eine plötzliche Wende in unserem Tätigkeitsfeld. Arbeitet jemand zum Beispiel als Koch oder Lehrer und hat dabei großen Erfolg, kann es vorkommen, dass er plötzlich ohne klar ersichtlichen Grund seine Stelle kündigt und mit einer ganz anderen Arbeit beginnt – als Landwirt oder Künstler beispielsweise. Dann hat er eine Aufgabe bereits zufriedenstellend abgeschlossen und wendet sich nun der nächsten zu. Beispiele dafür kommen gar nicht so selten vor.

Für ihre nächste Inkarnation kann unsere Seele sich jede Aufgabe wünschen, die sie im letzten Leben unerfüllt ließ, etwa ein neues Kunstwerk zu schaffen oder der Wissenschaft zu dienen, ein perfektes Familienleben zu führen oder eine Firma zu gründen. So verschafft sich die Seele die notwendigen Erfahrungen für ihr weiteres spirituelles Wachstum. Leider erinnern wir uns nach unserer Geburt normalerweise nicht daran, welche Aufgabe unsere Seele tatsächlich in Angriff nehmen wollte. Aber das macht nichts. Häufig zieht uns ein bestimmter Tätigkeitsbereich wie von selbst an – soziale oder politische Arbeit, Handel, Lehre, Medizin, Technik oder Kunst. Wenn wir mit unserer Arbeit in diesem Bereich zufrieden sind, dann haben wir Erfolg und freuen uns auch über unser Leben. Das gute Gefühl in uns zeigt uns, dass wir auf dem richtigen Weg sind und die Mission unserer Seele erfüllen. Zudem: Wenn wir unsere Lebensaufgabe mit Freude verrichten, öffnet sich ein Abflussventil im SA, und die Stressflüssigkeit tropft langsam aber sicher ab.

Leerer Stressakkumulator

An irgendeinem Punkt leert sich der SA eines Menschen vielleicht vollständig. Ein so gereinigter SA hat keine Stressflüssigkeit, keine »Sünden« mehr zu bearbeiten. Er hängt an nichts und niemandem auf dieser Welt übermäßig, und kein Ereignis, keine neuen Umstände können ihm Stress bereiten oder negative Gefühle in ihm hervorrufen. Er nimmt diese Welt so an, wie sie ist. Er hilft dann vermutlich anderen durch spirituelle Führung und führt sein Leben unbehelligt. Niemand hat Grund, ihm negative Energien zu senden, und wenn es doch jemand tut, kann ihm das nichts anhaben. Einen solchen Menschen hält nichts mehr auf diesem Planeten. Er bleibt, solange er will, und kann die Erde jeden Augenblick verlassen. Er kann auf eigenen Wunsch in die subtile Welt reisen und auch wieder in seinen menschlichen Körper zurückkehren.

Wir können uns diesem Ziel ebenfalls nähern, doch man muss sich realistisch eingestehen, dass es im üblichen Geschäftsalltag unglaublich schwer ist, sich von negativem Stress fernzuhalten. Daher leert sich auch der Stressakkumulator der meisten von uns nie vollständig. Doch es gibt auch für die Mehrheit von uns einen Weg zu einem gereinigten SA: Sie können jeder für sich herausfinden, welches Ventil bereits geöffnet ist und ob es Ereignisse in Ihrem Leben gibt, die Sie als Lektionen betrachten können, welche Ihnen das Leben als Folge einer falschen Einstellung oder Idealisierung erteilt hat. Vermutlich können die meisten mehr als ein Ereignis dieser Art ausfindig machen. Wir empfehlen Ihnen, Ihr Leben bewusst zu analysieren, zu bestimmen, welchen Idealen Sie anhängen – und danach den Füllstand in Ihrem persönlichen

SA zu berechnen. Wie diese Selbstdiagnose erstellt werden kann, erfahren Sie im folgenden Kapitel.

ZUSAMMENFASSUNG

1. Ihr SA ist angefüllt mit Ihren Idealisierungen irdischer und spiritueller Werte.

2. Die Flüssigkeit kann den SA durch vier Rohrleitungen am Grund des SA wieder verlassen. Diese Abflüsse heißen: absichtliche gute Taten, positive Charaktermerkmale, Einfluss von außen und Erfüllung unserer Mission.

3. Indem Sie die Prinzipien des Anfüllens und Entleerens Ihres SA kennenlernen, können Sie bewusst Ihren persönlichen Füllstand an Stressflüssigkeit regulieren und so Ihr eigenes Schicksal und Wohlergehen in die Hand nehmen.

Selbstdiagnose und Bestimmung des Füllstandes unseres Stressakkumulators

In diesem Abschnitt geht es darum, wie Sie den Stand Ihres persönlichen Stressakkumulators bestimmen und wie Sie sich in Zukunft verhalten können, um ihn zu senken.

Der erste Schritt zur Selbstdiagnose

Der erste Schritt zur Selbstdiagnose besteht in der Einschätzung der Summe an »Sünden«, die Sie bereits mit auf die Welt gebracht haben. Mit anderen Worten sollten Sie festlegen, welche Ebene Ihre Seele in der subtilen Welt bewohnt hat (wie voll also Ihr Stressakkumulator zum Zeitpunkt Ihrer Geburt war). Die meisten Menschen kommen mit einer gewissen Menge an Stressflüssigkeit im Gepäck auf die Welt. In der Theosophie nennt man diese Last, die wir aus der Vergangenheit mitbringen, »reifes Karma«. Dieses Karma bestimmt die Umstände unserer nächsten Geburt, unsere nächsten Charaktermerkmale, Gewohnheiten und so weiter. Je »besser« wir in unserem vergangenen Leben waren, desto weniger Flüssigkeit befand sich zum Zeitpunkt unseres Todes in unserem SA und desto mehr Chancen haben wir bei der Rückkehr zur Erde.

Stellen Sie nun fest, wie voll Ihr SA in etwa zum Zeitpunkt Ihrer Geburt war. Nehmen wir an, dass ein voller SA 100 Prozent entspricht – das wäre der SA eines »Sünders«, der lange Zeit hartnäckig gegen die Regeln des Lebens verstieß. Das Gegenstück wäre ein vollkommen leerer SA mit 0 Prozent Flüssigkeit – der SA eines Heiligen, der mit seiner eigenen Mission geboren wurde, sie erfüllte und die Welt, die er hier vorfand, nicht verurteilte. Eine wahrhaft gesegnete Existenz.

Gehen wir davon aus, dass ein durchschnittlicher SA zum Zeitpunkt der Geburt bis zu einem Stand von 3 bis 25 Prozent gefüllt ist. Ihre persönliche Ebene lässt sich entsprechend der folgenden Indikationen **ungefähr bestimmen:**

1. **Geburtsland.** Wenn Sie in einem Land mit stabiler wirtschaftlicher und politischer Lage geboren wurden (also etwa in Westeuropa oder in den USA), bedeutet das, dass Ihrer Seele eine gute Auswahl zur Verfügung stand, wie sie nur in den höheren Ebenen der subtilen Welt zu finden ist.

2. **Familie.** Einige von uns werden in ausgesprochen wohlhabende Familien hineingeboren, andere kommen in ärmliche Verhältnisse, zu Analphabeten, Alkoholikern oder Drogenabhängigen. Letztere haben es schwerer und müssen mehr leiden. Als Richtlinie kann gelten, je besser sich Ihre Seele in der Vergangenheit den Lebensregeln angepasst hat, desto mehr Gelegenheiten hat sie, in dieser Inkarnation eine angenehme Familienumgebung zu wählen.

3. **Kultur und Bildungsgrad Ihrer Eltern.** Seelen, die von den höheren Ebenen der subtilen Welt kommen, suchen sich wahrscheinlich Eltern mit dem besten Bildungshintergrund aus, die etwa in der Wissenschaft, Kunst oder Politik beschäftigt sind.

4. **Ihre Gesundheit bei der Geburt.** Kamen Sie als gesunder Säugling zur Welt, heißt das, dass Ihr SA nicht ganz gefüllt war, als Sie Ihr letztes Leben beendeten. Leiden Sie jedoch an einer angeborenen Krankheit, dann hat Ihre Seele noch etwas Ballast mitgebracht.

5. **Zerstörerische Charaktereigenschaften.** Natürlich besitzen wir alle eine große Bandbreite an Persönlichkeitsmerkmalen. Aber einige Menschen sind doch hauptsächlich eher ruhig und ausgeglichen, andere dagegen sehr emotional, empfindlich, grausam, nachgiebig oder depressiv. All diese Eigenschaften bringen Sie aus Ihrem vorherigen Leben mit, und die nega-

tiven zeigen Ihnen, dass Sie in früheren Inkarnationen entsprechenden Leidenschaften anhingen, besonders wenn die fraglichen Eigenschaften denen Ihres astrologischen Tierkreiszeichens entsprechen. Ob negative Charaktermerkmale vorhanden sind, bestimmt maßgeblich den Stand an Stressflüssigkeit in Ihrem SA.

Unter Berücksichtigung dieser fünf Indikatoren, können Sie in etwa abschätzen, in welche der folgenden Gruppen Ihr persönlicher SA-Füllstand zum Zeitpunkt Ihrer Geburt einzuordnen ist: *SA-Füllstand zum Zeitpunkt Ihrer Geburt – pauschal gesagt:*

1. Ein gesundes, begabtes Kind aus einer wohlhabenden, sorgenfreien Familie beginnt sein Leben mit einem geringen Anfangsfüllstand von ca. 5 bis 6 Prozent.

2. Ein gesundes Baby, das zu durchschnittlich verdienenden, gebildeten Eltern in ein wirtschaftlich stabiles Land und in bequeme Lebensumstände kommt, hat einen Anfangsfüllstand von etwa 10 bis 12 Prozent.

3. Ein Säugling, der in eine arme Familie mit wenig gebildeten Eltern ohne feste Arbeitsstelle geboren wird, startet mit einem geschätzten Anfangsfüllstand von 15 bis 18 Prozent.

4. Ein Kind, das mit einer schwerwiegenden angeborenen Krankheit zur Welt kommt, hat bereits im Augenblick der Geburt einen zu 20 bis 25 Prozent gefüllten Stressakkumulator.

Finden Sie heraus, wo auf dieser Skala Ihr eigener SA-Anfangsfüllstand liegt. Es ist jedoch sehr wichtig, diesen Anfangswert zum Zeitpunkt der Geburt nicht überzubewerten. Als Erwachsener spielt er für Sie keine so große Rolle mehr, denn Ihre Situation kann sich je nach Ihrer Denk- und Lebensart im Lauf des Lebens stark verändern.

Die oben beschriebenen Umstände beziehen sich nur auf die *Start*bedingungen Ihrer Existenz auf dieser Welt. Je mehr Vorbelastung Sie aus Ihren vorherigen Leben mitbringen, desto schwieriger beginnt Ihr neues Leben. Ja, es mag fast so scheinen, als ob jemand, der mit fast gefülltem SA zur Welt kommt, schon von Anfang an in der schlimmstmöglichen Lage ist und daran nicht mehr viel ändern kann. Doch wenn wir von den höheren Ebenen der subtilen Welt in ein neues irdisches Leben starten, sollten wir uns erst recht vorsehen, denn dann können wir viel leichter tief fallen als noch höher aufsteigen! Seelen von den höheren Ebenen finden zwar angenehmere Anfangsbedingungen vor und können es leichter zu Wohlstand und Erfolg bringen, wenn sie sich an die »Besucherregeln« halten. Doch an sie *werden viel höhere Erwartungen gestellt,* und sobald sie sich einer Idealisierung hingeben, füllt sich ihr SA viel schneller als der ihrer Mitmenschen, die aus einer schlechteren Position heraus gestartet sind.

Nach dem Errechnen unseres anfänglichen SA-Füllstands wenden wir uns nun der Bestimmung *unseres gegenwärtigen SA* zu. Das können Sie selbst - ohne die Hilfe von Wahrsagern oder Kartenlegern - erledigen.

Das zweite Stadium der Selbstdiagnose

Auf der zweiten Stufe unserer Berechnung wollen wir nun festlegen, wie voll Ihr Stressakkumulator zum gegenwärtigen Zeitpunkt ist. Eine erste Möglichkeit dazu eröffnet sich durch unsere bereits dargestellte Skizze der Struktur des SA. Wenn sich Stressflüssigkeit (Ihre Idealisierungen) durch die oberen Leitungen Ihres SA ansammelt, *betrachten Sie bitte jede der Leitungen einzeln.* So lässt sich leicht erkennen, welche speziellen Idealisierungen Sie zum gegenwärtigen Zeitpunkt beschäftigen.

Bestimmung Ihrer Idealisierungen

Etwas zu idealisieren bedeutet ja, langfristig unter etwas oder jemandem zu leiden. Konzentrieren Sie sich darauf, welche Probleme oder Situationen Ihnen am meisten zu schaffen machen, und finden Sie heraus, ob der Grund für Ihren Stress in der Idealisierung eines irdischen Wertes liegt. Wenn das zutrifft, dann ist eines der oberen Ventile in Ihrem SA geöffnet und die Stressflüssigkeit strömt nur so hindurch.

Falls Ihnen nichts sonderlich Beunruhigendes auffällt, überlegen Sie, ob Sie vielleicht latente Idealisierungen haben. Stellen Sie sich Ihr Leben ohne bestimmte Komponenten darin vor: ohne Liebe, Familie, Geld, Gesundheit, Ruhm, Ihre Arbeitsstelle, zwischenmenschliches Verständnis und so weiter. Solchen und anderen Werten messen wir sehr oft eine übermäßige Bedeutung bei. Falls Sie sich ehrlich vorstellen können, ohne sie oder ohne mehrere von ihnen zu leben, ohne dass Ihr Leben leer oder sinnlos wird, dann sind Sie keinerlei Idealisierungen unterworfen.

Das Leben als Spiel

Die meisten Menschen erkennen hier sicherlich einen oder mehrere Werte, ohne die sie nicht leben könnten (Familie, Kinder, Liebe, Arbeit, Geld und so weiter). Wenn Sie dazugehören, sind die Ventile, die zu den entsprechenden Werten gehören, bei Ihnen offen, und der negative Stress fließt ungehindert in Ihren SA. Ihre Idealisierungen bringen Probleme, Sorgen, Konflikte und Krankheiten mit sich.

Niemand verlangt nun von Ihnen, dass Sie diese Ihnen so wichtigen Werte komplett verleugnen. Wir möchten Ihnen jedoch empfehlen, sie noch einmal neu zu *überdenken*. Und wenn sich etwas nicht wie erhofft entwickelt oder ein Problem auftaucht, betrachten Sie das als einen vorübergehenden Verlust, doch nicht als das Ende Ihres Lebens! Hören Sie niemals auf, das Spiel weiterzuspielen, und versuchen Sie immer wieder von Neuem zu gewinnen. Im dritten Kapitel geht es noch einmal detaillierter um diese Einstellung.

Indirekte Lektionen

Leider können Sie nicht im wörtlichen Sinn in Ihren Stressakkumulator hineinsehen und erkennen, wie weit er gefüllt ist. Sie können den Füllstand jedoch selbst einschätzen, indem Sie auf indirekte Signale achten.

Denken Sie daran, dass Ihr Wächter Maßnahmen ergreift, die spiegeln, wie unzufrieden Sie mit Ihrem Leben sind – und er macht nie einen Fehler. Ihr Leben und die Ereignisse darin führen Ihnen die Lektionen vor Augen, die Ihr Wächter Ihnen erteilt; indem Sie diese also bewerten, erfahren Sie auch genauer, wie unzufrieden Sie mit Ihrem Leben sind und welche Ventile es in Ihrem SA sind, die offen stehen. Ihr Wächter erzieht Sie, indem er Ihnen Steine in den Weg legt, Ihre Pläne zunichtemacht, berufliche oder familiäre Probleme entstehen lässt, Ihnen ein erfülltes Liebesleben verwehrt oder Sie krank macht. Diese Maßnahmen werden nicht in einer bestimmten Reihenfolge ergriffen, sondern werden Ihren persönlichen Idealisierungen und falschen Vorstellungen individuell angepasst.

Einschätzung des gegenwärtigen Füllstandes Ihres SA

Betrachten Sie die negativen Ereignisse, die sich kürzlich in Ihrem Leben zugetragen haben, genauer, und bestimmen Sie dann den aktuellen Füllstand in Ihrem Stressakkumulator. Die folgenden Kategorien zu Ihrer Orientierung sind vom schlimmsten zum besten Fall hin geordnet:

1. Wenn Sie an einer lebensbedrohlichen Krankheit leiden (zum Beispiel Krebs) oder wegen eines Schwerverbrechens inhaftiert wurden, ist Ihr SA zu 92 bis 96 Prozent gefüllt.

2. Wenn Sie ernsthaft, aber nicht tödlich erkrankt sind, beläuft sich die Stressflüssigkeit in Ihrem SA auf bis zu 90 Prozent.

3. Wurden Sie Opfer eines schlimmen Autounfalls, eines Brandes oder Raubüberfalls oder sind Sie in einen langwierigen Gerichtsprozess verwickelt, misslingen Ihnen sämtliche Vorhaben und Ihre Schwierigkeiten reißen einfach nicht ab, ist Ihr SA etwa zu 80 bis 90 Prozent gefüllt. Diese Zeichen gehören zu den letzten Warnungen, die Ihnen das Leben zukommen lässt, damit Sie Ihre Lebenseinstellung ändern.

4. Bekümmern Sie finanzielle Sorgen, Probleme in der Verwandtschaft oder in Ihrem Sexualleben, geht Ihr Geschäft oder ein wichtiges Vorhaben zu langsam voran und verbraucht all Ihre letzten Reserven an Zeit und Energie, dann ist Ihr SA zu 60 bis 75 Prozent gefüllt. Solche Schwierigkeiten sind nicht lebensgefährlich, doch sie verleiden Ihnen das Leben immer wieder.

5. Wenn es Ihnen gut geht, die Dinge aber auch besser stehen könnten, ist Ihr SA zu etwa 60 Prozent gefüllt. Das ist noch nicht so schlimm, doch Sie müssen Sorge tragen, dass es sich nicht verschlechtert.

6. Bringt Ihr Leben Ihnen Freude und haben sich all Ihre Lebensträume wie erhofft erfüllt, dann übersteigt der Füllstand in Ihrem SA nicht die 50-Prozent-Marke.

7. Wessen SA nicht mehr als 15 bis 30 Prozent Füllstand aufweist, führt ein spirituell erfülltes Leben, in dem er andere führt, bildet oder humanitäre Hilfe leistet.

Nun wissen Sie, von welchem gegenwärtigen SA-Füllstand Sie bei sich ausgehen können. Wenn Sie bereit sind, Ihr Leben nach der

»Sensible Life«-Methode besser den Regeln anzupassen, die Sie auf der Erde beachten sollten, können Sie selbst Ihren SA-Füllstand senken und sich Ihrem Ziel nähern: einem glücklichen Leben.

Befragung des Unbewussten

Wir haben nun den logischen Weg beschrieben, wie die Stressflüssigkeit in Ihrem SA gemessen werden kann. Doch es gibt noch einen anderen Weg: Sie können die Informationen auch direkt aus Ihrem Unterbewusstsein ziehen. Wir alle sind in der Lage, diese Befragung des Unbewussten durchzuführen. Im letzten Kapitel des Buches finden Sie mehrere Übungen, mit denen Sie Ihr unbewusstes Wissen erforschen und zutage bringen, indem Sie eine Methode namens »Automatisches Schreiben« anwenden. Unserer Erfahrung nach bekommt jeder Anwender, der diese Methode ernst nimmt, durch sein Unbewusstes direkten Einblick in sein tieferes Ich. Und Intuition hilft uns auf unserem Weg entschieden weiter.

ZUSAMMENFASSUNG

1. Sie können selbst herausfinden, wie viele »Sünden« Sie aus Ihrem vorherigen Leben mit ins gegenwärtige gebracht haben. Ebenso können Sie den gegenwärtigen Füllstand Ihres SA selbst bestimmen.

2. Folgende Indikatoren helfen Ihnen dabei, den Füllstand und die Stressflüssigkeit in Ihrem SA zum Zeitpunkt der Geburt zu bestimmen: Geburtsland und -ort, Lebensumstände der Familie, Gesundheitszustand bei der Geburt und angeborene Charaktermerkmale.

3. Ihr aktueller SA-Füllstand lässt sich an den Signalen abschätzen, die Ihnen das Leben bereits gesendet hat, und an Ihrem allgemeinen Wohlbefinden.

Typische Erziehungsmaßnahmen

In diesem Abschnitt finden diejenigen Hilfe, die selbst herausfinden möchten, welche Lebensregeln sie nicht befolgen, was sie idealisieren und wie das Leben ihre Fehler korrigiert. Das ist nicht ganz einfach, denn uns allen fällt es nicht leicht, uns selbst zu bewerten und einige unserer Ansichten als falsch zu erkennen – besonders wenn es sich dabei um Werte und Glaubenssätze handelt, denen wir bereits seit Jahren anhängen. Ohne unsere Irrtümer einzusehen, bleibt es uns aber unmöglich, den genauen gegenwärtigen Füllstand in unserem SA zu bestimmen, und wir werden unsere falschen Einstellungen nicht korrigieren können. Selbsterkenntnis kann recht schmerzhaft sein. Wir sollten nie vergessen, dass die Idealisierung irdischer und spiritueller Werte durch Situationen, die diese Werte zerstören, behoben, ja geheilt werden kann. Wir können ganz sicher sein, dass unser Wächter unsere Fehler korrekt diagnostiziert und uns auch die passende »Medizin« verabreicht. Wenn wir also die erzieherischen Maßnahmen, die uns in unserem Leben begegnet sind, analysieren und verstehen, dann erkennen wir auch, aus welchem Grund das notwendig war und wo es uns hinführen soll.

Die gängigen Erziehungsmaßnahmen des Lebens lassen sich in einige Kategorien einteilen. Die typischsten davon sind Familie, Kinder und Arbeit.

Typische Familienlektionen

Wie schon erläutert, ist unser SA nicht etwa leer, wenn wir auf die Welt kommen, sondern er ist noch mit all den irrtümlichen Ansichten gefüllt, die wir aus unseren früheren Inkarnationen mitbringen. Normalerweise gelingt es uns in der subtilen Welt nicht, unsere Seele viel weiter zu reinigen, weil es dort nur wenig Gelegenheit dazu gibt. Genau zu diesem Zweck kommen wir ja auf die Welt! Dorthin nehmen wir aber in jede neue Inkarnation eine gewisse Altlast falscher Einstellungen mit, und das Leben weiß das.

Um das Wachstum unserer Seele zu stärken, plant das Leben schon im Voraus spezielle Situationen, mit deren Hilfe wir lernen sollen, unsere Irrtümer abzulegen. Eine der üblichen Situationen für diese Lernleistung ist unser Familienleben. Nehmen wir beispielsweise die *Beziehungen zwischen Ehepartnern*. Wir alle kennen Beispiele für Ehen, denen es an gegenseitigem Verständnis fehlt, was häufig zu Streit, Beleidigungen, Eklats und schließlich oft genug zu einer Scheidung führt. Warum geschieht das? Das Leben führt Paare oft so zusammen, dass einer der Partner die Werte zerstört, denen der andere eine übersteigerte Bedeutung beimisst. Was also einer Ehefrau sehr wichtig ist, zerstört ihr Ehemann, indem er es ableugnet oder vernachlässigt und umgekehrt. So lassen sich die meisten Beziehungskonflikte und der Mangel an Verständnis füreinander in vielen Familien erklären.

Doch nicht alle von uns hängen Idealisierungen an, die sich im Kontext des Familienlebens zerstören lassen. Daher gibt es auch einige Familien, die in Frieden und ohne viel Streit miteinander leben. Dennoch sind solche Familien die Minderheit.

Wie bringt das Leben nun immer solche Menschen zusammen, die sich gegenseitig ihre Werte zerstören? Wir Menschen sind vernünftige Wesen, wir können ohne Frage erkennen, dass ein zukünftiger Ehepartner andere Lebensansichten hat als wir, und wir haben selbst die Wahl, ob wir ihn oder sie heiraten. Doch meist geht es in der Wirklichkeit nicht so vernünftig zu.

Verliebtheit
Um Menschen mit gegensätzlichen Lebenswerten zusammenzubringen, hat das Leben eine effektive Methode ersonnen, unsere Fähigkeit zu sinnvollen Entscheidungen zu schwächen. Sie nennt sich Verliebtheit. *Verliebtheit kann als ein Weg betrachtet werden,*

unsere Intelligenz so lange zu reduzieren, bis wir uns an unseren auserwählten spirituellen »Lehrmeister« gebunden haben. Als Anreiz fühlt sich Verliebtheit höchst angenehm an und kann uns mehr als einmal im Leben ereilen. *Aus Leidenschaft geschlossene Ehen sind meist Ehen zwischen Partnern, die unbedingt die übertriebenen Idealisierungen des anderen zerstören müssen.* Leidenschaftliche Verliebtheit kühlt für gewöhnlich nach sechs Monaten bis spätestens nach zwei Jahren ab. Der Zauber verrinnt, und auf einmal bemerkt der Mann, dass seine Frau sich ganz anders verhält, als sie es seiner Meinung nach tun sollte. Wenn er ihr das vorhält, sind beide unzufrieden, beleidigt, werden feindselig und behaupten dabei immerzu, den anderen ändern zu wollen – zu seinem Besten. In Wahrheit verletzen sie sich jedoch gegenseitig, und dann setzt der Mechanismus der spirituellen Erziehung ein. Das Leben hat ein echtes Händchen dafür, die passenden Partner zusammenzuführen. Kennen wir einen von beiden, lässt sich daher der Charakter seines Lebenspartners meist leicht erahnen:

➤ Ist ein Mann sehr rational und logisch veranlagt, wählt er sich vermutlich eine sehr emotionale, temperamentvolle Frau.

➤ Ist eine Frau besonders versessen auf Geld und ein hohes Einkommen, geht ihr Auserwählter wahrscheinlich sehr nachlässig mit Geld um und hat selten genug davon.

➤ Hat ein Mann sehr strenge Maßstäbe in Bezug auf Kindererziehung, ist seine Frau vermutlich antiautoritär geprägt.

➤ Schätzt eine Frau Sex als sehr wichtig ein, macht sich ihr Mann wahrscheinlich wenig daraus.

➤ Liebt ein Mann seine Verwandtschaft aufrichtig und hingebungsvoll, hat seine Frau vermutlich wenig Lust, sich um eine gute Beziehung zu ihnen zu bemühen.

➤ Hat eine Frau außerordentlich gute Manieren und rümpft die Nase über ungehobelte Menschen, verliebt sie sich vermutlich in einen Rüpel.

➤ Liebt ein Mann eine Speise ganz besonders, hat seine Frau sehr wahrscheinlich eine entgegengesetzte Vorliebe.

➤ Bevorzugt eine Frau eine Art der Unterhaltung oder Freizeitgestaltung, hat ihr Mann wahrscheinlich ein damit unvereinbares Hobby.

Dieses Muster ist schon anderen aufgefallen – daher das Sprichwort: »Gegensätze ziehen sich an.« Niemand aber erklärt je hinreichend, warum solche Beziehungen so unweigerlich zum Scheitern verurteilt scheinen. Die meisten bleiben einfach stur dabei, dass ihre Ideale die einzig wahren sind, denen sich alle anderen mit der Zeit anzupassen haben, und erfahren in direkter Folge endlose Streitereien, Missverständnisse, Wut und Kummer. Doch in diesem Prozess machen sie auch jeweils die Idealisierungen eines anderen zunichte und helfen ihm auf diese Weise, sich weiterzuentwickeln. Ein Ehemann merkt aber nicht, dass seine Frau seine »spirituelle Lehrmeisterin« ist, die ihn vom Idealisieren bestimmter irdischer Werte abhalten soll – und sie umgekehrt auch nicht. Und die »Behandlung« dauert noch länger an, wenn die beiden ein Kind bekommen. Denn Kinder verbinden Paare und verhindern eine frühe Scheidung. Auch sind sie selbst oft Teil der spirituellen Erziehung und zerstören ihrerseits die übertrieben idealisierten Werte eines oder beider Elternteile.

Ehelosigkeit

Ein weiterer Aspekt der Verliebtheit zeigt sich in den Fällen, in denen ein Mensch sich zwar verliebt, aber nicht heiratet und keine langfristige Beziehung eingeht. Das geschieht, wenn eine Person nicht in der Lage ist, ihre »bessere Hälfte« aufzuspüren und mit ihr eine Familie zu gründen. Bei Frauen in dieser Situation sprechen manche von einer »Krone der Enthaltsamkeit«, und es gibt Heiler, die sie davon zu befreien versuchen. Was bedeutet aber eine solche »Krone« vom Standpunkt der »Sensible Life«-Methode aus?

Es lässt sich leicht erraten, dass das Problem durch die exzessive Idealisierung eines harmonischen Familienlebens verursacht wird. Es gibt Frauen, die dieses Ideal derart schätzen, dass das Leben keinen Mann findet, der ihrem Ideal gerecht werden und ihnen gleichzeitig die notwendige Lektion erteilen könnte. Natürlich wäre es kein Problem, einen Mann zu finden, der als Instrument zur »Erziehung« dieser Frau dienen könnte, davon gibt es genug. Doch das Leben hat es in diesem Fall schwer, der Frau so viel an Verstand zu nehmen, dass sie tatsächlich ein solches Exemplar heiraten würde. Der passende Partner ist dann zu weit von ihrem Bild des idealen Ehemannes entfernt, als dass ihre Emotionen ihre Vernunft genug vernebeln könnten, um etwas derartig Verrücktes zu tun. In so einer Situation kann das Leben ihr keinen richtigen Partner servieren; ein »besserer« Mann würde ja nicht der Aufgabe gerecht, ihr die geforderte Lektion zu erteilen. In dem Fall muss die Frau auf ihre nächste Inkarnation warten, um eine feste Partnerschaft einzugehen und eine Familie zu gründen. Hier sieht man schon: Nicht immer kann das Leben die Verliebtheit als passende »Behandlung« einsetzen. Ist eine Person extrem logisch veranlagt und weiß nur zu genau, was sie wirklich vom Leben und einem Lebenspartner will, dann hat ihr Wächter Schwierigkeiten, sie zu einer belehrenden Unvernunftsbeziehung zu bewegen. Das betrifft häufig reifere Menschen, die sich nicht schon in jungen Jahren fest binden. Wer früh heiratet, ist oft noch nicht weise genug, sich nicht von seinen Gefühlen allein leiten zu lassen.

Als Fazit bleibt auf jeden Fall, dass das Leben dafür sorgen kann und oft wird, dass Sie sich in jemanden verlieben, der oder die

Ihren Ansichten großen Schaden zufügt. Je mehr Idealisierungen Sie pflegen, desto schlimmer wird Ihre Beziehung. So ist das Leben. Dafür geben uns die Geschichte und die Weltliteratur reichlich Beispiele an die Hand.

Vernunftgeleitete Partnerwahl

Was geschieht, wenn Sie nun keinen geeigneten spirituellen Erzieher heiraten oder sich von ihm wieder scheiden lassen, sobald die erste Verliebtheit abgeklungen ist, und Sie so nicht die Lektion gelernt haben, die das Leben Ihnen mit dieser Person erteilen wollte? Nun, dann bleibt Ihre Idealisierung bestehen, und Ihr SA bleibt angefüllt wie zuvor.

In solchen Fällen gehen Sie vermutlich mit gesundem Menschenverstand und viel Vernunft auf die Suche nach einem neuen Lebenspartner. Das macht es Ihrem Wächter schwer, Ihnen noch einmal einen Partner mit einem gegensätzlichen Wertesystem (den Sie spirituell brauchen) schmackhaft zu machen. Stattdessen wählen Sie eine Person mit Interessen und Eigenschaften, die kompatibel mit Ihren eigenen sind. Erhalten Sie dann also keine Lektion vom Leben? Oh doch. Wenn Sie auch im fortgeschrittenen Alter noch denselben Idealisierungen anhängen und jemanden finden, der dieselben Werte idealisiert, dann erteilt das Leben eben Ihnen beiden gemeinsam eine Lektion. Nur sind nun seine erzieherischen Mittel etwas eingeschränkt. Hier die typischen Möglichkeiten des Lebens, Idealisierungen beider Lebenspartner zu zerstören:

1. Ein Kind, das die Werte, die beide Eltern idealisieren, ignoriert

2. Verlust von gemeinsamem Besitz (zum Beispiel Hausverkauf, Privatinsolvenz)

3. Erkrankungen, die beiden Partnern sehr viel Kraft abverlangen

Die sehr verbreitete Idealisierung materiellen Wohlstands kann beispielsweise zerstört werden, indem materielle Werte durch Geldverlust, Unfälle mit hohem Materialschaden, Diebstahl oder Ähnliches abhandenkommen. Lernen Sie nichts daraus, dann verschärft sich die Situation. Einbrüche, Brände, Zahlungsausfälle durch Versicherungen und so weiter können folgen. Bei diesen Verlust-Lektionen arbeiten die Wächter des Paars vielleicht sogar zusammen und bewirken etwas noch Schlimmeres, um ihm die übermäßige Idealisierung zu rauben.

Eklats sind sinnvoll
Hier geht es um die Konflikte, die das Familienleben vieler Menschen beeinflussen. Schwiegereltern und Ehepartner sind dabei die häufigsten Akteure. Wie sollen wir reagieren, wenn jemand uns richtig wütend macht?

Eklats als Energieaustausch: Es gibt mehrere Aspekte dieses Themas. Von spirituellem Standpunkt aus hilft jeder Eklat dabei, Energie von einer Person (Energiespender) zu einer anderen (Energieräuber) zu übertragen. Zu Eklats kommt es meistens, wenn einem Menschen die Energie fehlt, die er normalerweise aus der Nahrung, Atemluft und Umwelt bezieht. Aufgrund einer inneren Störung mangelt es dem Körper dieses Menschen an Energie, doch möchte er oder sie nicht krank werden oder sterben. Der Körper dieses Menschen sucht dann nach einer anderen Energiequelle. Es ist möglich, Energie von anderen Personen zu beziehen, besonders von sehr emotionalen. Dabei spielt es keine Rolle, ob die Energie von negativen oder positiven Gefühlen stammt. Das ist auch der Grund, warum manche Leute – vor allem ältere – andere provozieren, damit sie ärgerlich werden. Sie ziehen alle Register von Ermahnungen über Kritik bis zu Beleidigungen, Taktlosigkeiten und so weiter, um ihr Gegenüber in Wut zu versetzen, die dann als verlorene Energie an den »Energieräuber« geht. Nach einer handfesten Auseinandersetzung mit Geschrei und Getöse, wenn sich beide Seiten wieder beruhigt haben, fühlt der angegriffene »Energiespender« sich ausgelaugt und kraftlos, während sich der »Räuber« zufrieden mit der geraubten Energie zurückzieht, von der er eine Weile lang zehren kann. Denken Sie an Auseinandersetzungen in Ihrer Familie – kommt Ihnen die Szene nicht bekannt vor?

Dieses Modell zeigt, wie ein Eklat sich auf der Energieebene auswirkt und auch, wie Heiler und Wahrsager Energieaustausch bei ihrer Arbeit einsetzen können. Wichtig ist vor allem aber der Grund, warum es den »Energieräubern« langfristig an Energie mangelt. Wir wollen solche vordergründigen Auslöser wie Schlafmangel, Ermüdung und Erkrankungen außen vor lassen, da sie nur die Folgen der wahren Gründe darstellen. In Wirklichkeit ist der *Energiemangel eine Auswirkung der Lektionen, die ihnen das Leben für ihre falsche Lebenseinstellung erteilt hat.* Ältere Menschen, vor allem die, die im Leben wenig erreicht haben, kritisieren häufig andere (Jüngere, Wohlhabendere oder Gesündere als sie). Sie ärgern sich über ihr Leben und drängen ihren Ärger samt ihren falschen Werten dann anderen auf. Als Lektion ihrer Wächter für dieses Verhalten wird ihnen Energie vorenthalten, und sie sehen sich nach alternativen Energiequellen um, die sie schließlich bei anderen Menschen finden.

Eklats als Prinzipienhilfe

Wenn Sie selbst keine Idealisierungen hätten, wäre es praktisch unmöglich, Sie in einen Eklat zu verwickeln. Nichts würde Sie so aufregen, dass Sie aus dem emotionalen Gleichgewicht geraten und Energie verlieren. Wenn jemand Sie dazu bringt, die Geduld zu verlieren, sollten Sie ihm dankbar dafür sein, denn er hilft Ihnen, einen Wert zu erkennen, auf den Sie übermäßig viel Gewicht legen. Auf diese Weise legt er offen, welchen falschen Überzeugungen Sie anhängen – und Sie können damit beginnen, sich davon zu befreien. Häufig handelt es sich dabei um Ihre Meinung zu Erziehungsfragen, Politik, Ihrem eigenen Erscheinungsbild oder Intellekt. Wir alle haben ein Prinzipiengerüst, das der eine oder andere Energieräuber ausnutzt, um uns damit bis zum Wutausbruch zu reizen. In dem Fall sollten wir ihn als eine Art Arzt betrachten, der uns von unserem Leiden heilen kann, indem er »diagnostiziert«, was genau wir übertrieben idealisieren. So betrachtet nützen Eklats uns, weil sie uns unsere Idealisierungen vor Augen führen und uns die richtige Behandlung erkennen lassen. Mit diesem Wissen können Sie Ihre Rolle in einem heraufziehenden Konflikt neu festlegen. Dafür gibt es einige Optionen:

➤ Sie können den *Konflikt vermeiden*, also schweigen, den Raum verlassen oder die Stimmung durch einen Scherz entschärfen. In diesem Fall erhält der Energieräuber nicht die erhoffte Lebensenergieration und geht Ihnen weiter auf die Nerven. In letzter Instanz wendet er sich vielleicht jemand anderem zu - einem kleinen Kind, einem erregbaren Nachbarn oder einer empfindlichen Schwägerin.

➤ Sie können *nachgeben* und es dem Räuber gestatten, Sie in den Konflikt zu verwickeln. Wenn Sie sich im Griff haben, wird Ihnen dieser kaum wehtun. Ein paar Tage später fänden Sie sich jedoch in derselben Situation wieder.

➤ Doch anstatt sich auf der Konfliktebene zu engagieren, können Sie noch eine ganz andere Taktik anwenden: Sie können dem Menschen, der Sie provoziert, *Mitgefühl entgegenbringen*: ihm mental Respekt, Bestätigung, ein besseres Selbstwertgefühl wünschen. Auf diese Weise lassen Sie ihm immer noch einen Teil Ihrer Energie zukommen - nur anstatt des erwarteten Zorns eine Energie der Liebe und Vergebung. Wenn der Energieräuber in der Lage ist, diese auch aufzunehmen, könnte Sie seine Reaktion überraschen. Er könnte sich entschuldigen oder gar reumütig zu weinen beginnen. Doch einigen wird das nicht ausreichen; sie werden nicht so ohne Weiteres von ihrem angepeilten Vorhaben ablassen und weiter versuchen, Ihren Zorn zu entfachen. Andere Räuber wiederum bevorzugen diese Energie des Mitgefühls. Um mehr davon zu bekommen, werden sie immer wieder tröstliche Gespräche von Ihnen einfordern.

Um der Wurzel des Problems zu Leibe zu rücken und den Konflikt effektiv zu beenden, müssen Sie allerdings die mangelnde Energie Ihres Räubers ganz wiederherstellen. Das ist nur möglich, wenn er seine Einstellung zur Welt radikal verändert und sich an die wichtigste Lebensregel hält – die Welt nicht mehr zu verurteilen, sondern so zu akzeptieren, wie sie ist.

Familiäre Idealisierungen

Vor dem Hintergrund dieser Erkenntnis soll es nun um Ihr Familienleben gehen. Versuchen Sie festzulegen, was Sie an Ihrem Partner oder Ihrer Partnerin besonders ärgert, was er oder sie Ihrer Meinung nach falsch macht. Ihnen muss klar werden, dass es genau diese Aspekte sind, die Sie idealisieren, denen Sie also exzessive Bedeutung beimessen. Diesen Idealisierungen gemäß werden Ihnen Lektionen erteilt, weil genau sie es sind, die Ihren Stressakkumulator füllen. Je unzufriedener Sie mit Ihrem Partner sind, desto schneller steigt Ihre Stressflüssigkeit an. Versuchen Sie jetzt zu bestimmen, welche Ihrer Eigenschaften oder Gewohnheiten Ihren Partner besonders stören, denn dann wissen Sie auch, welche Charaktermerkmale und Werte es sind, deren Gegensatz er oder sie idealisiert. Je unzufriedener Ihr Partner mit Ihnen ist, desto mehr Stressflüssigkeit strömt in seinen SA. Die Folgen kennen Sie bereits.

Wenn Sie nun verstanden haben, welche Art Lektion Ihnen Ihr Leben erteilt, sollten Sie eine *Entscheidung* treffen: Entweder belassen Sie alles beim Alten – dann füllt sich Ihr Stressakkumulator unaufhaltsam weiter. Oder Sie ändern Ihre Einstellung zum Leben gründlich und hören damit auf, die Dinge zu idealisieren, die Ihnen bislang so unglaublich wertvoll erschienen (auch dann, wenn das nur auf unbewusster Ebene geschah). Nun sind Sie ganz bewusst in der Lage, logisch zu dem Schluss zu kommen, dass diese Dinge keine so enorme Bedeutung für Sie haben müssen. Ein harter, aber notwendiger Prozess!

Befreiung von Idealisierungen

Es ist gar nicht so schwer, wenn Sie sich auf den *Weg der Vergebung* besinnen. Verzeihen Sie Ihrem Partner oder Ihrer Partnerin, was er oder sie angeblich falsch macht – egal, wie schwer Ihnen das fällt. Sie müssen sich darüber klar werden, dass er oder sie diese Dinge nur tut, um Ihnen Ihre Lektion zu erteilen und Einsicht zu gewähren. Das geschieht natürlich unbewusst, es ist die ihm oder ihr vom Leben zugedachte Aufgabe.

Sobald Sie Ihrem Partner aufrichtig und dauerhaft verzeihen und ihn so akzeptieren, wie er ist, wird er sich augenblicklich ändern. Er muss Ihnen dann nichts mehr beibringen und kann damit aufhören, Dinge zu tun, die Sie verärgern. Alles, was er ab jetzt immer noch anders macht, als Sie es sich wünschen, wird Sie nicht mehr stören, denn Sie haben ihm ja schon verziehen. Wenn Ihr Partner andererseits versteht, dass Ihnen die Aufgabe zufällt, aus ihm einen besseren Menschen zu machen, verzeiht er Ihnen, dass Sie vielleicht häufiger Alkohol trinken oder viel Geld ausgeben – und Sie können Ihrerseits die betreffende Obsession aufgeben. Wenn Sie ihr in Zukunft gelegentlich wieder in normalem Maß zusprechen, werden Sie niemanden mehr damit kränken.

Vergebung allein reicht jedoch nicht aus. Sie ist nur der *erste Schritt* zur Kurskorrektur Ihres Lebens. Erst müssen Sie einem Menschen verzeihen. Aber wenn Ihnen dann eindeutig klar geworden ist, was es ist, das Sie so überbewertet haben, müssen Sie auch dem Leben, Ihrer Familie, sich selbst und Ihrem Schicksal verzeihen. Und dann müssen Sie *sich so verändern, dass Sie nicht mehr so viele Ihrer zuvor hochgeschätzten irdischen Werte idealisieren.*

Wir untersuchen diese angestrebte Einstellung im dritten Kapitel genauer. Sollte es Ihnen hauptsächlich genau darum gehen, lesen Sie bitte direkt beim dritten Kapitel weiter.

Lektionen, die Kinder uns lehren

Kinder können ihren Eltern spirituelle Lektionen erteilen – durch ihren Charakter, ihre Gewohnheiten und Ambitionen, ihr Verhalten, ihre Lebenseinstellung und so weiter. Diese Aufgabe betrifft vor allem Erstgeborene und Einzelkinder in einer Familie. Wenn das Leben davon ausgeht, dass keine weiteren Kinder mehr folgen könnten, dann muss das älteste dem Paar alle nötigen Lektionen allein beibringen. Das erstgeborene Kind idealisiert also die dem betreffenden Elternteil entgegengesetzten Werte am stärksten.

Erstgeborene zerstören das Wertesystem ihrer Eltern. Meist besitzen sie ...

... Eigenschaften, die den von ihren Eltern idealisierten entgegengesetzt sind.
... Eigenschaften, die ihre Eltern bei anderen verachten.

Diese Eigenschaften stören ihre Eltern am meisten und haben so das größte Potenzial, sie zum Nachdenken anzuregen und zu belehren.

Typische Methoden zur Zerstörung elterlicher Idealisierungen
Hier die gängigsten Wege, wie Kinder ihre Eltern von deren Idealisierungen zu befreien versuchen:

1. Ein drogenabhängiges Kind kann den übertriebenen Hang seiner Eltern zu Disziplin und Ordnung, ihre Unterwerfung unter moralische Normen und ihre Orientierung an der öffentlichen Meinung zerstören.

2. Ein Kind, das schlecht in der Schule ist, kann exzessiv geschätzte Werte wie Wissen, Intelligenz, kluge Lebensplanung und die öffentliche Meinung demontieren.

3. Ein Kind, das einen alternativen Lebensstil wählt, etwa als Punk oder Rapper, will verhindern, dass seine Eltern die Meinung der Öffentlichkeit, die Gesellschaftsregeln und geltenden Normen überbewerten.

4. Einige Kinder zeigen schon sehr früh Interesse am Sex. Auf diese Weise wollen sie die prüden Ansichten ihrer Eltern, ihre Verurteilung von Sex und ihre Hemmungen in Bezug auf alle Formen der Intimität widerlegen.

5. Ein besonders spirituell geprägtes Kind will nicht zulassen, dass seine Eltern materielle Werte übertrieben wertschätzen.

6. Ein Kind, das lügt und stiehlt, stellt die exzessiv zur Schau gestellte Ehrlichkeit seiner Eltern infrage.

7. Ein Kind, das zu sehr auf seine Unabhängigkeit besteht, bekämpft die übermäßige Kontrollsucht seiner Eltern über sein Leben ebenso wie übermäßige Fürsorge.

8. Kinder, die zu sehr an materiellen Werten hängen, wehren sich gegen die extreme Spiritualität ihrer Eltern und deren Verurteilung wohlhabender Menschen.

Schon immer hat es schwierige Verhältnisse zwischen Eltern und ihren Kindern gegeben. Die meisten Eltern scheinen neuen Ideen gegenüber wenig aufgeschlossen und alten Werten mehr zugetan zu sein. Junge Menschen nehmen die Gegenperspektive ein. So erteilen Eltern und Kinder sich gegenseitig die passenden Lebenslektionen. Dieser Kreislauf wird so weiter bestehen – bis zu dem Moment, in dem wie lernen, einander zu vergeben und die Ansichten unseres Gegenübers zu akzeptieren. Diesem Prinzip zufolge können wir leicht vom Charakter eines Elternteils auf den der Kinder schließen.

Kinderlose Paare

Wie sieht die Situation bei Paaren aus, die keine Kinder bekommen können? Was könnte dafür der Grund sein? Die nächstliegende Erklärung lautet, dass die Eltern die Familiengründung idealisieren und sich ein Leben ohne Kinder absolut nicht vorstellen können. Wenn sie dann lange Zeit ohne Kinder leben, mehren sich ihr Stress und ihre Anspannung über die unfreiwillige Kinderlosigkeit immer mehr. Sie sind überzeugt, dass ihr wahres Leben erst beginnt, wenn sie ein Baby bekommen. Das ist ein Irrglaube. Unser aller Leben findet jetzt statt, und wir sollten lernen, daran Freude zu haben, was uns das Leben jetzt bietet. Das Leben muss also den falschen Glauben zerstören, dass ein Paar nicht ohne Kind leben kann. Die Situation kann sich jedoch dramatisch ändern, sobald die künftigen Eltern ihre Lebenssituation überdenken und verstehen, dass ihr Leben auch ohne eigenes Kind freudig und voller glücklicher Ereignisse verläuft. Nach dieser Einsicht kommt es häufig noch zu Nachwuchs, obwohl beide den Plan bereits aufgegeben hatten.

Ein weiterer Grund kann ein Paar davon abhalten, ein Kind in die Welt zu setzen: Um die fälschlichen Überzeugungen seiner Eltern zu korrigieren, braucht ein Kind bestimmte Eigenschaften, die dem Wertesystem seiner Eltern widersprechen. Doch es kann sein, dass die Anzahl dieser Eigenschaften so groß sein müsste, dass das Kind selbst geschädigt würde. Der SA des Kindes würde sich unweigerlich ganz füllen, und daher ist es der Seele nicht erlaubt, zu diesen Eltern auf die Welt zu kommen.

Jedes Paar, das sich aufrichtig ein Kind wünscht, sollte sich von überzogenen Ansprüchen befreien. Stattdessen sollten sie versuchen, ihre persönlichen Idealisierungen zu bestimmen, sich gegenseitig verzeihen und die Welt freudig so annehmen, wie sie ist. Auf diese Weise ist die Mission ihres zukünftigen Kindes nicht mehr so unerfüllbar, und es kann auf die Welt kommen.

Lektionen, die wir im Beruf lernen

Die meisten Menschen verbringen die Hälfte ihres Lebens mit ihrer Arbeit (manche auch mehr; solche Menschen heißen »Workaholics«). Die Arbeit ist natürlich für uns alle wichtig. Sie bringt uns materiellen Wohlstand und erlaubt es uns, unsere Pläne und Träume zu verfolgen und dabei Macht und Ansehen zu erwerben. Es gibt also viele Gründe, die Arbeit überzubewerten. Doch wie wir wissen, kann die Idealisierung unserer Arbeit dazu führen, dass unser Wächter uns spirituelle Lektionen erteilt.

Idealisierung materieller Werte

Im Berufsleben ist es nicht schwer, sich zur Idealisierung von Geld, materiellen Gütern und Statussymbolen hinreißen zu lassen. Nur allzu leicht werden wir neidisch auf einen erfolgreicheren Kollegen, der ein besseres Auto oder Haus besitzt, während wir für uns wenig Gelegenheit zur Aufbesserung unseres Gehalts sehen. Manche nehmen diese Situation leicht, andere aber stürzt diese Feststellung in langfristiges Unglück. Wer unter diesen Umständen leidet, beginnt bald auch, sich selbst zu verurteilen, unzufrieden mit sich selbst zu werden und sich gekränkt zu fühlen, weil das Leben ihn nicht mit genügend Geld oder materiellen Gütern ausstattet.

Diese Erkenntnis bedeutet nicht, dass Sie damit aufhören sollten, nach besserer Bezahlung oder materiellem Wohlstand zu streben. Verdienen Sie so viel, wie Sie können. Wichtig ist dabei aber, dass

Sie die richtige Einstellung zum Reichtum haben. Idealisieren Sie Geld und Materielles so stark, dass Sie überzeugt sind, das Leben würde ohne sie keinen Sinn mehr haben, dann stellen sich Ihrem persönlichen Wohlstand enorme Hindernisse in den Weg. Auf diese Weise erteilt Ihnen das Leben eine Lektion über die falsche Einschätzung materieller Güter – besonders, wenn Sie *ohne all den ersehnten Wohlstand ein durchaus akzeptables Leben führen, ohne das auch nur zu sehen.*

Die Idealisierung materieller Werte ereilt uns in unterschiedlicher Form. Einige von uns hassen wohlhabende Menschen wegen ihres Reichtums, andere glauben, dass sie Verlierer seien, weil sie nicht so viel Geld haben wie andere. Wieder andere unterhalten leidenschaftliche Träume von einem riesigen Haus oder einem Luxuswagen und sind deprimiert, dass diese Träume sich nicht erfüllen. Wieder andere setzen sich nur das eine Ziel, viel Geld zu verdienen, und werden aggressiv, wenn ihnen das nicht gelingt.

Es ist durchaus normal, sich um ein höheres Einkommen, ein besseres Auto oder schöneres Haus zu bemühen. Jedoch sollten Sie es dem Leben nie über längere Zeiträume hin übelnehmen, dass sich nicht alles genau wie gewünscht entwickelt. Sie können wütend werden und Ihrem Frust durch Fluchen oder körperliches Auspowern Luft machen, um die negativen Emotionen loszuwerden. Aber Sie dürfen diese schlechten Gefühle nicht in sich gären lassen. Sobald sie sich in Ihnen festzusetzen beginnen, startet Ihr Wächter sofort den Versuch, Ihr Leben noch weiter zu verschlechtern – damit Sie danach Gelegenheit haben zu erkennen, dass es unklug war, sich vorher über Ihre finanzielle Situation zu beklagen. Das Leben kann uns jederzeit tiefer sinken lassen – in Armut und Erniedrigung bis in den Tod.

Idealisierung der Macht

Andere häufige Objekte der Idealisierung sind Macht, Ehre, Hochachtung und Kompetenz. Diese Werte werden meist von

Menschen idealisiert, die Firmen besitzen, ganz besonders wenn ihr Erfolg unvorhersehbar schnell kam. Menschen, die von einer gewöhnlichen Position auf einmal an die Spitze eines Unternehmens katapultiert werden und die Kontrolle über fast unbegrenzte Ressourcen, Geld, Besitz, Menschen und so weiter erlangen, fühlen sich dann euphorisch und glauben, dass sie alles tun können, was sie wollen, was sie herablassend gegenüber den weniger erfolgreichen Kollegen macht.

Gegen diese Art der Arroganz behält sich das Leben sehr strikte Maßnahmen vor. Letztendlich werden die Betreffenden in schädigende Umstände versetzt (für gewöhnlich Hinterziehung, Betrug oder Bankrott) und finden sich in der Gesellschaft derjenigen wieder, die sie zuvor so verachtet haben. Kann ihr materieller Reichtum nicht untergraben werden, denkt sich ihr Wächter ein Programm für sie aus, in dem sie krank werden, vor Gericht kommen oder sogar versterben, damit sie dann umgehend auf die entsprechenden niederen Ebenen der subtilen Welt gelangen können.

Idealisierung eigener Vorhaben

Ein weitverbreiteter Irrtum ist unser Bestreben, die ganze Welt kontrollieren und *unsere eigenen Ziele um jeden Preis durchsetzen* zu wollen. Wir alle schmieden natürlich auf die eine oder andere Weise Zukunftspläne – gefährlich wird es erst dann, wenn wir uns unangemessen darüber ärgern, wenn diese Pläne nicht verwirklicht werden. Im Berufsleben fällt es unserem Wächter leicht zu erkennen, ob wir unsere Vorhaben idealisieren: Er vereitelt sie ganz einfach. Je mehr Sie unter diesen Umständen versuchen, an Ihren Zielen festzuhalten, desto schlimmer wird es. Können Sie einen Misserfolg nicht als vorübergehenden Rückschlag in einem Spiel hinnehmen, und versuchen Sie stattdessen weiterhin aggressiv, Ihre ursprünglichen Ziele um jeden Preis zu erreichen, dann drohen Ihnen weitere Gegenmaßnahmen Ihres Wächters.

Sie sollten nach einem Rückschlag nicht allen Ehrgeiz fahren lassen. Es ist angemessen und normal, sich etwas vorzunehmen und dieses Ziel mit all Ihrem Wissen und Ihrer Energie zu verfolgen. Dennoch sollten Sie sich niemals tief getroffen fühlen, wenn etwas nicht so klappt wie geplant. *Machen Sie den Menschen keine Vorwürfe*, die Ihre Erwartungen nicht erfüllen, die nicht einer Meinung mit Ihnen sind oder die Ihrer Meinung nach Fehler gemacht haben. Verurteilen Sie sie nicht. Geben Sie sich nach außen hin immer so streng und anspruchsvoll, wie es Ihre Stellung verlangt – aber nur innerhalb der Regeln des Spiels namens »business«. Beschweren Sie sich ruhig über andere, ja verklagen Sie sie ruhig, wenn es sein muss – aber tun Sie es ohne inneren Zorn, sondern voller Verständnis und Mitgefühl den anderen gegenüber, wenn sie verlieren.

Wenn Sie die Prüfungen des Lebens nicht bestehen, davon schwer getroffen sind, wütend werden und andere und sich selbst beschuldigen, dann wird sich Ihre Lage kontinuierlich verschlechtern, bis Ihre Pläne vollständig vom Leben durchkreuzt wurden. Auf diese Weise erfahren Sie dann nämlich am eigenen Leib, dass ein Misserfolg nicht das Ende der Welt bedeutet.

Ein anderes Extrem der Idealisierungen sind *exzessive Ängste und Zweifel*: »Habe ich auch alles richtig gemacht? Wenn nun etwas Unerwartetes geschieht? Vielleicht habe ich etwas vergessen ...?« Solche und ähnliche Fragen zeugen von einem Mangel an Vertrauen in Ihre Umwelt und stellen Ihre Fähigkeit infrage, Ihre Ziele zu erreichen. Auch diese Idealisierung werden unglückliche Umstände oder Erkrankungen in Ihrem Leben zunichtemachen. Das Prinzip trifft auf jede Art Vorhaben zu, ob es um einen Kauf, einen geplanten Bau oder um die Familienplanung geht.

Das Entdecken der spirituellen Lektionen im Beruf

Sie erkennen, dass das Leben Ihnen etwas beibringen möchte, wenn die Dinge sich nicht mehr vorteilhaft für Sie entwickeln.

Wenn keines Ihrer Vorhaben je Wirklichkeit wird und Sie anhaltend unter Misserfolgen zu leiden haben, dann hat Ihnen das Leben eine wirklich ernste Lektion zu erteilen. Ihr SA ist bis zum Überfließen gefüllt, und Ihre Probleme werden sich auch in Zukunft nur noch vermehren. Sie können sich dann nur noch helfen, indem Sie Ihre Idealisierungen und falschen Überzeugungen identifizieren und das Leben dann um Verzeihung dafür bitten, dass Sie Ihren Plänen und Zielen zu große Bedeutung beigemessen haben. In Wirklichkeit stößt Ihnen ja gar nichts Schreckliches zu, wenn nichts aus ihnen wird. Sie sind noch am Leben, noch gesund trotz all Ihrer Ängste und müssen erkennen, dass das Suhlen in unangebrachtem Selbstmitleid der falsche Weg ist. Stattdessen sollten Sie Ihre Probleme als eine Niederlage in nur einem Satz des großen Spiels betrachten und sich umso positiver und kampfbereiter gestimmt auf den nächsten vorbereiten. Sie selbst sind es, den Sie besiegen müssen – nicht das Leben.

In jedem Fall sollten Sie lernen, Ihrem Leben keine Vorwürfe zu machen, sonst werden Ihre Idealisierungen auf schlimme Art und Weise zerstört. Leider ist Ihr Wächter nämlich nicht an Ihren irdischen Problemen interessiert. Er hat nur die Perfektion der Seele im Sinn und fragt nicht lange danach, wie es Ihnen in den verschiedenen Inkarnationen ergeht.

Lektionen für Autofahrer

Nur wenige Autofahrer haben das Glück, ganz von Verkehrsunfällen verschont zu bleiben. Solche Unfälle haben vielfältige Gründe, ganz unabhängig vom Verursacher. Allen Autounfällen gemeinsam ist, dass sie unerwartet kommen – vielleicht mit Ausnahme von Alkohol am Steuer. Das ist schlicht verantwortungslos, und es zeigt deutlich, dass jemand seine Fähigkeiten als Autofahrer überschätzt. Und so können Sie auch auf eine gewisse Weise Unfälle vorhersehen, wenn Sie daran denken, dass alles auf der Welt aus einem bestimmten Grund geschieht. Ein Verkehrsunfall ist eine Lektion, bei der der Fahrer lernen soll, Abschied von seinen Idealisierungen zu nehmen.

Idealisierung der eigenen Fähigkeiten
Die erste Fehlannahme, der ein verunfallter Autofahrer zum Opfer gefallen ist, ist die Idealisierung seiner eigenen Fähigkeiten. Fahrer, die immer schnell fahren und andere um jeden Preis überholen müssen, *idealisieren die eigenen Fähigkeiten stark, indem sie sich den anderen Verkehrsteilnehmern überlegen fühlen* und deren Fahrkünste verachten. Doch vorsichtige Autofahrer sollten Sie niemals verachten, denn sie gehen achtsamer mit dem eigenen Leben und dem anderer um.

Ihr Wächter erkennt Ihre falschen Ansichten und erteilt Ihnen eine Lektion, sobald sich Ihr Stressakkumulator im Straßenverkehr zu füllen beginnt. Mithilfe einiger angemessener Maßnahmen beweist er Ihnen, dass Sie kein so herausragender Fahrer sind. Er lenkt Sie vielleicht einmal ab, und schon passiert ein Unfall. Doch das Leben ist gnädig, daher werden die Lektionen erst mit der Zeit und entsprechend Ihrer angesammelten negativen Emotionen strenger und heftiger. Zuerst trifft es notorische Raser bei kleineren Unfällen mit Blechschäden. Machen sie ungerührt weiter wie zuvor, werden die Unfälle schwerer und sind mit Verletzungen verbunden. Wenn dann die Summe ihrer negativen Überzeugungen eine gewisse Grenze sprengt, kann sich ein tödlicher Unfall ereignen.

Wenn Sie jetzt denken: »Soll ich deshalb etwa nur noch schleichen auf der Straße?«, kann ich nur sagen: Nein, Sie dürfen kontrolliert und den Umständen angepasst fahren. Dennoch dürfen Sie nie langsamere Fahrer verachten. Verändern Sie Ihr Wertesystem. Zeigen Sie Verständnis für die Fahrer, die ihre Fähigkeiten nicht drastisch überschätzen. Entschuldigen Sie sich gedanklich bei ihnen für Ihre bisherige Ungeduld und Ihre ewigen Überholmanöver.

Das kostet wenig Mühe, und doch kann Ihnen diese neue Einstellung eine Menge Geld und Zeit sparen, die Sie sonst vielleicht in der Autowerkstatt und im Krankenhaus lassen müssten.

Idealisierung eines Fahrzeugs

Ein sehr häufiger Fehler ist die *Idealisierung materieller Güter* – in diesem Fall eines Automobils. Manche Menschen machen es sich zum wichtigsten Lebensziel, einen prestigeträchtigen Wagen zu besitzen, doch diese Idealisierung führt zu falschen Überzeugungen. Wenn Sie einen besonders schönen Wagen besitzen, neigen Sie eventuell zu Gefühlen der Überlegenheit und Herablassung gegenüber anderen, die ein minderwertigeres oder gar kein Fahrzeug besitzen. Damit übertreiben Sie Ihre eigene Unübertrefflichkeit und entwickeln eine arrogante Einstellung aufgrund eines einzigen Besitzgegenstandes. Das Leben toleriert solche Überheblichkeit nicht. Um Sie davon zu befreien, versetzt Ihr Wächter Ihrer Arroganz vielleicht einen Dämpfer, indem er Ihren schönen Wagen in einem Unfall besonders schwer beschädigen lässt. Dabei ist es übrigens ohne Belang, ob Sie selbst oder der Unfallgegner den Unfall verursacht haben – Ihre Wächter waren sich einig, dass Sie beide diesen Unfall haben müssen, um Ihre Lektion zu lernen.

Wenn Sie Ihr Auto nun einfach reparieren lassen, ohne Ihre Einstellung dazu zu ändern, dann könnte es Ihnen auch komplett entwendet werden. Ihr Wächter könnte sich mit dem eines Diebes absprechen, dessen Aufgabe es wird, Ihren Wagen zu stehlen, um Sie um das Objekt Ihrer Idealisierung zu bringen. Dann zeigt sich, dass sowohl Unfall als auch Diebstahl von Ihrer eigenen Einstellung provoziert wurden. Gleichzeitig haben Sie vielleicht Schwierigkeiten, über die Versicherung ein neues Auto zu bekommen, oder Sie finden keinen adäquaten Ersatz. Idealisieren Sie Ihr Fahrzeug hingegen nicht, egal, wie prächtig es scheint, und nehmen es nicht zum Anlass, sich anderen überlegen zu fühlen, dann geschieht dem Wagen auch nichts Schlimmes. Kein Autodieb braucht Ihnen dann noch eine Lektion zu erteilen.

Eine weitere gängige Idealisierung kommt dann vor, wenn Sie keinen Wagen haben oder mit Ihrem Auto unzufrieden sind, sich aber kein besseres leisten können. Sie bewundern dann vielleicht die großen Luxuskarossen, deren Besitzer Sie heimlich hassen, und Sie glauben vielleicht, dass das Leben Ihnen Ihren Traumwagen unfairerweise vorenthält. Auf diese Weise idealisieren Sie materiellen Wohlstand und Erfolg und verurteilen Ihren gegenwärtigen Status fälschlich als unzulänglich. Um Ihre irrtümlichen Ansichten zu korrigieren, trifft Ihr Wächter Maßnahmen, um Ihre finanzielle Situation so zu verschlechtern, dass sie im Vergleich zur vorherigen eine echte Katastrophe darstellt. So sollen Sie lernen, dass Sie sich vorher nicht über Ihre eigentlich gute Lage hätten beschweren sollen.

Ein Luxuswagen ist ein leicht verständlicher Wunsch. Geben Sie dennoch acht, sich nicht persönlich gekränkt zu fühlen, wenn Sie sich nicht das Fahrzeug Ihrer Träume leisten können. Wenn man es recht betrachtet, sind nur Sie selbst in der Lage, etwas an Ihrem finanziellen Status zu ändern - wenn Sie aber weiterhin nichts an Ihrer Sichtweise ändern und sich lieber über Ihren Geldmangel beklagen, dann erteilt Ihnen das Leben immer weitere Lektionen, bis Sie verarmt oder womöglich schwer krank sind. Ihrem Wächter geht es um die Bildung und Reinigung Ihrer Seele - Ihr materieller Wohlstand ist für ihn unwichtig.

Idealisierung der Disziplin

Einige Menschen idealisieren Zucht und Ordnung, Disziplin und Regelwerke. Es ist natürlich lobenswert, wenn Sie sich an Regeln - besonders die im Straßenverkehr - halten. Räumen Sie ihnen jedoch so große Bedeutung ein, dass Sie die Menschen, die sich ihnen entziehen, aggressiv ablehnen und verurteilen, dann idealisieren Sie sie. Das äußert sich auf der Straße vielleicht in lautem

Hupen, in absichtlich zu langsamem Fahren, um andere zum Rechtsüberholen zu drängen, oder in angestautem Ärger, der Ihnen das Leben vergällt. Auf jeden Fall erkennt Ihr Wächter die Idealisierung und ergreift Gegenmaßnahmen, um Sie von der Überbetonung der Disziplin abzubringen. Er könnte Ihnen jede Menge schlechte Autofahrer senden, die Sie dazu zwingen, gegen alle möglichen Regeln zu verstoßen. Oder er verwickelt Sie in einen Verkehrsunfall, an dem Sie die Schuld tragen. So und ähnlich wird er mit Ihren Lektionen gegen die übertriebene Ordnungsliebe fortfahren, bis Sie einsehen, dass Ordnung nicht alles im Leben ist. Die Verhaltensmaßregeln, die Menschen auf der Erde ersonnen haben, sind Ihrem Wächter egal – sein Ziel ist es, Ihre Seele von Bitterkeit und Verurteilungen zu reinigen.

Natürlich sind Autofahrer kaum die Einzigen, die von einem bestimmten Irrglauben befallen sein können (Geschäftsleute, Politiker, Wissenschaftler, Künstler – alle möglichen Gruppen haben ihre typischen Fehleinschätzungen). Wichtig bleibt, dass Sie alle Ereignisse in Ihrem Leben von folgender Warte aus betrachten: Wenn Ihnen etwas widerfährt, dann bedeutet das, Sie bekommen eine Lektion erteilt und müssen dazulernen. Sie müssen erkennen, worin diese Lektion für Sie besteht, und Ihre Fehler dann berichtigen.

So ist das Leben. Wir können es nicht ändern. Wir können nur versuchen, seine Gesetze zu verstehen und sie mit unserer Lebensführung zu befolgen.

ZUSAMMENFASSUNG

1. Das Leben überwacht Ihre Gedanken und Taten unablässig. Ebenso unablässig empfangen Sie Unterweisungen über die Regeln des Lebens.

2. Sie können tun, was Sie möchten. Dabei dürfen Sie aber Ereignissen, Personen oder Gefühlen niemals exzessive Bedeutung zuschreiben.

3. Tun Sie es doch, dann zerstört das Leben Ihre Idealisierungen. Das Familienleben ist einer der wirksamsten Bereiche dafür. Liebespaare idealisieren für gewöhnlich entgegengesetzte Werte, und folglich erteilen sie in ihrem Zusammenleben dem anderen jeweils die nötige Lektion, die sich nicht selten zum Hauptgrund für Familienkonflikte entwickelt.

4. Kinder idealisieren meist ebenso die Werte, die denen Ihrer Eltern direkt entgegenstehen. Auf diese Weise können Kinder und Eltern einander von ihren jeweiligen Idealisierungen befreien und sich gegenseitig die passenden Lektionen erteilen.

5. Misserfolge bei der Arbeit und die eigene Unfähigkeit, Vorhaben umzusetzen, sind typische Signale dafür, dass Lebenslektionen stattfinden. In diesen Fällen müssen Sie Ihre Einstellung zu den verfehlten Zielen und Ihrer Idealisierung ändern – und schon entschärft sich die Lage.

Spirituelle Lektionen

In diesem Abschnitt erfahren Sie, auf welche Weise das Leben selbst (mithilfe Ihres Wächters) Ihre Seele heilen kann. Das Ausmaß Ihrer fehlgeleiteten Idealisierungen lässt sich am Füllstand an Stressflüssigkeit in Ihrem Stressakkumulator ablesen. Und Ihr Wächter setzt unterschiedliche Maßnahmen ein, um zu beweisen, dass Ihre Einstellung die falsche ist. Fünf typische Methoden dafür finden Sie hier.

1. Direkter Konflikt mit Menschen mit entgegengesetztem Wertesystem

Diese Situation finden wir oft in Familien, in denen die Eltern entgegengesetzte Wertesysteme haben und daher einander als »spirituelle Lehrmeister« gegenüberstehen, ohne es zu wissen. Idealisieren die Eltern ihre Kinder, dann werden diese es sein, die die Überzeugungen ihrer Eltern untergraben. Freunde und Geschäftspartner zerstören das Wertesystem des anderen und tauschen so die Lektionen des Lebens aus, und Vorgesetzte erziehen ihre Angestellten, Angestellte ihre Vorgesetzten und so weiter.

2. Situationen, die unsere idealisierten Werte zerstören

Es gibt Situationen, bei denen es schwer zu sagen ist, wer genau Ihnen eine Lektion erteilt. Dann haben vermutlich gleich mehrere Beteiligte unbewusst Umstände geschaffen, die Ihr Wertesystem infrage stellen. Ein Mensch, dem Geld beispielsweise sehr wichtig ist, macht finanzielle Verluste, weiß aber nicht, wer genau Letztere herbeigeführt hat. Er arbeitet vielleicht für eine Firma, die Insolvenz anmeldet, oder sein eigenes Geschäft bricht unter zu hoher Steuerbelastung oder der instabilen Wirtschaftslage zusammen. Daran ist kein einzelner Mensch schuld.

Warum raubt das Leben gerade denjenigen das Geld, die es übertrieben hoch schätzen? Was ist der Zweck einer solchen Heilung? Sie werden so daran erinnert, dass sie jeden Augenblick ihres Lebens im Paradies verbringen sollten und dass ihre Unzufriedenheit mit dem Leben allein von ihren eigenen falschen Überzeugungen herrührt. Und so beweist das Leben es ihnen: Gehen wir einmal davon aus, dass das Jahresbruttoeinkommen des Mannes bei 35.000 Euro liegt und er damit unzufrieden ist. Es ist ja auch nicht einfach, zufrieden zu sein, während andere locker 45.000 Euro und mehr pro Jahr verdienen. Könnte nicht auch er mehr verdienen? Natürlich. Doch um das zu erreichen, müsste er sich zunächst von allen Vorwürfen an sein bisheriges

Leben trennen und stattdessen aktiv gangbare Wege zur Erhöhung seines Einkommens suchen.

Bleibt er aber dabei, sich benachteiligt zu fühlen und anderen dafür die Schuld zu geben, erteilt das Leben ihm eine Lektion, und sein Einkommen wird sich plötzlich auf vielleicht 25.000 Euro verringern. Damit kann er sich immer noch ernähren, sein vorheriger Verdienst aber erscheint ihm nun im Vergleich in Ordnung. Versteht er die neue Situation nicht als Aufforderung, sich für seine frühere Kritik am Leben zu entschuldigen, und beklagt er sich nur umso bitterlicher, dann folgt allerdings die nächste Lektion. Er verliert womöglich sein 25.000-Euro-Einkommen und ist auf Sozialhilfe angewiesen, oder er erleidet einen Unfall oder eine Erkrankung und wird eine Last für seine Familie. Im Krankenbett kann er sich nun daran erinnern, wie gut sein Leben noch war, als er gesund war, 35.000 Euro verdiente und noch viele Möglichkeiten zu einem Aufstieg vor sich hatte. Das war doch paradiesisch im Vergleich zu seiner Abhängigkeit und Pflegebedürftigkeit! Warum also hat er sich über ein Leben im Paradies beklagt?

Wenn Sie jetzt endlich die Chance nutzen, Ihren Denkfehler zu erkennen und sich dem Leben gegenüber aufrichtig entschuldigen, dann bekommen Sie ein unabhängiges Leben mit einem mittleren Einkommen zurück. Wenn Sie weiterhin dankbar bleiben, verdienen Sie mühelos immer mehr – solange Sie sich nur von neuen Idealisierungen fernhalten. Nutzen Sie dagegen die Chance nicht und beklagen sich immer heftiger über das Leben, verschlimmert sich Ihre Erkrankung weiter.

Die Lektionen, die uns das Leben gegen unsere Idealisierungen erteilt, mögen Ihnen grausam und unfair vorkommen, doch vom Standpunkt Ihres Wächters aus sind sie vollkommen angemessen. Menschen, die Macht, beruflichen Aufstieg, Begabungen und so weiter idealisieren, werden auf ganz ähnliche Weise vom Leben belehrt. Es zerstört ihre Idealisierungen mithilfe von Situationen, die ihnen vor Augen führen, dass sie die falsche Einstellung haben.

3. Situationen, die uns zu etwas zwingen, das wir anderen vorwerfen

Solche Situationen ergeben sich typischerweise, wenn Sie andere wegen ihres Mangels an Vernunft, Disziplin, Moral und so weiter verurteilen. Erinnern Sie sich, dass Sie einmal jemandem vorgehalten haben, zu spät zu einem wichtigen Termin zu kommen, oder jemanden wegen seiner unpassenden Kleidung zurechtgewiesen haben? Ist es Ihnen schon einmal passiert, dass Sie sich später selbst zu einem Termin verspäten mussten oder irgendwo im falschen Outfit erschienen sind – nur haben Sie keinen Zusammenhang zwischen diesen Ereignissen hergestellt? Das war kein reiner Zufall. Diese Umstände wurden speziell für Sie erdacht, um Sie in dieselbe Situation zu bringen wie denjenigen, dem Sie den entsprechenden Vorwurf gemacht hatten. Damit haben Sie unbewusst Ihr eigenes Dilemma heraufbeschworen.

Wenn Ihnen eine Situation einfällt, in der Sie sich gezwungen sahen, gegen Ihre eigenen Prinzipien zu verstoßen, versuchen Sie zu verstehen, was diese Lage früher verursacht haben könnte. Erinnern Sie sich, wen Sie einmal für ein ähnliches Verhalten getadelt haben, und bitten Sie mental dafür um Verzeihung. Gelingt Ihnen das, wird das Leben Ihnen nicht wieder dieselbe Prüfung auferlegen. Ignorieren Sie hingegen die eigentliche Ursache, die Sie in die Situation gebracht haben könnte, und nehmen die Warnung nicht ernst, dann kann sich Ähnliches noch jahrelang wiederholen. Sie werden immer öfter zu spät kommen und sich selbst dafür immer größere Vorwürfe machen, was Ihnen nichts als negative Gefühle und ein schwaches Selbstbild einbringt.

Diese Spielart spirituellen Mentorings kann noch eine unschönere Form annehmen: Konflikte zwischen Eltern und Kindern. Sagen wir, Ihre Eltern haben sich in Ihrer Kindheit nicht gerade vorbildhaft verhalten. Sie haben sich viel gestritten und ihnen einen handfesten Grund für einen lebenslangen Groll gegen sie gegeben. Sie haben sich geschworen, dass es solche Konflikte niemals in Ihrer eigenen Familie geben würde! Wenn Sie dann erwachsen sind und tatsächlich Ihre eigene Familie gründen, versetzt das Leben Sie in dieselbe Situation wie die Ihrer Eltern damals, da Sie sie so sehr dafür verurteilt haben. Vielleicht reagieren Sie unerwartet gereizt und machen anderen ohne Grund laute Vorhaltungen. Entgegen Ihres Versprechens lassen Sie sich von anderen provozieren. Ihr Ehepartner ärgert Sie, Ihre Kinder haben Wutausbrüche und Quengelanfälle und Ihre Verwandtschaft bringt Sie mit ihren Belehrungen auf die Palme. Diese Situation wird sich ändern, sobald Sie damit aufhören, Ihren Eltern deren früheres Verhalten zum Vorwurf zu machen. Erst dann hat Ihr Wächter keinen Grund mehr, Ihnen eine so unangenehme Ermahnung zuzumuten.

4. Situationen, die unbewusst geprägte Irrtümer bestätigen
Stellen Sie sich vor, Sie hätten sich einmal Geld für eine geschäftliche Investition geliehen, aber Ihr Plan ging nicht auf und Sie konnten das Geld nur mit großen Schwierigkeiten zurückzahlen. Obwohl Sie Ihren Verpflichtungen dann unter erschwerten Bedingungen nachgekommen sind, sind Sie tief in Ihrem Innern doch davon überzeugt, dass geschäftliche Investitionen gefährlich sind oder dass Sie nicht das Zeug zum erfolgreichen Geschäftsmann beziehungsweise zur -frau haben. Egal, was Sie dann bewusst glauben und sich wünschen, Ihre unbewusste Überzeugung wird Ihre Geschäftspläne stets unterwandern. Sie mögen sich noch so empört geben, die allergrößte Mühe in Ihr Unternehmen investieren – nichts wird helfen. Ihr unbewusster Irrglaube legt Ihnen immer wieder Steine in den Weg.
Unter Geschäftsleuten und Business-Coaches ist längst bekannt, dass eine der wichtigsten Voraussetzungen für geschäftlichen Er-

folg darin besteht, die richtige Einstellung und Denkweise mitzubringen. Sie sollten immer an den Erfolg Ihres Unternehmens glauben und sich auf zukünftige Geschäftserfolge freuen, anstatt verborgene Zweifel zu hegen. Zweifel und Ängste können sich zu eigentlich jedem Thema in unserem Unbewussten festsetzen. Beispielsweise hält Sie eine negative Erfahrung mit einer blonden Partnerin in Ihrer Jugend vielleicht später von einer Beziehung zu anderen blonden Frauen ab.

Selbst wenn die Situation, die Ihre Ängste ursprünglich einmal ausgelöst hat, längst aus dem Bewusstsein gelöscht ist, können die Zweifel noch lange Zeit Ihr Unterbewusstsein bevölkern. Unbewusst geprägte Irrtümer können Sie nur dann entdecken, wenn sich Ihnen ein ansonsten unerklärliches Lebenshindernis in den Weg stellt und Sie eine entsprechende unbewusste Programmierung aufdecken können.

Eine ähnliche negative Geistesprogrammierung ist die elterliche Erziehungsarbeit. Viele Eltern schrecken nicht davor zurück, ihr Kind zu beschimpfen und es offen als »dumm«, »faul« oder »ungeschickt« zu bezeichnen. Die Meinung seiner Eltern ist für ein Kind aber so entscheidend, dass sich diese Bezeichnungen direkt in seinem Unbewussten festsetzen. Das Ergebnis ist, dass auch das pfiffigste und flinkste Kind sich zu einem »dummen« oder »faulen« Erwachsenen entwickeln kann – oder sich zumindest ein Leben lang so fühlt. Tatsächlich sind *Kinder sehr häufig den psychischen Angriffen ihrer Eltern ausgesetzt.* Und einer negativen Programmierung auf der mentalen und unbewussten Ebene ist in späteren Jahren nur sehr schwer beizukommen; sie wieder zu löschen, scheint fast unmöglich.

Wir sind vielen Menschen begegnet, deren Leben von solchen negativen Programmierungen beeinflusst wurde, die sie oft misstrauisch und verschlossen gemacht haben. Damit hat ein Mensch es schwer, im Leben voranzukommen.

5. Situationen, die uns vom Kurs abbringen und Zeit geben,
unsere Lebenseinstellung zu überdenken

Hier lässt Sie das Leben für gewöhnlich körperlich schwer erkranken, im Gefängnis landen oder Ähnliches. Diese besondere spirituelle Behandlung setzt Ihr Wächter nur dann ein, wenn er die oben erläuterten Methoden nicht anwenden kann – wenn Sie sich etwa lange einer Lektion widersetzen oder sich weigern beziehungsweise sich nicht in der Lage sehen, Ihre falschen Überzeugungen abzulegen.

Diese Erkrankungen werden Ihnen gesandt, um Ihnen Zeit zum Erlernen Ihrer Lektion zu verschaffen. Je nach Idealisierung wird eine passende Krankheit gegen Ihre Idealisierungen gewählt. Glauben Sie beispielsweise, das Leben Ihres Partners oder Ihrer Kinder kontrollieren zu müssen und machen Sie sich übertriebene Sorgen, wenn Sie nicht bei ihnen sein können, dann trifft Sie voraussichtlich eine Krankheit, die Sie ans Bett fesselt und so Ihre Möglichkeiten zur Überwachung stark einschränkt. So zeigt Ihnen das Leben, dass Ihre Familienangehörigen auch gut ohne Ihre Überwachung zurechtkommen. Sie könnten sich jedoch dieser Erkenntnis widersetzen und sich noch größere Sorgen machen. Dann verläuft Ihre Erkrankung problematisch und ist resistent gegen die Behandlung. Das Leben lässt Sie nicht eher gesund werden, bis Sie Ihre Lektion gelernt haben.

Grundsätzlich lassen sich alle Erziehungsmaßnahmen des Lebens auf ein einfaches Prinzip bringen: Das Leben gibt uns das, was wir am wenigsten wollen, und nimmt uns das, ohne das wir uns ein Leben nicht vorstellen können.

Zusammenhang von »Sünde« und »Strafe«

Bleibt die Frage: Wie bald erhalten Sie vom Wächter Ihre Strafe, wenn Sie eine falsche Ansicht oder Einstellung vertreten? Das ist abhängig von der Füllstandhöhe Ihres Stressakkumulators. Liegt dieser bei nur 25 bis 35 Prozent, dann wird Ihnen etwa 1 bis 2

Tage nach dem Bilden einer Idealisierung eine passende Lektion erteilt. Ist Ihr SA jedoch zu 70 Prozent oder mehr gefüllt, dann erhalten Sie schon seit langer Zeit Hinweise und Warnungen, haben darauf aber schlicht nicht gehört. Widersetzen Sie sich hartnäckig jeder Erkenntnis, dann ereilt Sie Ihre Strafe zwar, aber vielleicht erst einen Monat, ein Jahr oder gar ein Jahrzehnt später. Vergessen Sie nur nicht: Wenn Sie nicht lernen, sich mit Ihrem Leben anzufreunden, wird es Ihnen früher oder später Probleme machen. Wann genau, das hängt davon ab, wie schnell Sie dazulernen.

ZUSAMMENFASSUNG

1. Das Leben setzt fünf typische Methoden ein, um Sie von exzessiven Idealisierungen zu befreien.

2. Jede dieser Methoden kommt entsprechend der Anzahl Ihrer falschen Annahmen und anderer ungünstiger Umstände zum Einsatz.

3. Die zeitliche Abfolge der Lektionen hängt von Ihrer Fähigkeit ab, diese zu verstehen und umzusetzen – also vom Füllstand der Stressflüssigkeit in Ihrem Stressakkumulator.

2.

Abschied von den Problemen

In diesem Kapitel soll es um Ihre Möglichkeiten gehen, die »Erziehungsmaßnahmen«, die das Leben an Ihnen und Ihrem Lebensalltag vornimmt, zu beenden.

Das Ende aller Schwierigkeiten

Was können Sie unternehmen, um den Unterweisungen des Lebens zu entgehen? Vor allem müssen Sie all den negativen Stress loswerden, der Sie belastet, und Sie dürfen auch keinen neuen ansammeln. Das ist gar nicht einfach. Sie haben vermutlich wie die meisten von uns viele Jahre lang negative Empfindungen angehäuft, daher wird es kaum ausreichen zu sagen »Ich verzeihe allen«, selbst wenn Sie es ehrlich meinen. Es ist schwer, auch nur die eigenen Idealisierungen zu bestimmen; sie von heute auf morgen zu unterlassen, ist fast nicht möglich. Dabei brauchen Sie Hilfe. Daher finden Sie hier nützliche Hinweise, die Ihnen den Übergang in ein neues Leben ohne den alten Stress erleichtern.

Wir gehen in diesem Buch davon aus, dass der Mensch nicht nur ein materielles Objekt ist, also einen physischen Körper hat, sondern auch spirituelle. Zu Letzteren gehören der energetische, der emotionale (Astral-) und der mentale Körper. Zusammen bilden sie die »unsterbliche Seele«, die sich im Reinkarnationsprozess von Körper zu Körper fortbewegt. Wer nicht an die Existenz subtiler Körper glaubt, stellt sie sich stattdessen als unterschiedliche Komponenten der Psyche vor – als Gesundheit (Energie), Gefühle und Gedanken des Menschen.

Unserer eigenen Erfahrung nach beeinflussen alle subtilen Körper Ihr Leben. Einige Probleme, die Sie noch nicht einmal wahrgenommen haben müssen, kann Ihre Seele aus der Vergangenheit mitgebracht haben. Daher sollten Sie einen tiefen Blick in Ihre Seele werfen. Denn wenn Sie vorhaben, Ihren Stressakkumulator zu leeren, dann sollten Sie auch all Ihre subtilen Körper reinigen. Sonst wird eine Reinigungsbehandlung nicht effektiv genug sein und die Erfolge sind nur vorübergehend.

Was wird gereinigt?

Sollten Sie wirklich versuchen, jedes einzelne Problem aus Ihrem Leben zu beseitigen? Diese Frage ist gar nicht so leicht zu beantworten. Man könnte glauben, dass eine solche Totalreinigung dazu führen würde, das Interesse am Leben zu verlieren.

Wie erläutert haben nur wenige wahre Erleuchtete einen wirklich leeren SA, da sie keine Bedürfnisse und Wünsche mehr verspüren. Wenn Sie tatsächlich Ihren SA so vollständig leeren würden, wären Sie in derselben Lage: Alles stünde Ihnen dann offen, doch Sie würden es gar nicht mehr wollen. Nichts würde Ihnen mehr Sorge bereiten, da Sie alles in Ruhe annehmen könnten, was das Leben bringt. Wer stellt sich schon so eine Zukunft vor? Sie nicht, nehmen wir an. Dieses Ziel ist ohnehin fast unmöglich zu erreichen. Wie wir alle möchten Sie ein aktives Leben führen, schöne

Dinge kaufen und sich lebendig fühlen – selbst wenn das Bezahlen von Rechnungen, der Streit mit Nachbarn oder Ärger mit den Kindern dazugehören. Das Leben erlaubt es Ihnen im Sinne einer fortwährenden Seelenerziehung nicht, vollkommen losgelöst in sich zu ruhen und Versuchungen strikt zu ignorieren. Was also können Sie tun?

Die Lösung liegt darin, zunächst diejenigen Probleme auszuwählen, von denen Sie sich befreien wollen und müssen, um gesund leben zu können – also diejenigen Ventile Ihres SA, die Ihnen am wichtigsten sind. Hier dämmen Sie den Zufluss von Stressflüssigkeit ein. Ein wenig davon darf durch diese auch später immer fließen, Sie müssen also die Bedeutung der entsprechenden Lebensbereiche (Familie, Geld und so weiter) nicht völlig zu verleugnen versuchen. Doch die anderen Ventile, also alle anderen Bereiche möglicher Idealisierungen, sollten Sie klären, indem Sie sich der Herablassung, der Verurteilung und Verachtung enthalten. Auf diese Weise können Sie ein gutes Leben voller Freude führen und den Flüssigkeitsstand in Ihrem SA nicht über 45 bis 55 Prozent ansteigen lassen – das wäre ein idealer Prozentsatz zur Verwirklichung Ihrer persönlichen Träume. Halten Sie das für ein erstrebenswertes Ziel? Dann erfahren Sie jetzt, welche Methoden und Techniken Ihnen helfen können, Ihr Leben in diesen bequemen Zustand zu verwandeln.

Abschied von negativen Gefühlen

Unsere Gefühle sind der Dreh- und Angelpunkt bei allem, was uns widerfährt, und daher beginnen wir mit einigen Techniken zur Reinigung Ihres subtilen *emotionalen Körpers*. Dieser Körper speichert alle Kränkungen, Verurteilungen, Erinnerungen an Eifersucht oder Ärger und alle anderen Emotionen. Sind diese Gefühle positiv, dann machen Ihre Erinnerungen daran Ihr Leben angenehmer, und Sie möchten sich nicht davon trennen. Negative Emotionen jedoch haben eine andere Wirkung. Die meisten von uns kennen solche schlechten Gefühle seit ihrer Kindheit, und die meisten werden auch aktuell unter einigen von ihnen leiden. Woher diese Gefühle kommen, wissen Sie bereits: Geistig idealisieren Sie die Welt, doch die wirklichen Zustände weichen stark von Ihrem Ideal ab. Wenn Sie gezwungen sind, die Diskrepanz zu bemerken, verdrängen Sie sie vielleicht, oder Sie versuchen, die Welt unter enormen Mühen Ihrem Ideal anzupassen. Oder Sie tun gar nichts, verspüren aber eine Menge negativen Stress und fragen sich, warum nur alles so verkehrt läuft.

Emotionen als gespeicherte Gedankengebilde

Jede belastende Emotion wird von einer bestimmten Folge an Gedanken begleitet. Daher bildet auch jedes starke Gefühl ein entsprechendes Gedankengebilde (das bedeutet gebündelte Energie und Information), die sich bei negativen Gedankengebilden auf Ihrem emotionalen Körper in Gestalt eines dunklen Flecks festsetzt. Mit anderen Worten: Jeglicher Stress wird im Zellgedächtnis Ihres Körpers gespeichert. Je heftiger Sie sich ärgern oder etwas übelnehmen, je stärker Sie andere verurteilen oder beleidigen, desto größer und dichter wird der Fleck.

So verschwindet der Stress unglücklicherweise nie ganz. Er wird im emotionalen Körpergedächtnis gespeichert und kann von dort aus jederzeit neue Stressanfälle auslösen. Sobald ein Mensch, der dem Objekt Ihrer Verärgerung oder Verachtung auch nur ein wenig ähnlich sieht, auftaucht, zaubert Ihr Gedächtnis sofort das entsprechende Gedankengebilde hervor, und Sie werden an all die erlebten Verletzungen erinnert und bekommen sie aufs Neue zu spüren. So verdichtet sich der Fleck auf Ihrem emotionalen Körper immer weiter – und so füllt sich auch Ihr SA.

Verletzungen bleiben

Wenn Sie etwa vierzig sind, haben Sie schon eine Menge negativer Gedankengebilde in sich. Jedes davon steht in Verbindung mit einer Person, die bei Ihnen negativen Stress verursacht – etwa die Eltern, Kinder, Partner oder Vorgesetzte. Früher oder später wird der Stress schwächer, und es scheint, als ob Sie sich dadurch nicht mehr verletzt, gekränkt oder zu Verurteilungen provoziert fühlen. Den zugrunde liegenden negativen Stress aus Ihrer Kindheit haben Sie dann möglicherweise längst aus Ihrem Bewusstsein verbannt. Doch in Ihrem emotionalen Körper bleibt er erhalten. Um ihn auch von dort zu vertreiben, müssen Sie bestimmte geistige Vorgehensweisen erlernen und anwenden.

Die über die Jahre zu großen, dichten, dunklen Flecken angewachsenen und durch neue Verurteilungen anderer noch verfestigten Gedankengebilde lassen sich nicht einfach beseitigen, indem Sie den Verursacher vergessen. Selbst ihm bewusst zu verzeihen reicht nicht aus. Eine aufrichtige Vergebung kann zwar das entsprechende Ventil im SA schließen, doch der Flüssigkeitsstand darunter bleibt mehr oder minder derselbe. Wenn sich also unsere negativen Erfahrungen derart im subtilen emotionalen Körper festsetzen, zerstört Ihr Wächter Ihre Idealisierungen im realen Leben – *er versetzt Sie in dieselbe Lage wie die Menschen, auf die Sie böse sind oder die Sie verurteilen.*

Ein typisches Beispiel haben wir schon im Kontext des Familienlebens kennengelernt: Ein Kind verurteilt seine Eltern wegen deren unharmonischer Beziehung. Ein großes Gedankengebilde entsprechend der Verurteilung der Eltern wird dann in seinem emotionalen Körper gespeichert. Wird das Kind älter, vergibt es seinen Eltern vielleicht bewusst und ändert seine Einstellung zu ihnen (besonders wenn ein Elternteil verstirbt). Das Gedankengebilde des Ärgers über die Disharmonie und der Verurteilung aber bleibt. Und der Wächter des Kindes weiß es. Als Gegenmaßnahme muss er nun das erwachsene Kind in dieselbe Lage bringen, in der einst seine streitenden Eltern waren.

Löschen negativer Gedankengebilde

Um die ganze Erziehungsmaßnahme des Wächters von vornherein zu umgehen, müssen Sie einen Weg finden, um die Gedankengebilde in Ihrem emotionalen Körper auszulöschen. Den richtigen Weg ausfindig machen können nur Sie selbst, denn nur Sie kennen Ihre Lage in allen Details. Sie brauchen ein Werkzeug für diese spezielle Reinigung, das auch an die subtile Materie Ihres emotionalen Körpers herankommt.

Es kommt dafür beileibe nicht nur ein Werkzeug infrage. Beispielsweise kann es auch nicht schaden, einen Psychotherapeuten aufzusuchen. Doch solch ein Spezialist beschäftigt sich vorrangig mit *einer* besonders starken Emotion, die Ihr Leben bedroht und die Sie erst dazu bewogen hat, sich in therapeutische Behandlung zu begeben – etwa der Zorn auf einen untreuen Ex-Mann oder der Kummer über eine fehlende Zweierbeziehung. Sie müssen sich aber mit *allen* Gedankengebilden beschäftigen, die Ihr Unglück verursachen, auch mit denen, die Sie schon vor langer Zeit vergessen haben.

Reinigung des emotionalen Körpers

Daher empfehlen wir Ihnen, **Ihren emotionalen Körper gründlich zu reinigen** und sich aller negativen Gedankengebilde zu entledigen, die je aus Ihrer Interaktion mit anderen entsprungen sind. Sie alle sollten Sie bei Ihrer Grundreinigung des emotionalen Körpers berücksichtigen.

Auch als junger Mensch können Sie, falls Sie etwa nie besonders taktvoll waren, schon von Hunderten negativer Gedankengebilde befleckt sein. Ihr emotionaler Körper ist dann so verschmutzt, dass es einiger Anstrengung bedarf, ihn zu reinigen.

Eine Liste aller Bekannten

Es empfiehlt sich, eine Liste von allen Menschen anzulegen, mit denen Sie in Ihrer Kindheit, in der Schule, auf der Uni, bei der Arbeit, zu Hause Kontakt hatten. Versuchen Sie, sich an möglichst viele Details zu jeder Person zu erinnern. Die ersten Einträge auf dieser Liste sollten die Menschen sein, denen gegenüber Sie die negativsten Gefühle hegen. Dann folgen alle anderen.

Um Ihren emotionalen Körper zu reinigen, müssen Sie an jeden dieser Menschen einzeln und intensiv denken. Das ist nicht leicht und bedeutet ein bis zwei Monate Gedankenarbeit.

Langwierige »Reinigungsarbeiten«

Wenn Sie versuchen, all Ihren damaligen Gegnern auf einmal Vergebung und Liebe zu senden, hält das Ihren Wächter noch nicht von weiteren spirituellen Lektionen ab. Wenn Sie diese Liebe aufrichtig spüren, schließen sich zwar die Ventile, aus denen immer neue negative Stressflüssigkeit in Ihren SA gelangt ist, doch der Flüssigkeitsstand im Stressakkumulator bleibt dennoch konstant. Selbst wenn Sie also für alle Liebe empfinden können, verändert sich Ihre eigene Situation noch nicht sofort, das kann dauern. Eine der unteren Leitungen im SA heißt »bewusste Handlungen«, und für die Leerung Ihres SA sollten Sie unbedingt deren Potenzial nutzen, nämlich bewusste Maßnahmen zur Leerung ergreifen. Wohltätiges Engagement hilft, aber das ist ein langer Weg. Beschleunigen lässt sich der Vorgang durch bestimmte Übungen. Eine der von uns empfohlenen Übungen ist die Meditation der Vergebung, eine in etlichen Schulen bekannte Meditation. Sie basiert auf dem Prinzip, *unkontrollierte Gedankengänge durch gesteuerte zu ersetzen,* und hilft dabei, eine unablässige Folge negativer Gedanken aufzuhalten. Sie können diese Übung jederzeit durchführen: wenn Sie die Straße entlanggehen, wenn Sie Bus fahren, wenn Sie warten und so weiter.

Meditation der Vergebung:

Denken Sie an einen Menschen, der Sie verletzt hat oder demgegenüber Sie negativ empfinden. Sie müssen nun Ihr Gedankengebilde bezüglich dieses Menschen löschen. Nehmen wir beispielsweise an, es handelt sich um Ihren Ehemann.

Wiederholen Sie folgende Aussage sooft wie möglich: »Mit Liebe und Dankbarkeit vergebe ich meinem Mann und nehme ihn so an, wie er ist. Ich bitte meinen Mann um Verzeihung wegen meiner ablehnenden Gedanken und Gefühle ihm gegenüber.«

Wiederholen Sie diese Affirmation, bis Sie eine innere Wärme spüren, es Ihnen also buchstäblich »warm ums Herz« wird. Diese Empfindung zeigt Ihnen, dass Ihr negatives Gedankengebilde zu dieser Person vollständig entfernt wurde.

Sehr emotionale Menschen können innerhalb von fünf Minuten zu dieser Empfindung gelangen. Anderen gelingt es vielleicht nie – und auch das ist in Ordnung. Wichtig ist, dass Sie sich dieser Meditation wirklich lange Zeit widmen: Wenn es um jemanden geht, zu dem Sie viele Jahre lang eine angespannte Beziehung hatten, müssen Sie mit dieser Übung drei bis fünf Stunden zubringen. Geht es um jemanden, mit dem Sie weniger ernste Konflikte verbinden, brauchen Sie immer noch 30 bis 50 Minuten.

Wenn Sie sich erfolgreich von Ihrem Gedankengebilde gelöst haben, wiederholen Sie in Gedanken folgenden Satz: »Mit Liebe und Dankbarkeit vergibt mir mein Mann.« *Auf diese Weise löschen Sie auch negative Gedankengebilde, die Ihr Ehemann Ihnen während Ihres Ehestreits gesendet haben könnte.*

Wiederholen Sie auch diesen Satz, bis Sie innere Wärme spüren oder Ihren Mann vor Ihrem geistigen Auge sehen. Wurde sein negatives Gedankengebilde vollständig ausgelöscht, dann wendet Ihr Mann sich Ihnen vielleicht lächelnd zu oder winkt Ihnen zu. Das bedeutet, Ihr emotionaler Körper wurde von allen Verletzungen und negativen Gefühlen dieser Person gegenüber befreit.

Wenden Sie dieses Prinzip nun auf alle Personen an, die Sie kennen.

Ihrem Ehepartner zu vergeben, ist nur der erste Schritt zu einem vollständig gereinigten emotionalen Körper. Als Nächstes wenden Sie dieselbe Meditation auf Ihre *Eltern, Geschwister und Ex-Lebensgefährten* an, *sofern Sie eine angespannte Beziehung hatten.* Meditieren Sie anschließend über jedes Familienmitglied (einzeln), das Ihnen je Kummer bereitet hat. Auch die *Arbeitskollegen* oder Freunde, die scheinbar ungerechten Vorgesetzten oder undankbaren Kollegen sowie vor allem auch sich selbst, wenn Sie sich Selbstvorwürfe gemacht haben, dürfen Sie nicht vergessen.

Der zu sprechende Satz ist fast derselbe: »Ich bitte mich selbst um Verzeihung für meine ablehnenden Gedanken und Gefühle gegen mich selbst. Mit Liebe und Dankbarkeit vergebe ich mir und nehme mich so an, wie ich bin.« Die Menschen neigen zur Selbstkritik. Sie fragen sich: »Warum bin ich so hässlich, so schüchtern, so erfolglos?« Sie stören sich an der eigenen Person und fühlen sich schuldig. In unserer Gesellschaft gehört es sogar fast zum guten Ton, vor allem bei Frauen, sich ständig selbst zu kritisieren. Aber: Die Verurteilung unseres Ichs ist ebenso eine Sünde wie die Verurteilung anderer! Wir müssen uns selbst verzeihen.

Als Nächstes sollten Sie sich ans Leben generell wenden. Vermutlich haben Sie dem Leben schon einmal etwas übelgenommen oder sich darüber beklagt, wenn es Ihnen einen geliebten Menschen genommen hat oder Ihnen Steine in den Weg gelegt hat. Sprechen Sie folgende Affirmation, und wiederholen Sie sie mehrmals: »Mit Liebe und Dankbarkeit verzeihe ich dem Leben und nehme es so an, wie es ist. Ich bitte das Leben um Verzeihung für all meine ablehnenden Gedanken und Gefühle. Mit Liebe und Dankbarkeit vergibt mir das Leben.«

Die konkrete Dauer dieser Meditation mit dem Leben hängt nur davon ab, wie unzufrieden Sie tatsächlich damit waren. Die Meditation über Menschen, mit denen Sie die stärksten Probleme verbanden, erfordert allerdings mehrere Stunden. Selbst bei Bekannten oder Verwandten, an die Sie sich kaum erinnern können, brauchen Sie, wie oben bereits beschrieben, immer noch 10 bis 30 Minuten pro Person. Überlegen Sie gut, wie viel Zeit Sie mit dieser wichtigen Übung verbringen sollten. Wer über 40 Jahre alt ist, muss mindestens einen Monat Meditationsarbeit leisten, bis er oder sie alle Verletzungen beseitigt hat. Auf keinen Fall sollte die gesamte Übungsdauer dieser Meditation weniger als 30 Stunden betragen.

Vielleicht fragen Sie sich, warum eine so lange Wiederholung dieser Meditationsübung notwendig ist. Für Ihr Empfinden erinnern

Sie sich vielleicht schon kaum noch an die Ärgernisse mit einigen Menschen, haben anderen vergeben und verspüren einigen gegenüber sogar Mitgefühl. Warum also weitermachen? Weil es durchaus geschehen kann, dass Ihr Wächter Ihnen unverändert weitere Lektionen erteilt, bis die Vergebung tatsächlich vollendet ist. Ein einfacher Vergleich: Stellen Sie sich Ihr negatives Gedankengebilde als Dreckfleck auf einem Blatt Papier vor. Je größer und dichter das Gedankengebilde, desto größer und dunkler der Fleck. Sie müssen nun das Papier säubern, aber der Radiergummi, den Sie haben, ist nur sehr klein. Jede Radierbewegung löscht einen winzigen Teil des gigantischen Flecks aus; um ihn also vollständig zu entfernen, müssen Sie *sehr* viele Radierbewegungen ausführen.

Ebenso wie die Radierbewegung müssen Sie die Meditation viele, viele Male ausführen. Jede Wiederholung löscht nur einen kleinen Teil Ihres riesigen Gedankengebildes. Wenn Sie von ganzem Herzen klar verstehen, dass Ihre früheren Vorwürfe und Schuldzuweisungen falsch waren, und Sie Ihren Gegnern aufrichtig verzeihen, löschen Sie zwar einen großen Teil Ihres seelischen Flecks – aber das geht nur Schritt für Schritt. Während Sie die Welt akzeptieren und ihr vergeben, dürfen Sie daher keinen Teil auslassen. Erst wenn Sie allen einzeln und sorgfältig vergeben, braucht Ihr Wächter keinerlei Erziehungsmaßnahmen mehr anzuwenden.

Zusammenfassung

1. All Ihr negativer Stress wird in Ihrem emotionalen Körper in Form von dunklen Gedankengebilden aus falschen Gedanken und Gefühlen gespeichert.

2. Negative Gedankengebilde werden nicht sofort gelöscht, sobald Sie eine Vergebung an Ihre früheren Feinde formulieren.

3. Um die Reinigung des emotionalen Körpers voranzubringen, können Sie die Meditation der Vergebung
   nutzen, bei der negative Gedankengebilde durch das
   Wiederholen einer bestimmten Affirmation entfernt
   werden.

4. Die Meditation der Vergebung sollte sich auf jeden
   Menschen beziehen, dem gegenüber Sie je Spannun-
   gen verspürt haben, auf alle Verwandten, Bekannten,
   Kollegen und so weiter sowie auf das Leben im Allgemeinen und auf Sie selbst im Besonderen.

Unterstützende Methoden

Die Meditation der Vergebung ermöglicht es uns, unseren früheren Stress abzulegen und die Folgen neuer Stressbildung in unserem Leben abzuwenden. Verändern wir jedoch nicht auch etwas Entscheidendes an unseren Werten und Denkmustern, dann müssen wir den anderen ein Leben lang immer wieder neu verzeihen! Immer wieder würde es zu neuen Konflikten und Eklats kommen, für die wir den Vergebungsprozess erneut bemühen müssten.

Wenn Sie bewusster und gesünder leben möchten, müssen Sie lernen, keinerlei neuen Stress mehr zu speichern und die Ventile Ihrer Idealisierungen ein für alle Mal zu schließen. Das kann nur gelingen, indem Sie Ihre Erwartungen gründlich überdenken und sich von allen Idealisierungen befreien. Dafür müssen Sie auf der mentalen Ebene aktiv werden, die all Ihre Vorstellungen und Ihr Wissen über Ihre Erfahrungen sowie Ihre geistig erschaffenen Idealisierungen enthält. Idealisierungen sind die Quelle unserer Unzufriedenheit mit dem Leben. Sie sind es, die Ihren Stressakkumulator füllen und Ihre »Lektionen« notwendig machen. Folglich müssen Sie die falschen Vorstellungen, Erwartungen und Idealisierungen auf Ihrer geistigen Ebene auslöschen.

Leben im Paradies

Es gibt eine Vorstellung, die uns dabei helfen kann, jeden Stress zu ertragen. Es ist eigentlich sehr einfach, dennoch versteht es nicht jeder ohne Weiteres: Akzeptieren Sie, dass Sie jeden einzelnen Augenblick Ihres Lebens im Paradies verbringen. Ja, Sie! Es trifft auf jeden einzelnen Moment Ihres Lebens zu, wie schrecklich es Ihnen auch immer vorkommen mag! Es ist natürlich schwer, diese Einstellung zum Leben anzunehmen und durchzuhalten. Schließlich erteilt Ihnen das Leben immerzu neue Lektionen, warum sollten Sie sich also wie im Paradies fühlen?

Warum es uns so vorkommt, als ob alles nur noch immer schlimmer wird, ist klar: Sie sind unzufrieden mit dem Leben, Ihr SA füllt sich und das Leben sieht sich zu zunehmend strengeren Erziehungsmaßnahmen gezwungen. Wohlgemerkt: Diese Maßnahmen stellen keine Strafe und auch keine Rache dar; sie sind Hilfen, die Sie von Ihren falschen Ansichten befreien sollen! Träumen Sie von einem besseren Leben und bleiben Sie chronisch unzufrieden mit dem gegenwärtigen Zustand, wird die Lage sehr wahrscheinlich schlimmer. Daher unser Rat: Behalten Sie im Kopf, dass Ihre Zukunft durchaus viel schlimmer ausfallen könnte als Ihre Gegenwart.

Es ist nicht schwer, sich vorzustellen, wie viel schlimmer das Leben noch werden könnte. Nehmen Sie sich den Lebensbereich vor, mit dem Sie unzufrieden sind. Ist es Ihr Familienleben, das Sie ärgert, könnten sich Ehepartner oder Kinder ohne Weiteres noch häufiger so verhalten, dass es Ihnen missfällt. Sind Sie hingegen mit Ihrer Arbeitssituation nicht sonderlich unzufrieden, können Sie sich freuen, dass Sie Ihren Lebensunterhalt relativ mühelos verdienen.

Was sollten Sie also tun, wenn Sie sich über Ihre persönlichen Idealisierungen klar geworden sind? Wie befreien Sie sich von Werten, die Ihnen so lange Zeit so wichtig waren? Ganz einfach: Versuchen Sie zu verstehen, dass Sie im gegenwärtigen Augenblick im Himmel auf Erden leben. Im Vergleich zu vielen, vielen anderen Szenarien ist das die Wahrheit. Und wenn Sie sich diese Wahrheit nicht eingestehen, dann wird Ihr Leben schrittweise an Qualität verlieren, bis Sie eines Tages vielleicht tatsächlich in der Hölle auf Erden leben. Himmel und Hölle sind natürlich höchst subjektive Vorstellungen. Und es ist schwer, sich wie im Himmel zu fühlen, wenn das Geld kaum für die Rechnungen reicht und sich nichts zum Besseren zu wenden scheint. In Wahrheit jedoch wäre Ihr Leben durchaus schwerer zu ertragen, wenn Sie beispielsweise das Schicksal der Obdachlosen teilen müssten, die kalt, ungeschützt und ungewaschen leben müssen. Einem Obdachlosen würde Ihr Leben in einer gut beheizten Wohnung mit fließendem Wasser wie das Paradies vorkommen. Doch wenn Sie sich dieser Erkenntnis langfristig verweigern, muss das Leben Ihnen einfach beweisen, dass Sie sich im Irrtum befinden: Ihr *gegenwärtiges* Leben ist das *Paradies* – und nicht die Hölle.

Wenn Sie sich über Ihre finanzielle Situation beklagen, nimmt das Leben Ihnen mehr Geld weg, um Ihnen zu beweisen, dass Sie es vorher gut hatten. Dafür stehen dem Leben viele Möglichkeiten zur Verfügung. Beispielsweise könnten Sie einen neuen Vorgesetzten bekommen, der es sich in den Kopf setzt, Sie herabzustufen. Oder die Wirtschaftslage lässt die Nachfrage nach den Produkten oder Dienstleistungen Ihrer Firma sinken, und es gibt eine Entlassungswelle, die Sie betrifft. Oder Ihr eigenes Unternehmen verliert einen wichtigen Kunden, und Ihr Umsatz sinkt. Es gibt noch viele weitere Möglichkeiten, Ihnen das Leben schwerer zu machen. Die neue Situation macht Sie voraussichtlich noch unglücklicher und unzufriedener – Sie sind näher an der Hölle auf Erden. Rückblickend würden Sie diese Lage als vergleichsweise glücklich erkennen. Ihr Einkommen war vielleicht nicht hoch, aber doch immerhin regelmäßig. Das Leben zeigt Ihnen, wie falsch Sie vorher lagen: Sie müssen es nur erkennen.

Wenn Sie jetzt auf der Stelle zugeben, dass Ihr Leben im Vergleich zu einer von Soziahilfe abhängigen oder obdachlosen Person das Paradies auf Erden ist, dann muss Ihnen das Leben diese Lektion nicht mehr erteilen! Allein dieses einfache Zugeständnis kann Ihnen dabei helfen, alle SA-Ventile zu schließen und Ihren mentalen Körper zu reinigen. Im Vergleich zu einem wohlhabenden Lebensstil mag Ihre Lage zwar nicht ideal erscheinen. Doch die Möglichkeit, Ihr Einkommen zu verbessern, steht Ihnen ab dem Moment völlig offen, in dem Sie bereit sind zu sehen, dass Sie im Paradies leben. Anstatt das Leben anzuklagen und Ihr Schicksal zu beweinen, freuen Sie sich und bitten das Leben guten Mutes um eine noch bessere Verdienstmöglichkeit.

Es gibt immer eine Menge guter Gelegenheiten, und wenn Sie auf die richtige Weise und mit der richtigen Einstellung darum bitten, bekommen Sie auch, was Sie wollen. Falls nicht, überlegen Sie gut, welche Ihrer falschen Überzeugungen Sie immer noch daran hindern könnte, das Ziel zu erreichen, bei dem Millionen von Menschen bereits angekommen sind.

Affirmationen

Vermutlich wären Sie froh um ein paar handfestere Tipps gegen falsche Lebenseinstellungen, etwa eine bestimmte Atemtechnik oder Gymnastikübung. Doch leider würde das nichts nützen. Ihr mentaler Körper hat diese falschen Überzeugungen erschaffen, und den mentalen Körper können Sie nicht durch physische Übungen verändern. Da helfen nur geistige Mittel. Gibt es die denn? Allerdings. Eines davon ist die Methode der Selbstprogrammierung durch *positive Affirmationen.*

Durch Affirmationen ersetzen Sie falsche Ansichten durch *positive Gedanken.* Eine gute Technik, die allerdings eine *enorme Anstrengung zur »Neuprogrammierung«* Ihrer alten Überzeugungen erfordert. Denn nachdem sich Ihr gestresster Geist jahrelang mit Idealisierungen und falschen Grundannahmen füttern lassen musste, müssen Sie Ihr ganzes Sein intensiv mit positiven Gegenüberzeugungen anfüllen, um ihn zu befreien. Sie brauchen eine *mindestens* ebenso hohe Anzahl positiver Gedanken wie Sie vorher an negativen angesammelt haben. Damit Sie mit der Neuprogrammierung nicht ebenso viele Jahre zu tun haben, ist also eine heftige Anstrengung erforderlich.

Dieses Ziel lässt sich in Gruppenkursen leicht erreichen mit einem guten Mentor, der eine hochenergetische Umgebung schafft, in der die Menschen Begeisterung empfinden können. Schon nach einigen Stunden fühlen sie statt Enttäuschung und Anklage nur Liebe zu anderen und zu sich. Wenn Sie allerdings die Methode allein zu Hause in Angriff nehmen, dauert es länger, bis Sie Resultate erzielen. Es ist nicht einfach, Euphorie zu empfinden, wenn Ihr Kopf noch voll von Problemen und Zweifeln ist. Manchen Menschen gelingt es, die Affirmationen rasch und effektiv wirken zu lassen. Andere wiederum können es sich noch so sehr wünschen, positiv zu denken, doch sie werden ihre heimlichen Zweifel nicht los und können dann allein nur wenig ausrichten.

Ihnen steht allerdings noch ein anderes, rein geistiges Mittel gegen ihre falschen Überzeugungen zur Verfügung.

Eine unglückliche Zukunft verhindern

Diese Methode ist einfach. Sie entstammt dem simplen Gedanken: Lasst uns nicht warten, bis das Leben alle »Erziehungsmaßnahmen« aufgebraucht hat. Verschaffen wir uns lieber selbst den Vorsprung, indem wir uns *vorstellen*, welche Maßnahmen uns noch erwarten können.

Dazu wenden wir eine einfache Übung an: das »Nadelkissen der Ereignisse«. Ein Beispiel: Sie sind sicher, dass das Leben kaum schlimmer werden kann. Beispielsweise haben Sie Ihren Vater als einen freundlichen, takt- und liebevollen Mann erlebt, den sie sich gar nicht anders vorstellen können, weshalb Sie zwischenmenschliche Beziehungen auch idealisieren. Nun, da er älter ist, weist er vielleicht negativere Charaktermerkmale auf wie Reizbarkeit und Schroffheit. Je mehr Sie ihn und sein Verhalten verurteilen, desto schlechter wird er mit Ihnen umgehen. Sein Verhalten gegenüber anderen mag gut oder schlecht sein, sein Verhältnis zu Ihnen aber wird sich verschlechtern, bis Sie Ihre Einstellung zu ihm verändern.

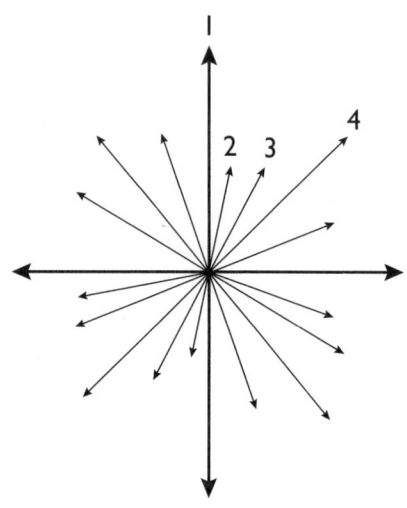

Abb. 2: Das Nadelkissen der Ereignisse

Verhält er sich zum gegenwärtigen Zeitpunkt nun schon wie der schlimmste aller Väter? Sicher nicht, es gibt Tausende, mit denen schwerer auszukommen wäre. Wenn Sie also nicht wollen, dass sich Ihr Leben mit Ihrem Vater weiter verschlechtert, *stellen Sie sich einfach vor, wie er immer schlimmer wird.* Wie er abweisender und gereizter wird, Sie beleidigt ... Das, was Sie in der Realität gerade mit ihm erleben, ist wesentlich besser als das! Er könnte viel schlimmer sein, aber das ist er nicht! Warum waren Sie überhaupt so unzufrieden mit ihm? Er könnte sich aber in Wirklichkeit zu genau solch einem unleidlichen Griesgram entwickeln, wie Sie ihn in Ihrer Fantasie gesehen haben ... wenn Sie nicht bald Ihre Einstellung zu ihm gründlich überarbeiten.
Die folgende Übung basiert auf diesem Prinzip.

Nadelkissen der Ereignisse
Verschaffen Sie sich 15 ungestörte Minuten. Machen Sie es sich bequem, schließen Sie die Augen und entspannen

Sie sich. Versuchen Sie, die Gedanken in Ihrem Kopf zum Stillstand zu bringen.

Stellen Sie sich eine Anzahl verschiedener möglicher Verläufe Ihres Lebens vor. Alle Ereignisse darin werden von Nadeln auf einem Nadelkissen repräsentiert (Abb. 2).

Von allen möglichen Ereignissen möchten Sie nur eines Wirklichkeit werden lassen, dasjenige, das Ihnen am besten gefällt (die erste Nadel). Doch im wirklichen Leben verursacht das Leben, während es Ihre Idealisierungen zerstört, neue Ereignisse von zunehmender Schwierigkeit (eine zweite, dritte, vierte Nadel und so weiter).

Stellen Sie sich vor, was geschehen könnte, wenn das Leben Ihnen ungehindert weitere unangenehme Lektionen erteilt, also mehr Ereignisse geschehen (mehr Nadeln), die Ihre Lebensqualität beeinträchtigen.

Stellen Sie sich 5 bis 10 Minuten lang vor, dass Sie jedes mögliche negative Ereignis durchleben müssen. Versuchen Sie genau nachzuempfinden, wie Sie reagieren, wie Sie mit anderen und der Welt umgehen und was Sie denken werden.

Nach jedem geistig durchlebten Ereignis sagen Sie: »Liebes Leben, wenn du es für notwendig hältst, mein Leben in diesem Ausmaß zu verändern, dann werde ich das ohne Zweifel und Verletzungen hinnehmen. Es gibt einen Grund, warum du mir diese Lektion erteilst. Wenn ich sie wirklich lernen muss, dann nehme ich sie dankbar an.« Auf dieselbe Weise durchleben und reflektieren Sie alle weiteren erdachten Lebensverschlechterungen (alle anderen Nadeln).

Bestätigen Sie dem Leben nach jeder Übung, dass Sie jede seiner Lektionen ohne Ärger und Klagen annehmen; dennoch bitten Sie das Leben, diese Maßnahmen nicht bei Ihnen anzuwenden.

Abschließend bestätigen Sie, dass Sie Ihre gegenwärtige Situation nicht beklagen, dass Sie sie als verdiente Lektion für Ihre vergangenen Gedanken und Gefühle betrachten und dass diese Situation paradiesisch ist. Zeigen Sie sich dankbar für die erhaltenen Erziehungsmaßnahmen, akzeptieren Sie Ihr Leben als ein sehr gutes und bitten Sie darum, dass es möglichst noch besser und wunschgemäßer verläuft.

So vermeiden Sie, die nur angedachte negative Zukunft tatsächlich durchleben zu müssen. Lassen Sie das Leben wissen, dass Sie alles, das Ihnen widerfährt, als Lektion verstehen, also als Chance – nicht als Strafe oder Rache.

Kehren wir zu unserem Beispiel des alternden Vaters zurück. Die erste, wirklich erwünschte Nadel steht für die ersehnte ruhige und wertschätzende Beziehung zwischen Ihnen beiden. Die zweite Nadel repräsentiert die existierende Gegenwart, in der er manchmal schroff wird und Konflikte heraufbeschwört. Die dritte Nadel steht für eine Situation, in der Ihr Vater krank wird und Sie sich um ihn kümmern müssen. Bei der vierten Nadel beginnt er zu trinken und bringt auch noch Saufkumpane mit nach Hause. Bei der fünften Nadel ist er schwer alkoholabhängig. Bei der sechsten behandelt er seine Enkel schlecht. Bei der siebten brennt er in volltrunkenem Zustand das ganze Haus ab. Es gibt noch eine Menge weiterer denkbarer Entwicklungen (Nadeln). Versuchen Sie, all diese Szenarien mitzuerleben, ohne sie dem Leben übelzunehmen – alles ebenfalls nur in Ihrer Fantasie.

Stellen Sie sich vor, was passiert, wenn das dritte, vierte und alle folgenden Ereignisse stattfinden – alle denkbaren Beziehungs- und Geldsituationen, alles, was Ihnen einfällt. Dann sagen Sie laut: »Liebes Leben, ich verdiene das. Ich werde die Situation annehmen und mich nicht beklagen, weil ich verstehe, dass sie das Ergebnis meiner eigenen negativen Emotionen gegenüber meinem

Vater ist. Dennoch – lass bitte meinen Vater wenn möglich damit aufhören, unser aller Leben zu belasten!«

Diese mentale Übung verleiht Ihnen einen Vorsprung vor den erzieherischen Maßnahmen des Lebens und hilft Ihnen, dem Leben zu beweisen, dass Sie sich jeder seiner Lektionen bewusst und darauf vorbereitet sind. Sie zeigt dem Leben, dass Sie bereitwillig akzeptieren, was es Ihnen beibringen möchte: nämlich dass es in Ihrem gegenwärtigen Leben keinen Grund zur Klage gibt und dass Sie es durch Ihren Unmut nur selbst verschlechtern. Da Sie aber mit Ihrem aktuellen Leben nicht länger unzufrieden sind, braucht das Leben keine strengeren Maßnahmen mehr zu ergreifen. Ihr Leben ist schön und wird in Zukunft nur immer schöner werden.

Wir möchten Ihnen empfehlen, dieses Prinzip gegen alle Idealisierungen im Leben anzuwenden. Denken Sie immer daran, wie schön es ist, die nur fiktiven Verschlechterungen nicht in der Realität durchstehen zu müssen.

Könnte es schlimmer werden?

Um die naheliegende Frage gleich vorwegzunehmen: Lassen Sie uns festhalten, dass diese Übung Sie nicht etwa auf eine negative Zukunft programmiert. Am Ende jedes durchgespielten Problems sprechen Sie laut folgenden Satz: »Liebes Leben, wenn das geschieht, nehme ich es ohne Klagen oder Wut auf. Doch wenn möglich, lass die Geschehnisse so verlaufen, wie ich es mir wünsche ...« (Fügen Sie Ihren Wunschverlauf hier ein.)

Auf diese Weise lassen Sie das Leben wissen, dass Sie keine negativen Ereignisse brauchen. Sie sind darauf vorbereitet, aber Sie brauchen sie nicht mehr zum Dazulernen. Sie brauchen andere Dinge, die sich noch nicht ereignet haben, aber Sie stehen auch deswegen nicht unter Druck, weil Sie verstanden haben, dass Ihr Leben auch so ein glückliches ist.

Sie verlangen so nichts vom Leben, Sie fordern nichts ein, sondern formulieren höflich Ihre Anfrage, was ein gutes Zeichen für gemäßigten Stolz und erlernte Demut ist. Das Leben unterstützt Menschen, die es unumwunden um Hilfe bitten.

Noch ein Hinweis: Die »Nadelkissen-Methode« ist ein einmaliges Hilfsmittel, um bei Ihnen das Gefühl dafür zu wecken, dass Ihr Problem vielleicht doch kein so ernstes ist, und Ihre Einstellung zu Umständen zu verändern, die Sie schrecklich finden mögen. Spielen Sie mit Ihrer »schrecklichen« Situation 10 bis 20 Minuten, und machen Sie sich klar, dass mit etwas Abstand betrachtet alles gut läuft. Dann machen Sie das Beste daraus – und genießen Sie Ihr Leben!

Damit Ihnen die Vorstellung möglicher negativer Ereignisse also nicht etwa eine negative Grundeinstellung beschert, wenden Sie die »Nadelkissen-Methode« nicht häufiger als einmal pro Woche für höchstens 10 Minuten an. Viel Glück dabei!

Wann wirkt diese Methode?

Sie können diese Methode immer dann anwenden, wenn Sie das Gefühl haben, Ihre Situation könne nicht furchtbarer sein. Durch das Durchspielen vieler möglicher Problemverläufe können Sie diese Sichtweise leicht aufgeben.

Stellen Sie sich zum Beispiel vor, Ihr Sohn verbringt zu viel Zeit am Computer (eine sehr häufige Klage). Wenden Sie die »Nadelkissen-Methode« an, und Ihnen wird klar, wie gut es ist, dass er sicher zu Hause sitzt und sich nicht mit gewaltbereiten Altersgenossen die Zeit auf der Straße vertreibt.

Stellen Sie sich vor, Ihr Mann trinkt jeden Tag zwei Flaschen Bier. Machen Sie sich Sorgen, dass er zum Alkoholiker werden könnte? Wenden Sie unsere Methode an, und erkennen Sie, wie gut es ist, dass er nicht mehr als zwei Flaschen trinkt und nichts Stärkeres als Bier.

Vielleicht ärgert es Sie, dass Ihre Frau so viel mit ihren Freundinnen telefoniert. Nach der Übung wissen Sie, wie vorteilhaft es für Sie beide ist, dass sie mit so vielen Freundinnen gut vernetzt ist und genügend Ansprechpartnerinnen für alle Fragen hat.

ZUSAMMENFASSUNG

1. Um sich von Ihrem Unmut über das Leben zu befreien, sollten Sie akzeptieren, dass Sie jeden Moment Ihres Lebens im Paradies verbringen.

2. Um realen Verschlechterungen zuvorzukommen, versuchen Sie, mögliche schlimmere Ereignisse nur im Geist durchzuspielen. Am Ende der Übung sagen Sie dem Leben, dass Sie bereit sind, jede Situation ohne Bitterkeit und Klagen zu akzeptieren. Bitten Sie das Leben dennoch um eine weitere Verbesserung Ihrer gegenwärtigen Situation.

3. Mit der »Nadelkissen-Methode« können Sie sich mögliche negative Verläufe Ihres Lebens mental vorstellen, damit die Realität Ihnen beweisen kann, dass Ihr Leben gegenwärtig viel besser ist, als Sie annehmen.

Abschied von den Problemen
der unsterblichen Seele

In diesem Kapitel geht es darum, mit den Problemen zu arbeiten, die Ihre unsterbliche Seele aus vergangenen Inkarnationen mit in Ihr Leben gebracht hat. Suchen Sie aber gar nicht erst nach den Gründen Ihrer Probleme in Ihren früheren Lebensumständen! Es ist zu einfach, dabei in eine Opferhaltung zu geraten und sich in Selbstmitleid zu ergehen.

Unserer Erfahrung nach liegt der Hauptgrund für die Probleme der meisten Menschen in den Ansichten und Einstellungen, denen sie weiterhin anhängen. Diese sind es, die das Leben zu erzieherischen Maßnahmen greifen lassen. Manchmal jedoch ist Ihre unsterbliche Seele selbst die Quelle Ihrer Probleme. Die Seele möchte vielleicht ihre früheren Fehler korrigieren, indem sie die Informationen all der früheren Fehler und Schwierigkeiten in Ihren gegenwärtigen Körper überträgt.

Noch einmal: Machen Sie dennoch nie den Fehler, sich als Opfer der Umstände zu bemitleiden. Ein Opfer kann zudem nichts gegen die Situation unternehmen. Es hat nur die eine Chance: abzuwarten, bis das »schlechte Karma« nachlässt und die »böse« Außenwelt es endlich in Ruhe lässt. Das aber kann ein ganzes Leben dauern. Nehmen Sie bitte die Rolle des Kapitäns auf dem eigenen Schiff an. Sie selbst haben Ihre Probleme einmal verursacht, und jetzt ist es an der Zeit, sie abzuschütteln. Sie selbst haben die Situation in der Hand!

Probleme aus der Vergangenheit

Unserer Erfahrung nach hat es nur dann Sinn, die Gründe für Ihre Probleme in früheren Inkarnationen zu suchen, wenn es Ihnen völlig unmöglich ist, Ihre aktuellen Schwierigkeiten durch Ihren angefüllten SA zu erklären. Es gibt gar nicht so viele

Probleme dieser Art. Die meisten davon zeigen sich noch in unerklärlichen Ängsten und Abneigungen (Phobien) oder einem gestörten sozialen Umgang mit anderen Menschen. In den esoterischen Wissenschaften bezeichnet man das als *karmic nod*, also karmischen Gruß. Hier sollen Sie erfahren, wie Sie gegen karmische Probleme angehen.

Es kommt beispielsweise vor, dass jemand Angst vor Wasser hat, obwohl ihm nie etwas Schlimmes im Wasser zugestoßen ist. Andere haben ohne ersichtlichen Grund Angst vor Höhen, Menschenmengen oder der Dunkelheit. Nur einige dieser Phobien hängen mit den früheren Leben dieser Menschen zusammen.

Vergangene Leben analysieren

Die Gründe für bestimmte Schwierigkeiten in vergangenen Inkarnationen zu suchen, versetzt Sie in eine Position der Machtlosigkeit – Sie selbst können daran nichts mehr ändern, und Sie sind darauf angewiesen, dass Ihnen ein Wahrsager, Hypnotiseur oder Kartenleger die Situation aus Ihrem früheren Leben erklärt – was Sie leicht manipulierbar macht.

Wir finden einen anderen Ansatz sinnvoller: Sie können versuchen, selbst herauszufinden, welche falschen Einstellungen Sie in Ihren vergangenen Leben belastet haben – das heißt, welche Informationen über entsprechende Probleme Ihre Seele mit in die Gegenwart gebracht hat. Dafür brauchen Sie keinen Hellseher.

Zunächst sollten Sie alle Probleme Ihres gegenwärtigen Lebens anhand der Maßnahmen, die das Leben gegen Ihre Idealisierungen ergriffen hat, detailliert analysieren. Gehen Sie die typischen fünf Möglichkeiten des Lebens dafür durch (vgl. Seite 80 ff.), und Sie werden Ihre persönlichen Schwachstellen erkennen. Nur dann, wenn Sie für ein spezifisches Problem in Ihrem SA keine Entsprechung entdecken können (wenn Sie also in keinem korrelierenden Bereich lange Zeit Stress empfinden), sollten Sie sich an eine *logische* Analyse machen, welche negativen Ereignisse Ihrer fernen Vergangenheit eventuell dazu geführt haben.

Hassen Sie zum Beispiel seit frühester Kindheit Wasser und haben Angst davor, schwimmen zu lernen, dann kann es sein, dass Sie in einer Ihrer früheren Verkörperungen ertrunken sind, was ein überdauerndes Trauma verursacht hat. Doch kann die Abneigung gegen Wasser nur dann mit einer früheren Inkarnation zusammenhängen, wenn Sie in diesem Leben noch nie Schwierigkeiten mit Wasser hatten, auch nicht als kleines Kind. Kommt diese Erklärung infrage, dann hat Ihr emotionaler Körper die Wasserphobie, und es hat nichts mit einem vergangenen Leben zu tun! In diesem Fall ist eine Behandlung in der Gegenwart notwendig – dazu kommen auch und vor allem Mittel der modernen Psychotherapie infrage.

Wichtiges selbst herausfinden

Was sollen Sie nun tun, wenn Sie tatsächlich herausfinden müssen, was genau in Ihrem vergangenen Leben geschehen ist, um die Erinnerungen daran zu bearbeiten?

Eine Möglichkeit finden Sie während der *Meditation*. Sie können dabei vom Leben eine Information erbitten und die angefragte Antwort in Form einer Vision bekommen. Das funktioniert gut bei Menschen, die sensibel sind und eine lebhafte Fantasie besitzen. Jede Form der Meditation eignet sich – besonders natürlich eine spezielle Rückführungsmeditation, die Ihnen vergangene Verkörperungen sichtbar macht. Sie können die betreffende Information auch vor dem Einschlafen von sich selbst erbitten. Dann erscheint Ihnen die Antwort vielleicht im Traum – besonders wenn Sie Ihre Anfrage an Ihr Höheres Selbst mehrmals wiederholen. Die Antwort kann sich als deutlicher direkter Traum von den damaligen Ereignissen zeigen oder auch als Traum, den es noch zu interpretieren gilt. Und drittens können Sie Ihr eigenes

Unbewusstes befragen. Mit dieser Methode beschäftigen wir uns im letzten Kapitel des Buches eingehender.

Auf diese Weise lassen sich durchaus plausible Erklärungen für aus vergangenen Leben stammende Phobien finden. Dennoch vergessen Sie nicht: Es zeigt sich, dass in 95 Prozent der Fälle die Gründe für unsere gegenwärtigen Probleme auch in gegenwärtigen falschen Ansichten und Idealisierungen zu finden sind. Nur 5 Prozent aller Probleme hängen mit einem früheren Leben zusammen.

Was kommt dann?

Nehmen wir also an, Sie haben herausgefunden, welches Ereignis aus einem Ihrer früheren Leben zu Ihrem Problem geführt hat. Was fangen Sie nun mit diesem Wissen an? Sie müssen die Information, die irgendwo in Ihrem subtilen Körper gespeichert ist, *umprogrammieren!* Ihre Vergangenheit zu ändern ist unmöglich. Es ist jedoch ganz einfach, Ihre Erinnerungen daran zu bearbeiten und zu verändern. Die folgende Übung bietet sich dafür an. Sie können sie entweder bei der Meditation ausführen, während Sie die entscheidenden Ereignisse noch einmal sehen, oder auch später, nachdem Ihnen die Information im Traum erschienen ist oder von Ihrem Unbewussten geliefert wurde.

Umprogrammierung Ihrer Erinnerungen

Verschaffen Sie sich 15 ungestörte Minuten. Machen Sie es sich bequem, schließen Sie die Augen und entspannen Sie sich. Versuchen Sie, die Gedanken in Ihrem Kopf zum Stillstand zu bringen.

Stellen Sie sich so detailliert wie möglich das Ereignis vor, das Ihr karmisches Problem verursacht hat (Sie ertrinken, werden getötet, töten selbst jemanden und so weiter).

»Spulen« Sie nun das vor Ihrem inneren Auge abgespielte Ereignis bis zum Anfang zurück, und denken Sie sich ganz bewusst einen glücklichen Ausgang aus. Während Sie beispielsweise mit den Wellen kämpfen, werden Sie plötzlich unvermutet von der Küstenwache gerettet oder gelangen doch noch an die Küste, bevor Sie Ihre Kräfte verlassen. Feiern Sie Ihre Rettung! Freuen Sie sich von Herzen. Danken Sie Gott und der Vorsehung ausgiebig für deren Hilfe.

Dann öffnen Sie die Augen und kehren in die Gegenwart zurück.

Das ist keine schwere Übung. Jeder, der ein wenig tiefer ins eigene Ich hineinblicken kann, kann sie durchführen. Und selbst wenn nicht, können Sie das Szenario noch immer ändern - zur Not eben mithilfe von Worten anstatt innerer Bilder.

Beispiel 1. *Valentina ist verheiratet, hat drei Kinder, arbeitet als Managerin für ein großes Handelsunternehmen und hatte noch nie irgendwelche Phobien oder Ähnliches - außer einer. Damals hatte sie mit ihren Kindern gespielt, und alle drei waren übermütig gleichzeitig auf sie gesprungen. Da hat sie eine Panikattacke erlebt. Sie hat die Kinder grob von sich gestoßen und sie mit ihrer wütenden Reaktion verwirrt und geängstigt. Sie selbst weiß nach wie vor nicht, was da in sie gefahren war. Dieselbe Situation kam noch einige Male vor, sodass sie die wilden Spiele mit ihren Kindern schließlich einstellte.*
Während der Rückführungsmeditation sah sie sich als Soldat im Zweiten Weltkrieg. Sie musste sich in einem Graben vor einem deutschen Panzer verstecken. Doch der Graben war zu flach, und der Panzer zerquetschte den Soldaten. Die enorme Furcht, die sein Körper im Augenblick dieses furchtbaren Todes durchlitt, und die Überreste dieser Empfindung in Valentinas Seele hatten

sich in ihrem subtilen Körper festgeschrieben. Im nächsten Leben manifestierte sich das als panische Angst, sobald sich jemand auf sie stürzte.

Valentina löste die Situation in ihrer Vorstellung durch eine Rekodierung auf. Sie stellte sich in der Meditation vor, dass der Graben tief und robust angelegt war und der Panzer den Soldaten deshalb nicht überrollen konnte.

Seit dieser Umprogrammierung konnten die Kinder wieder nach Herzenslust auf ihrer Mutter herumtollen, ohne dass je wieder eine Angstattacke erfolgte.

Beispiel 2. *Maria ist Ärztin und arbeitete viele Jahre lang in der Notaufnahme. Als sie Anfang dreißig war, begann ihr der Rücken Probleme zu bereiten. Sie unterzog sich jeder nur möglichen Behandlung, doch die Rückenschmerzen wurden immer schlimmer. Mit vierzig Jahren musste sie vorzeitig aus dem Beruf ausscheiden, so sehr behinderten sie die Rückenschmerzen. Zuletzt musste sie permanent ein spezielles Rückgratkorsett tragen und regelmäßig Schlafmittel einnehmen, um überhaupt noch schlafen zu können.*

Während der Rückführungsmeditation sah Maria sich als Soldaten im Europa des 17. Jahrhunderts. Seine Armee wollte eine Stadt erobern, und der Soldat war mitten in der Schlacht. Ein gegnerischer Soldat näherte sich ihm von hinten und rammte ihm sein Schwert in den Rücken. An der Wunde starb der Soldat qualvoll.

Maria programmierte die Situation um. Sie stellte sich vor, der Soldat habe rechtzeitig eine Warnung gehört und sich zum Feind umgewandt. Er konnte sich dann verteidigen und erlitt keine lebensbedrohliche Rückenverletzung mehr.

Nach diesem einfachen Eingriff in ihre seelische Erinnerung setzte Maria ihre Medikamente ab, und ihr Zustand besserte sich auf der Stelle.

Sie sehen, die Neuprogrammierung von traumatischen Ereignissen in früheren Inkarnationen wirkt überraschend effektiv. Die Informationen, die Sie zur Auflösung der Situation brauchen, sind nicht ganz leicht zu erlangen - aber es ist möglich.

Träume neu programmieren

Diese Übung können Sie verwenden, um mehr als nur negative Erinnerungen zu verändern. Sie können Sie erfolgreich jedes Mal anwenden, wenn Alpträume Sie plagen. Wenn Sie schweißgebadet aufwachen, weil Sie im Traum verfolgt wurden, von einer Klippe stürzten, von einem Auto überfahren wurden oder weil Ihnen etwas anderes Furchtbares zustieß, dann belassen Sie es nicht einfach dabei. Programmieren Sie den belastenden Traum zu einem guten Erlebnis um!

Dafür wachen Sie zunächst vollständig auf, schließen dann die Augen wieder und rufen sich Ihren Angsttraum ins Gedächtnis. Verändern Sie dessen Ausgang in Gedanken. Stellen Sie sich vor, dass Sie von den Klippen in klares Wasser stürzen und sich schwimmend ans Ufer retten können. Erleben Sie in Gedanken, wie ein Polizeiwagen Ihren Verfolger einholt und Sie sicher nach Hause bringt.

Auf diese Weise können Sie sogar Ihre reale Zukunft zum Besseren wenden. Ihr Traum enthielt vermutlich Informationen über ein negatives Ereignis in der nahen Zukunft. Verändern Sie dessen Verlauf, kann Ihr Leben einen glücklicheren Kurs einschlagen. Sie haben selbst eine neue, bessere Zukunft für sich erdacht, und die wird sich sehr wahrscheinlich erfüllen. Nehmen Sie Ihr Schicksal selbst in die Hand!

Was muss noch gereinigt werden?

Nun haben Sie schon eine ganze Menge über Reinigungsverfahren gelesen, die Ihnen helfen, unangenehme »erzieherische Maßnahmen«, die das Leben Ihnen erteilen könnte, abzuwenden. Ihren subtilen emotionalen Körper können Sie mithilfe der Meditation der Vergebung säubern. Ihr mentaler Körper wird gereinigt, wenn Sie Ihre Einstellung zur gegenwärtigen Situation verändern, zum Beispiel mit der »Nadelkissen-Methode«. Auch die Technik des Umprogrammierens negativer Information (aus diesem oder aus vergangenen Leben) haben Sie kennengelernt. Selbstverständlich existieren noch wesentlich mehr Werkzeuge zur Säuberung und Korrektur des menschlichen Geistes. Es gibt andere Methoden, die Sie selbst oder mit therapeutischer beziehungsweise divinatorischer Hilfe anwenden können.

Wie sieht es mit Ihren physischen und energetischen Körpern aus, bedürfen auch diese der Reinigung? Ja, denn sie sind entscheidend für Ihre körperliche und spirituelle Gesundheit.

Sowohl Ihre physische als auch Ihre energetische Fitness hängt stark von Ihrem Lebensstil und Ihren Prioritäten ab. Doch soll es in diesem Band nicht vorrangig um Gesundheitsfragen gehen. Sie haben sicherlich längst verstanden, dass eventuelle gesundheitliche Probleme das direkte Resultat zu vieler gespeicherter Gedankengebilde in Ihrem emotionalen Körper sind. Gegen diese Last und »Verschmutzung« wehrt sich der Körper mit Krankheiten.

Manches Mal reicht schon allein die Meditation der Vergebung aus, um die schwersten Erkrankungen zu vertreiben. Alle weiteren hier vorgestellten Reinigungsrituale des emotionalen Körpers helfen auf ihre Weise weiter.

Einzelarbeit

Die letzte Empfehlung, die Sie von uns bekommen sollen, ist die folgende: *Sie müssen allein mit sich arbeiten.*

Keine Medizin der Welt, kein Heiler wird Ihnen je so erfolgreich helfen wie Ihre Einzelarbeit. Solche Maßnahmen können natürlich zusätzliche Hilfe leisten (über die SA-Leitung »Fremdeinfluss«), doch Ihre langfristigen und tiefsitzenden Idealisierungen können Sie nicht aufhalten – die sitzen in Ihrem Kopf, wo niemand außer Ihnen selbst heran kann.

Viel Glück dabei!

ZUSAMMENFASSUNG

1. Einige Probleme in Ihrem Leben sind evtl. aufgetaucht, weil Ihre unsterbliche Seele die Information über fehlerhaftes und stressakkumulierendes Verhalten mit in Ihre gegenwärtige Inkarnation gebracht hat. Doch das betrifft kaum 5 Prozent aller Fälle.

2. Probleme der Vergangenheit lassen sich am besten verscheuchen, indem Sie so genau wie möglich bestimmen, welches negative Ereignis in einem Ihrer früheren Leben stattfand und Ihre Seele traumatisierte. Das gelingt durch Meditation, Traumanalyse oder eine Anfrage beim eigenen Unbewussten.

3. Eine »Reinigung« beinhaltet die mentale Verwandlung des Ausgangs Ihres negativen Erlebnisses in ein Happy End.

4. Sie können die Ereignisfolge erst dann effektiv geistig abändern, wenn Sie genügend Informationen über die Art der negativen Ereignisse in Ihrer Vergangenheit oder Zukunft (oft in Träumen zu sehen) gesammelt haben.

3.

Ein Glückskind werden und es bleiben

Sie kennen mittlerweile den Grund dafür, warum Ihr Leben Ihnen unangenehme Lektionen erteilt. Auch können Sie sich nun in etwa vorstellen, wie Sie diesen Lektionen entgehen.

Wenn Sie nun eine freudige, positive Grundeinstellung gewonnen haben, müssen Sie darauf achtgeben, das Erreichte nicht wieder zu verlieren. Sie müssen noch lernen, Ihr emotionales Gleichgewicht nicht wieder zu verlieren, sobald drastische Veränderungen eintreten. Auch sind die Menschen um Sie herum vielleicht neidisch, weil Sie so oft lächeln und sich nicht mehr so stressen lassen. Vielen mangelt es sicher an Verständnis, andere halten Sie vielleicht sogar für gefühlskalt und herzlos, wenn Ihnen die Entwicklungen in Ihrem Leben nicht mehr so viele Sorgen bereiten. Seien Sie auf diese Art von Unverständnis gefasst. Lassen Sie die anderen einfach ihre Vorurteile pflegen, und versuchen Sie gar nicht erst, ihren Erwartungen gerecht zu werden - ansonsten haben Sie sofort wieder Anlass zu neuem Stress, neue Maßnahmen folgen - und alles war umsonst.

Wie vermeiden Sie aber Stress, wenn Ihre Umgebung Sie ständig provoziert? Sie wissen, dass ernsthafter Stress Ihnen schadet, aber Sie können ja nicht unablässig die Meditation der Vergebung ausführen. Jetzt, da Ihr Stressakkumulator durch Zufriedenheits- und Vergebungstechniken wieder einigermaßen geleert ist, wollen Sie nicht, dass er sich unversehens wieder füllt! Sie wollen ein Glückskind des Lebens bleiben.

Dieses Ziel erreichen Sie, indem Sie sich für eine Lebenseinstellung entscheiden (und diese auch konsequent einnehmen), mit der Sie unter allen Umständen bei guter Laune bleiben und sich nicht mehr emotional von Vorwürfen treffen lassen.

Reagieren Sie stattdessen positiv! Lächeln Sie, lachen Sie (auch über sich selbst) und gehen Sie mit Vorwürfen freundlich-scherzhaft um. Auf diese Weise blockieren Sie erfolgreich die Ventile Ihrer Idealisierungen und leeren Ihren SA, was Sie langsam aber sicher zu anhaltendem Glück führt.

In diesem Kapitel geht es um mögliche Lebenseinstellungen, mit deren Hilfe Sie Ihre Ziele erreichen können.

Das Leben ist eine Zirkusmanege

Die Grundannahme, dass es sich beim Leben um eine Art Zirkusmanege handelt, bringt einen humoristischen Aspekt in alle Situationen, die Sie bislang als fürchterlich tragisch eingeschätzt haben: Die Menschen sind nichts weiter als »Clowns« im »Zirkus des Lebens«.

Je mehr Sie unter Stress leiden, desto unterhaltsamer spielen Sie den Clown für andere. Haben Sie noch nicht genug davon, für die Zuschauer den dummen August zu geben?

Das Bild von der »Welt als Bühne« akzeptieren die meisten gern, doch hilft ihnen das wenig. Denn sich selbst als Darsteller im großen Drama des Lebens zu betrachten, bedeutet für die Mehrheit, sich theatralisch mit dem eigenen Leiden in Szene zu setzen – also genau die falsche Einstellung. Unser Leben ist kein Drama, es ist ein wahrer Zirkus, in dem wir als Clowns engagiert sind!

Doch die Menschen verstehen das nur selten; sie nehmen sich stattdessen viel zu ernst und leiden unnötig.

Das Leben als Zirkusvorstellung

Wenn Sie einmal akzeptiert haben, dass Sie und Ihre Mitmenschen nichts als Clowns sind, dann folgt daraus, dass alles, was Ihnen im Leben zustößt, Teil der Zirkusvorstellung in der Manege ist. Alle spielen ihre eigene Rolle, und **je emotionaler sie diese anlegen, je mehr sie übelnehmen, wütend werden, auf Konflikte einsteigen und anderen Vorträge halten, desto mehr machen sie sich zum Hanswurst!**

Außer den Clowns gibt es noch Magier, die die Dinge verschwinden und unerwartet am anderen Ort wieder auftauchen lassen können. Es gibt starke Männer, die ihre Ziele durch schiere Gewalt durchsetzen, es gibt geschickte Jongleure, diplomatische Dompteure, geschmeidige Artisten und mehr.

Die Zuschauerrolle

Die Mehrheit der Menschen verbringt ihr Leben mitten im Tru-
bel der Manege. Bislang waren auch Sie Teil der Vorstellung. Wir
möchten Ihnen nun empfehlen, dass Sie die Manege verlassen,
es sich auf den Zuschauerrängen bequem machen und der Vorstellung zusehen, ohne sich darin verwickeln zu lassen. Sie können lachen oder auch Mitleid mit den Eskapaden der anderen
verspüren – Sie sollten nur nicht mehr selbst in der Manege mit-
machen.

Diese Zuschauerrolle erleichtert es Ihnen, sich nicht zu sehr an
Werte zu hängen, die Ihnen wichtig sind. Sie haben nun bewusst
die Wahl. Falls Sie es nötig finden, an einem bestimmten Teil der
Vorstellung (Liebe, Karriere und so weiter) teilzunehmen, können
Sie in die Manege zurückkehren und wieder eine aktive Rolle bei
der Erreichung Ihrer Ziele spielen. Spielen Sie. Bleiben Sie sich
dabei aber bewusst, dass es nur um eine Rolle geht. Sobald Sie
Ihr Ziel erreicht haben, gehen Sie in den Zuschauerraum zurück.
Lassen Sie sich niemals und von niemandem *zwingen*, wieder in
die Manege zu kommen! Es ist entscheidend, dass Ihnen Folgendes klar wird: Sobald Sie mit etwas unzufrieden sind, mit jemandem streiten oder andere verurteilen, werden Sie wieder zum
Hanswurst, der mit albernem Hut und zu großen Stolperschuhen
seine Rolle spielt.

In der Zirkusmanege des Lebens stehen uns viele Rollen zur Verfügung:

- ➤ *Mentor, Haustyrann, Kontrollfreak* – für diejenigen, die andere gerne belehren und beherrschen und sich in ihr Leben
  einmischen

- ➤ *Märtyrer* – für solche, die anderen gerne von ihren eigenen
  Leiden berichten

➤ *Besserwisser* - für Menschen, die ihre eigenen Fähigkeiten hochspielen und die anderer klein machen und sie als »dumm« verachten

➤ *Altruist* - für alle, die alles für andere tun und sich niemals Zeit für sich nehmen (so aber auch nie etwas über sich selbst erfahren)

➤ *Sexsüchtiger* - für diejenigen, die den Sex über alles andere stellen

➤ *Opfer des schlechten Personals* - für Vorgesetzte, die ihren eigenen Stress gern auf ihre Angestellten projizieren, die ihnen nichts gut oder schnell genug machen

➤ *Opfer schlechter Eltern - für Kinder, die ihr Leben lang den Eltern die Schuld an allem geben*

Diese und weitere Rollen sind jedoch nichts als Variationen des alten Clown-Themas. Versuchen Sie, eine Rolle zu definieren, die Ihre Existenz gut beschreibt - je lustiger und zynischer Sie dabei vorgehen, desto leichter werden Sie Ihren Clownshut los. Begehen Sie aber nicht den Fehler, den Hut anderer Menschen loswerden zu wollen!

Treten Sie dabei einen Schritt von Ihrem Alltagsstress zurück, und betrachten Sie ihn aus einiger Entfernung. Aus dieser Perspektive erkennen Sie leichter seine lächerliche Seite und können über das lächeln, was Sie vorher schrecklich fanden. Das Leben wird Ihnen dann zu Hilfe kommen und Ihre Situation ohne große Mühe auflösen. Dem Leben gefällt es, wenn Menschen über die Dinge lächeln, und es hilft ihnen gern dabei. Verhalten Sie sich jedoch, als seien Ihre Probleme ganz fürchterlich, wird das Leben Sie behindern, statt Sie voranzubringen.

Es ist erstaunlich, wie viele Menschen sich leidenschaftlich in ihre Rolle als Clown in der Zirkusmanege des Lebens stürzen, ohne auch nur zu wissen, welches Ziel sie verfolgen. Für viele besteht das Leben ausschließlich aus dieser Zirkusvorstellung, und sie könnten sich nicht einmal vorstellen, ein Leben ohne sinnlose Kämpfe um nichtexistente Ziele zu führen. Ihr Leben soll anders sein. Sorgen Sie dafür!

Zuschauer sein

Zuschauer zu sein, soll für Sie nicht etwa bedeuten, dass Sie nur dasitzen und nichts tun! All die notwendigen Dinge, wie zur Arbeit gehen, berufliche Vorsätze fassen und erfüllen, verhandeln, Papierkram erledigen, Liebeserklärungen machen und so weiter, tun sie nach wie vor. Dennoch sollten Sie das alles ohne tiefe emotionale Beteiligung tun, als seien Sie nur ein Zaungast bei dem Spektakel. Mit dieser Einstellung verhindern Sie, dass Sie eine Sache oder Person überbewerten und neue Idealisierungen annehmen, wodurch wieder neue Stressflüssigkeit in Ihren Stressakkumulator flösse.

Ein Beispiel für »Zuschauerverhalten«: Stellen Sie sich vor, Sie seien der Leiter einer kleinen Abteilung in Ihrer Firma und hätten einen Liefertermin für einen wichtigen Kunden einzuhalten. Auf einmal treten Umstände ein, die Ihnen die rechtzeitige Lieferung der entsprechenden Ware unmöglich machen. Die Produkte werden erst wieder in einem Monat hergestellt und sind bis dahin ausverkauft.

In dieser Situation ist es leicht, sich zu entscheiden, ob Sie die Sache lieber in der Manege oder im Zuschauerraum erleben möchten. Wenn Sie sich unter Druck gesetzt fühlen, laut werden und sich über Ihre Probleme beklagen, dann haben Sie die Position in der Manege gewählt. Stress und Klagen machen Ihre Lage keinen Deut besser, die Verspätung ist ohnehin unausweichlich. Warten Sie aber in Ruhe ab, bis die Lieferung auf den Weg kommt, und vernachlässigen in der Zwischenzeit die restlichen

Bereiche Ihres Lebens nicht, dann haben Sie die besten Aussichten, die Episode bei guter Gesundheit und Zufriedenheit zu überstehen. Andernfalls bekommen Sie mehr Stress und Streit und brauchen vielleicht Beruhigungsmittel – mit anderen Worten: Sie spielen eine für andere sehr unterhaltsame Rolle in der Zirkusvorstellung.

Zirkus nur zum Schein

Manchmal müssen Sie vielleicht an der Vorstellung teilnehmen, obwohl Sie es gar nicht wollen, weil Ihnen sonst unerwünschte Schwierigkeiten drohen. Ein Beispiel: Natalia arbeitet für eine kleine Firma. All ihre Kolleginnen sind Frauen, ihr Vorgesetzter aber ist ein Mann. Er ist nicht sehr gut in seinem Job und macht oft Fehler, aber die Konzernleitung ignoriert das. Das sind Männer, und die ziehen es vor, mit einem anderen Mann zu tun zu haben. Die weiblichen Angestellten lästern gern über ihren Chef und beklagen sich häufig über ihn. Auch Natalia hat sich an dieser »Vorstellung« beteiligt, hat sich geärgert und Sorgen gemacht. Als Resultat hat ihr das Leben »erzieherische« Lektionen erteilt. Nach einem unserer Trainings war Natalia an dem Tratsch und den allgemeinen Klagen über ihren Chef nicht mehr interessiert und zog sich aus der »Zirkusvorstellung« zurück – mit der Folge, dass sie als schwarzes Schaf der Abteilung galt. Ihre Kolleginnen schnitten sie, und einige arbeiteten sogar auf ihre Entlassung hin. Die Clowns hatten etwas gegen ihre neue Einstellung und betrachteten sie argwöhnisch als neue Feindin. Doch Natalia mochte ihre Arbeit und die Stelle trotz allem und wollte nicht kündigen. Es blieb ihr nichts weiter übrig, als wieder in den Chor der Clowns einzustimmen und sich über den Chef zu beklagen. Doch gelang es ihr, die Rolle des Clowns nur zum Schein einzunehmen, ohne ihren Chef wirklich zu verurteilen und dabei neuen Stress zu akkumulieren. Stattdessen machte sie sich über sich selbst und ihre Scheinrolle lustig und lachte darüber. Ihre Kolleginnen beruhigten sich wieder, und die Zuschauerrolle half Natalia dabei, sich mit der neuen Situation wohlzufühlen.

Unterschied zur totalen Verweigerung

Die Einstellung »Das Leben ist eine Zirkusmanege« ist wohlgemerkt nicht dasselbe wie die völlige Ableugnung und Verweigerung, in die manche als Reaktion auf schwierige Lebenssituationen verfallen. Manche hören einfach auf, auf Beleidigungen oder Vorwürfe überhaupt zu reagieren. In einer Partnerschaft etwa, in der einer alle Macht an sich gerissen hat und dem anderen vorschreibt, wie er zu leben hat, kommt es manchmal dazu, dass der andere Partner verstummt und auf die Vorhaltungen gar nichts mehr erwidert, so als seien sie nie geäußert worden. Diese Verleugnungshaltung scheint unserer »Leben als Zirkusmanege«-Vorstellung vielleicht ähnlich, doch sie ist es keineswegs.

Wäre der betroffene Partner nur distanziert und würde sich tatsächlich von den fortwährenden Angriffen gar nicht gekränkt fühlen oder sich innerlich tatsächlich darüber lustig machen, wäre alles in Ordnung. Sein SA würde sich nicht weiter füllen. Doch meist sieht die Situation in Wirklichkeit anders aus. Die meisten in dieser Weise zum Verstummen gebrachten »Opfer« verbergen ihre Emotionen lediglich tief im Innern und verdrängen sie, bis die verdrängte Kränkung eines Tages nur umso heftiger aus ihnen herausbricht und ihren SA zum Überquellen bringt. Wer seine Gefühle verbirgt, in Gedanken aber ständig bei seinem schweren Los weilt und sich mit möglichen zukünftigen Reaktionen beschäftigt, zeigt, dass er etwas stark idealisiert (zum Beispiel Beziehungen und freundlichen Umgang). Daher wird sein Wächter immer weitere Maßnahmen gegen die Idealisierung ergreifen; Erkrankungen, Alkoholprobleme oder noch Schlimmeres drohen. Gibt es einen Ausweg? Unserer Empfehlung nach sollten Sie als

Betroffene(r) in dieser Lage beginnen, das Leben als Zirkusaufführung zu betrachten und sich so schnell wie möglich in die
Zuschauerrolle begeben. Solange Ihnen das jedoch misslingt und
Sie innerlich übermäßig emotional engagiert bleiben, können Sie
die Manege nie verlassen und sind zu einer unwürdigen Vorstellung mit den anderen Clowns verdammt. Mit dem sicheren
Abstand aus den Zuschauerrängen aber können Sie Ihren macht-
besessenen Partner dabei beobachten, wie er die Rolle des Kontrollfreaks oder Haustyrannen spielt. Ohne Zweifel wird er
versuchen, Sie wieder hinaus in die Manege zu locken und in das
Hickhack dort zu verwickeln. Er fühlt sich einsam ohne Sie und
sucht nach Wegen, Sie zurückzuholen.

Ihre Hauptaufgabe ist es nun, *niemandem Macht über Sie zu gewähren*. Sie können sich vorstellen, dass der andere ein Lasso in
der Hand hält, mit dem er Sie, sobald Sie nachgeben, zurück in
die Manege zerren kann. Bei jeder Begegnung mit solch einem
Menschen oder auch nur am Telefon halten Sie sich nun immer
wieder das bildliche Lasso vor Augen und wehren sich dagegen,
eingefangen zu werden wie ein Pferd. So bleiben Sie nicht nur
ruhiger; es hilft Ihnen auch, das Lächerliche an der Situation zu
erkennen und darüber zu lachen.

Mit dieser sehr effizienten Methode bleiben Sie unbeteiligter Zuschauer statt unfreiwilliger Teilnehmer – und Ihr SA füllt sich
nicht weiter.

Anwendung

Diese Lebenseinstellung sollten Sie sich jedes Mal, wenn negativer
Stress droht, von Neuem ins Gedächtnis rufen. Sie eignet sich
vor allem sehr gut für Menschen (Angestellte, Hausfrauen, Wissenschaftler ...), die mit ihrem Status im Leben zufrieden sind
und nichts daran verändern wollen.

Ein Geschäftsmann ist vermutlich mit der »Spielereinstellung«
zum Leben besser bedient – aber auch nur bei der Arbeit. Zu

Hause, mit seinen Kindern oder Freunden sollte er wieder die »Zirkusmanege« sehen. Und selbst bei der Arbeit muss er achtgeben: Sobald er sich um mangelnde Geldmittel, die Unzuverlässigkeit von Partnern oder Angestellten zu sorgen beginnt und sobald die Sorge ihm Stress bereitet, verhält er sich wieder wie der Clown im Zirkus. Auf der Arbeit müssen wir uns besonders dringend von der Manege fernhalten!

Dasselbe trifft auf eine Person zu, die unzufrieden mit ihrer Anstellung oder Bezahlung ist. Zur Erreichung ihrer Ziele sollte sie ganz Spieler sein – und sich die restliche Zeit über wieder auf ihre Zuschauerrolle besinnen.

Jemandem, der am Ende gar keine Ziele verfolgt, würde die Hanswurst-Rolle umso lächerlicher zu Gesicht stehen. Ziehen Sie sich einfach entspannt zurück, und beobachten Sie die Zirkusmanege des Lebens aus sicherer Entfernung!

ZUSAMMENFASSUNG

1. Unsere erste empfohlene Lebenseinstellung lautet: »Das Leben ist eine Zirkusmanege.« Um sie einzunehmen, müssen Sie verstehen, dass alles, was im Leben geschieht, nur eine Clownnummer in der Zirkusmanege des Lebens ist. Lassen Sie die anderen wütend, enttäuscht oder vorwurfsvoll an der Vorstellung teilnehmen – Sie bleiben lieber auf den Zuschauerrängen und sehen sich das Spektakel aus sicherer Entfernung an.

2. Diese Einstellung läuft nicht auf Verleugnung oder Verdrängen hinaus, da Sie tief in Ihrem Innern keinen Stress ansammeln und sich von der Aufführung anderer tatsächlich nicht verletzen lassen.

3. Durch solch eine Lebenseinstellung verändern Sie die Wahrnehmung Ihrer Situation, die Ihnen vorher so furchtbar erschien. Wenn Sie Ihre (frühere) Rolle in der Zirkusaufführung mit Distanz und Humor betrachten, laufen Sie kaum Gefahr, sich ungewollt wieder in sie verwickeln zu lassen, und Ihre Lage verbessert sich.

Das Leben ist ein Spiel

Die nächste Einstellung, die Sie zur Vermeidung der Idealisierung irdischer Werte ausprobieren sollten, lautet: »Das Leben ist ein Spiel.«

Alles ist Spiel

Zu dieser Auffassung gehört, dass Sie die Ereignisse, die um Sie herum geschehen, als unterschiedliche Spielrunden betrachten. Zu Hause spielen Sie beispielsweise das Spiel »Familienleben« oder »Familienoberhaupt«. Im Büro spielen Sie das Spiel »meine Stelle« oder »mein Unternehmen«. Die Spiele mit Ihren Freunden heißen »Freundschaft«, »Kneipe«, »Kino« und so weiter. Mit Ihrem Partner oder Ihrer Partnerin geht es um die Spiele »Liebe«, »Sex« und mehr.

Warum ist diese Einstellung gut für Sie? Sie gibt Ihnen Gelegenheit, sich nicht zu sehr an einzelne Werte zu klammern. Mal gewinnen Sie ein Spiel, mal verlieren Sie es. Versuchen Sie, Ihr gesammeltes Glück als vorübergehenden Gewinn zu betrachten und Ihr gesammeltes Pech als vorübergehenden Verlust. Gelang es Ihnen zum Beispiel nicht, die gewünschte Stelle in einer Firma zu ergattern, bedeutet das nur, dass Ihr Mitbewerber diese Spielrunde gewonnen hat. Dieses Mal. Beim nächsten Mal verliert er vielleicht schon, oder Sie überflügeln ihn, indem Sie eine noch bessere Stelle in einer anderen Firma bekommen.

Wenn sich ein Projekt für Sie nicht auszahlt oder Ihre Geschäftsschulden sich vergrößern, überlegen Sie, ob Sie vielleicht einfach im falschen Spiel antreten. Entweder ändern Sie die Spielregeln, geben Ihre Niederlage zu oder Sie versuchen, ein ganz anderes Spiel zu gewinnen.

Mit Misserfolgen umgehen

Wer das Leben als Spiel betrachtet, kann damit den erlittenen Stress beträchtlich verringern – mit dem Ergebnis, dass das Leben ihm keine erzieherischen Lektionen mehr erteilen muss. Erfolgreiche Berufsspieler bringen sich aktiv in jedes Spiel ein, doch sie machen sich nicht allzu viele Sorgen, wenn sie verlieren. Sie wissen, dass sie beim nächsten Mal gute Chancen auf einen Gewinn haben. Diese Lebenseinstellung ist sehr hilfreich, und viele Politiker und Geschäftsleute beherrschen sie perfekt. Politische Amtsinhaber wissen beispielsweise, dass sie nicht für lange Zeit an der Macht sein werden. Dennoch geben sie in der kurzen Zeit alles im Spiel der Respektspersonen und erzielen dabei nicht selten einen enormen Zuwachs an Geld und Ansehen.

Dem Leben ist es egal, wie Sie Ihr Leben finanzieren. Ob Sie ein Gehalt beziehen, von Unternehmensgewinnen profitieren oder das Geld geschenkt bekommen: viel wichtiger sind die Gefühle, die Sie dabei empfinden, und die Idealisierungen, denen Sie anhängen. Nehmen Sie das Geld erfreut an und sind dem Leben dankbar für seine Hilfe, dann klappt auch alles. Werden Sie hingegen arrogant, oder ängstigen Sie sich sehr, weil sie fürchten, der Geldquell könne versiegen, dann rechnen Sie mit Problemen. Wahre Spieler können es sich nicht leisten, lange Zeit deprimiert zu sein, denn dann verpassen Sie zu viele neue Spielchancen.

Auch sehr viele Geschäftsleute setzen diese Einstellung vom Leben als Spiel erfolgreich um. Sie gehen ernsthaft an ihre Arbeit heran, wissen aber doch die ganze Zeit über, dass Verluste immer möglich sind. Innerlich sind sie für eine Niederlage jederzeit gerüstet; daher nehmen erfolgreiche Geschäftsleute das Auf und Ab auch leicht und kosten ihr Leben dabei voll aus.

Wenn Sie reich werden wollen, wählen Sie ein Spiel aus, das Ihnen schnellstmöglich zum erwünschten Wohlstand verhelfen kann. Brechen Sie dabei nur niemals das Gesetz, alles andere ist erlaubt. Liegt Ihr wichtigstes Ziel jedoch nicht in der Entlohnung, sondern in der kreativen Betätigung, dann müssen Sie in ein anderes Spiel einsteigen, bei dem Sie etwas Neues erschaffen können - ob das nun Geld einbringt oder nicht.

Ein Spiel erkennen

Niemand sollte all seine Zeit mit Spielen verbringen. Sinnvoll ist das Spielen nur dann, wenn Sie *ein bestimmtes Ziel verfolgen*. Alles, was Sie automatisch erledigen, ist kein Spiel: Zur Arbeit zu gehen, mit Ehepartnern oder Nachbarn zu streiten oder in den Urlaub zu fahren, konstituiert nicht die Teilnahme an einem Spiel. Dennoch können diese Aktivitäten zum Spiel werden, wenn Sie dabei ein Ziel verfolgen. Wenn Sie beispielsweise Karriere machen wollen, dann müssen Sie bestimmte Schritte zur beruflichen Zielerfüllung unternehmen. Warten Sie nur passiv und gekränkt ab, bis Sie, wie es Ihnen Ihrer Meinung nach zusteht, befördert werden, dann ist es kein Spiel mehr. Dann ist es eine Zirkusvorstellung mit Ihnen in der Hauptrolle des dummen August.

Bekannte Gruppenspiele

In allen Ländern der Welt existieren Regelwerke bezüglich menschlichen Verhaltens in verschiedenen Situationen - Geschäftsregeln, Familienregeln, Regeln für soziales Verhalten und so weiter. Wenn Sie an einem dieser Gruppenspiele teilnehmen möchten, müssen Sie sich an dessen Spielregeln halten.

Spielen Sie beispielsweise ein Spiel namens »ehrliches Geschäft«, dann müssen Sie auf Ihr Firmenprestige achten, sämtliche Steuern pünktlich bezahlen, für eine gleichbleibend hohe Qualität Ihrer Waren oder Leistungen sorgen und so weiter. Entscheiden Sie sich hingegen für ein Spiel namens »Reich werden um jeden Preis«, dann werden Sie vermutlich Ihren Geschäftspartner oder den Staat betrügen oder jemandem das Geld durch Kreditkartenbetrug entwenden. Danach stünde unweigerlich das Spiel der »Rechtsvollzugsvermeidung« auf dem Plan – und ein entsprechend stark erhöhter Stress, den das Leben ebenso unweigerlich hart bestrafen würde.

Wir alle entscheiden selbst, welches Spiel wir spielen wollen – je nach Bildungsgrad, Überzeugungen, Sozialstatus, persönlichen Zielen und anderen Faktoren.

Persönliche Spiele

Bei Gruppenspielen ist es wichtig, deren Spielregeln zu beachten. Macht ein solches von vielen anderen Mitspielern gewähltes Spiel Ihnen jedoch keinen Spaß, können Sie auch Ihr eigenes Spiel beginnen. Sie müssen damit rechnen, dass andere das nicht verstehen und es Ihnen eventuell sogar übelnehmen, dass Sie nicht nach denselben Regeln spielen wie die anderen. Doch das ist Ihr gutes Recht, und Sie haben noch dazu den Vorteil, Ihre ganz persönlichen Spielregeln nach Belieben verändern zu können.

Einschränkungen

Eine Einschränkung sollten Sie jedoch bedenken: *Verstoßen Sie nie gegen die Hauptregel des Lebens – niemanden zu verurteilen, auch nicht sich selbst.* Ein Beispiel: Stellen Sie sich vor, Sie seien eine alleinstehende Frau, die gern beim Spiel namens »Liebe« mitspielen möchte und nun versucht, einen Mann für sich zu gewinnen, den sie mag. Wenn Sie dem Ausgang dieses Spiels überhöhte Bedeutsamkeit zuschreiben, lässt Ihr Wächter nicht zu, dass sich der Betreffende in Sie verliebt. Den Spielregeln gemäß müssen Sie nun entweder Ihre Niederlage eingestehen und nach einer neuen Lösung suchen oder gleich an einem anderen Spiel teilnehmen. Diese Entscheidung treffen Sie je nach Umständen und Gefühlslage.

Bei der ersten Option kann es zum Beispiel sein, dass der Mann sich Ihnen nicht zuwendet, weil er bereits eine andere Freundin hat. Dann könnten Sie abwarten, ob die beiden Schluss machen und Sie ihn noch von sich überzeugen können. Sie müssen dabei jedoch bedenken, dass die Wartezeit lang werden kann – und Sie dürfen Ihren SA in der Zwischenzeit nicht aus Frust überfließen lassen.

Die richtige Einstellung zum Warten

Sollten Sie in der Lage sein, geduldig und stressfrei den passenden Moment abzuwarten, dann haben Sie voraussichtlich Erfolg. Energetisiert und in guter Stimmung ist Ihnen der Sieg gewiss. Sollten Sie aber unter Ihrer unglücklichen Liebe leiden und Ihrem unerfüllten Traum nachtrauern, dann spielen Sie bereits *ein anderes Spiel* namens »unglücklich verliebt«. Den Regeln *dieses* Spiels zufolge müssen Sie sich verzweifelt fühlen und es dem Leben übelnehmen, dass es Ihnen den Mann vorenthält. Doch wird diese unkorrekte Einstellung nur die üblichen korrigierenden Maßnahmen nach sich ziehen: Ihr Leben wird *noch unglücklicher*, um Ihnen zu beweisen, dass eine unglückliche Verliebtheit nicht das Ende der Welt bedeutet.

Das Spiel »Ich bin von allen am schlimmsten dran« hat viele Variationen, denen aber dieselben Idealisierungen zugrunde liegen: Selbstmitleid und Selbsterniedrigung. Für Spieler dieses Spiels hält das Leben sehr strenge Lektionen bereit.

Sie sehen, warum Sie nicht an Spielen teilnehmen sollten, die Ihnen negative Gefühle und Gedanken gestatten. All unsere Spiele sollten auf den Sieg und positive Gefühle abzielen. Misserfolge dürfen Sie nur als vorübergehenden Verlust betrachten, und Sie sollten sich direkt mit einer positiven Grundeinstellung auf die nächste Spielrunde vorbereiten.

Regeln

Die Möglichkeit, die Regeln seines persönlichen Spiels beliebig verändern zu können, klingt verlockend, dennoch gibt es dabei für alle einige Regeln zu beachten. Sie dürfen bei Ihrem Spiel beispielsweise keine Gewalt anwenden. Diese und andere Regeln missachten manche Menschen zwar notorisch, doch spielen diejenigen damit das Spiel »Wer ist gerissener?«, bei dem sie jederzeit von Polizei und Behörden verfolgt und gefasst werden können (nicht gut für den Stressabbau). Wer dieses Spiel beginnt und verliert, hat schon gar keinen Grund, das übelzunehmen!

In der Geschäftswelt herrschen zusätzlich *interne Regeln*. In großen Korporationen wird das gern als »Unternehmenskultur« umschrieben. Um in einer Firma erfolgreich zu arbeiten, müssen Sie die entsprechenden internen Regeln befolgen. Sie können Ihre persönlichen Spiele auch dort spielen, aber Sie sollten dabei keine firmeninternen Regeln brechen, sonst riskieren Sie Ihre Entlassung.

Anwendung

Als »Spieler« setzen Sie sich bestimmte Ziele und setzen alles daran, diese zu erreichen – eine perfekte Einstellung für entschiedene, selbstbewusste Menschen, die vor Risiken nicht zurückscheuen. Geschäftsleute haben damit mehr Erfolg als Beamte und leitende Angestellte mit klar definierter Stellenverantwortung. Dennoch kann und sollte jeder – ganz unabhängig von Beruf und Temperament – diese Lebensanschauung nutzen, um persönliche Ziele zu erreichen (Ehe, Arbeit, Hausbesitz, Urlaub und so weiter). In der emotional distanzierten Spielerrolle vermeiden Sie zusätzlichen Stress bei der Erreichung Ihrer Ziele.

ZUSAMMENFASSUNG

1. Die zweite empfohlene Lebenseinstellung, die das Leben als Spiel sieht, erlaubt es Ihnen, Ihre Ziele zu verfolgen, ohne dabei zusätzlichen Stress anzusammeln.

2. Diese Einstellung setzt voraus, dass Sie während der Annäherung an Ihre Ziele immer auch auf eine mögliche Niederlage vorbereitet sind und dem Leben einen eventuellen Verlust niemals übelnehmen. Die nächste Spielrunde kommt bestimmt – und die gewinnen SIE!

3. Der Vorteil dieser Lebensanschauung liegt in ihrer Effektivität für energische, aktive Menschen, die ihre Ziele wild entschlossen in Angriff nehmen und mit ihrer Neigung zur Aggressivität dazu neigen, die wichtigste Lebensregel zu verletzen.

4. Aber auch Menschen mit anderer Gemütslage hilft die Spielermentalität dabei, schnell ihre persönlichen Ziele zu verwirklichen.

Das Leben ist ein komplexer Mechanismus

Eine weitere hilfreiche Lebenseinstellung betrachtet das Leben als komplizierte Maschinerie. Demnach sind wir alle kleine Teile im großen Getriebe des Lebens.

Kleinteile der Maschinerie

Im Berufsleben nehmen Menschen, die ihr Leben lang für große Organisationen arbeiten, die sie mit dem Notwendigen zum Leben ausstatten, häufig diese Haltung ein. Klöster sind ein gutes Beispiel, ebenso viele staatliche Institutionen (Militär, Polizei und Ähnliches).

Im Privatleben bedeutet diese Anschauung oft nichts weiter, als dass Sie unerschütterlich glauben, dass Gott (beziehungsweise das Leben, das Universum oder die Vorsehung) »immer das Richtige« tut. Sie akzeptieren alle Resultate frag- und klaglos. Wenn Sie für Ihre Leistungen entlohnt werden, gut, wenn nicht, dann soll das eben nicht sein. Wenn die Menschen Sie mögen, gut. Wenn nicht, auch gut, Sie bleiben davon unberührt und ausgeglichen. Sie nehmen alle Ereignisse hin, ohne sich zu beklagen oder negativ zu empfinden. Was auch immer geschieht, Sie sind zufrieden mit Ihrem Leben. Ihr Geist ist frei von überzogenen Erwartungen, und Sie nehmen das Leben so an, wie es ist.

Voraussetzungen für diese Einstellung

Seien Sie von vornherein gewarnt: Es gibt nur *sehr wenige* Menschen mit der eben beschriebenen Lebenseinstellung. Die meisten von ihnen sich sehr religiös, einige Mönche und Nonnen. Unser Bildungssystem erklärt uns nur dann zu Gewinnern, wenn wir für unsere Ziele kämpfen. Wir imitieren Menschen, die scheinbar Macht und Ansehen haben, im Fernsehen auftreten, ein Leben voller Geld, Luxus, Sex führen und so weiter. Millionen Menschen verfolgen täglich neidisch die Schicksale der Millionäre in den Luxusvillen der TV-Seifenopern. Der einzig unbestrittene ideale Lebensstandard umfasst ständige Verliebtheit, allabendliche Partys, Vorteilsgewinne aus den Verlusten anderer, Käufe von teuren Immobilien und Limousinen und so weiter. Das ist kein schlechter Lebensstil. Wer genug Geld und Zeit hat und es sich leisten kann, ständig Partys und Hauskäufen nachzugehen, sollte das unbedingt tun! Wir sind auf der Welt, um alles auszuprobieren.

Dennoch besteht das Leben nicht nur aus Partys und Sex – selbst für die Reichsten der Reichen nicht. Sie haben ihre eigenen Aufgaben zu erfüllen, und wenn sie dabei scheitern, dann werden auch ihnen Lebenslektionen zur Erziehung erteilt. Ihre Wächter schlafen nicht. Doch all diese glanzvollen Vorbilder im Fernsehen und Kino zeigen ein Modell perfekter Lebensführung, das Sie unglücklich und weinerlich stimmt, wenn Ihr eigenes Leben davon abweicht. Mit anderen Worten idealisieren Sie den gezeigten Lebensstil. Und Sie wissen bereits, was Ihnen in dieser Situation zustoßen kann ...

Vergessen Sie nie, dass die Zustände in Fernsehserien von unterbezahlten Drehbuch-Vielschreibern erfunden wurden, die nur eine Leitlinie kennen: Ihre Geschichten müssen möglichst viele Zuschauer ansprechen (neidisch, schockiert, sehnsüchtig machen und so weiter), also massenkompatibel sein! Sich in deren Fantasiewelt zu begeben, ist nicht schlecht – aber kein Grund, der Realität irgendetwas vorzuwerfen, weil sie anders aussieht. Wenn Sie diese Haltung erfolgreich einnehmen können, wird Ihnen nie mehr etwas Schlechtes zustoßen – das Leben hat dann keinerlei Anlass mehr, Sie zu »erziehen«.

Voraussetzungen für »Einzelteile«

Falls Sie die Einstellung teilen, Sie seien nur ein »Kleinteil« im Getriebe des Lebens, arbeiten Sie vielleicht für eine große, erfolgreiche Firma. Menschen in solchen Firmen müssen extrem loyal sein und sich strikt an die internen Regeln der Firma halten. Der Arbeitgeber schenkt seinen Angestellten Sicherheit und Vertrauen. Daher sind auch Menschen, die das Risiko scheuen, dort zufrieden, selbst wenn ihre Gehälter nicht hoch sind. Sie mögen das Gefühl, Teil einer großen, gut geölten Maschine zu sein, in der es ausreicht, die ihnen zugewiesenen Aufgaben zu erledigen und keine Regeln zu verletzen. Großunternehmen sind konservativ. Sie begegnen Innovationen und Initiative, ganz besonders von ihren Angestellten, im Allgemeinen mit Misstrauen. Wenn es zu viele aktive Mitgestalter in ihrem Unternehmen gäbe, würden diese dessen reibungslose Funktion behindern. Mitarbeiter, die es darauf anlegen, um jeden Preis befördert zu werden und dabei nur an sich und kaum an die Firmeninteressen denken, werden oft entlassen. Die Firma verlangt totale Loyalität, und die höchsten Posten besetzen diejenigen, denen ihre Firma über alles geht. Wenn Sie in einem solchen Unternehmen anfangen, bereiten Sie sich darauf vor, zum kleinen Rädchen im großen Getriebe zu werden. Wenn Ihnen das recht ist und Sie sicher sind, dass Sie es Ihren Arbeitgebern *nie* übelnehmen werden, dass sie Sie nicht genug würdigen oder Ihnen zu wenig bezahlen, dann ist diese Stelle die richtige für Sie. Haben Sie jedoch eine höhere Meinung von sich und wollen eine verantwortungsvollere, kreativere Position wie etwa die eines Vorstandsvorsitzenden, dann hilft Ihnen diese Einstellung nicht. In diesem Fall greifen Sie auf eine der vorhergehenden Einstellungen zurück. Auch diese halten Sie davon ab, irdische Werte zu stark zu idealisieren, und dennoch können Sie Ihren Wunsch nach einem Leben als Führungspersönlichkeit oder Millionärin in kurzer Zeit verwirklichen.

Anwendung

Diese Grundeinstellung wird Ihnen besonders dann helfen, wenn Sie nicht allzu selbstsicher sind und darauf hoffen, vom Leben mit allem Nötigen versorgt zu werden. Das kann für jeden Lebensbereich gelten: Liebe, Familie, Arbeit, Freizeit und so weiter. Die Haltung entspricht eher Arbeitnehmern als Meistern. Geschäftsleuten, die konkrete Projekte realisieren müssen, wird sie wenig nützen. Doch für Vertreter großer staatlicher Organisationen eignet sich diese Anschauung. Sie können ihre eigenen Ideen haben, sollten sie aber auf eine Weise vertreten, die in der Organisation akzeptiert wird, ohne sich verärgert zu fühlen, wenn dort niemand ihre Gedanken versteht oder befürwortet. Wer nichts übelnimmt und sich weiter um die Umsetzung seiner Pläne bemüht, wird früher oder später damit Erfolg haben.

Unterschiede zu anderen Lebenseinstellungen

Oberflächlich betrachtet erinnert diese Haltung an die vom Leben als Zirkusmanege. Dennoch gibt es deutliche Unterschiede. Wenn Sie sich klein fühlen, können Sie nicht nach Belieben wieder in die Manege zurückkehren, um dort Ihre Pläne durchzusetzen. *Sie haben dann aber auch gar keine solchen Pläne. Sie sind zufrieden. Mit allem, was Sie bekommen, etwas anderes wollen Sie auch gar nicht.* Verspüren Sie also unerfüllte Sehnsüchte oder Träume, und versuchen Sie, sie sich zu erkämpfen, dann sind Sie kein »kleines Teil«. Dann sind Sie ein Spieler!

Ein Zirkuszuschauer kann jederzeit zurück in die Manege springen und dort zum Spieler werden. Später kann er sich dann wieder in die Zuschauerränge zurückziehen. »Kleinteile« haben diese Möglichkeit nicht. Sie gehören einem großen Mechanismus an, und sobald sie schneller oder langsamer zu funktionieren begönnen, ginge der gesamte Mechanismus kaputt. Kleinteile haben nicht das Recht auf Unabhängigkeit; sie müssen stets mit den anderen Maschinenteilen koordiniert zusammenarbeiten. Wenn Sie sich in dieser Rolle wohlfühlen, bleiben Sie zunächst einfach ein »Kleinteil«. Später werden Sie immer noch die Gelegenheit bekommen, einen Sprung in die Manege zu wagen.

ZUSAMMENFASSUNG

1. Unsere dritte empfohlene Lebenseinstellung läuft darauf hinaus, das Leben als große Maschinerie zu betrachten, von der wir alle nur kleine Teile sind.

2. Diese Haltung eignet sich gut für Menschen, die über ihr Leben nicht klagen und es in all seinen Facetten akzeptieren können.

3. Als »Kleinteil« können Sie sich immer noch Ziele setzen und auf deren Erfüllung warten. Das gelingt Ihnen aber nur, wenn Sie sich dabei exakt an die Regeln halten, die Sie in Ihrem Leben bereits akzeptiert haben.

Leben ist das, was ich will

Die Überschrift dieses Abschnitts klingt vielleicht am verlockendsten von allen. Das Leben kann wirklich schön sein, wenn Sie darin alles tun können, was Sie wirklich möchten. Sie können Schauspieler werden, Künstlerin, Millionärin oder Profisportler ... alles ist möglich.

Die Wahl ist bereits getroffen

Ist es wirklich möglich, jedes Leben zu führen, das Sie sich wünschen? Die Antwort darauf ist ganz einfach: Sie führen bereits genau das Leben, das Ihre Seele sich vor einiger Zeit ausgewählt hat! Wenn Sie jetzt mit etwas darin unzufrieden sind, hatte Ihre Seele vermutlich nicht allzu viele Wahlmöglichkeiten. Sie ahnen schon, warum ...

Denken Sie an die Ebenen der subtilen Welt, in denen Seelen aus den höheren Ebenen eine größere Auswahl an möglichen Leben zur Verfügung steht. Sie haben die freie Wahl. Die Seelen der niederen Ebenen dagegen müssen sich mit weniger begnügen. Je mehr »Sünden« wir mit unserem Tod hinüberbringen, desto weniger können wir in der nächsten Inkarnation wählen. Dementsprechend haben wir viele Seelenprobleme und karmische Knoten in diesem neuen Leben zu lösen. Das ist nicht einfach mit einem Lebensstil, der nur wenig Gelegenheit zum Vergnügen lässt. Neu angesammelte Idealisierungen liegen hier nahe, die alles noch schlimmer machen ... Manche glauben dann, ihre Probleme durch Selbstmord lösen zu können. Doch das ist reine Illusion – nach einem Suizid landet eine Seele direkt in der untersten Ebene der subtilen Welt, von der aus sie für ihr nächstes Leben *noch schlechtere* Startbedingungen bekommt. Sie sehen: Das ist keine Lösung. Versuchen Sie lieber, sich in diesem Leben von Ihren »Sünden«, das heißt Stressbelastungen und negativen Urteilen und Empfindungen, zu befreien. Erst wenn alle vorherigen Knoten aufgelöst sind, haben Sie wieder die freie Wahl und können ein Leben ganz nach Ihren Wünschen führen.

Wer tatsächlich alle Wünsche vom Leben erfüllt bekommt, besitzt also einen praktisch leeren Stressakkumulator. Doch auch diese wenigen Menschen unterliegen Restriktionen: Sie leben auf dieser Welt, um von ihren Startpositionen aus einen Wandel in Gang zu bringen.

Startpositionen

Der Begriff »Startposition« bezeichnet Ihren Geburtsort, Ihre Lebensumstände, Ihre Familie, Ihre Arbeit, Ihren Wohlstand und so weiter. Auch mit der bestmöglichen Unterstützung des Lebens ist es Ihnen zunächst noch unmöglich, diese Situation nachhaltig zu verändern. Leben Sie in ärmlicher Umgebung, haben wenig Bildung genossen und müssen sich um viele Kinder kümmern, ist es schwer für Sie, zum Superstar, Chirurgen oder Bankchef aufzusteigen. Unmöglich ist es jedoch nicht. Vielleicht lassen Sie sich scheiden und heiraten später die Tochter eines Bankdirektors – das wäre eine gute Wahl für einen Menschen, dem das Leben keine Lektionen erteilt.

Sehr realistisch ist das Szenario jedoch nicht. Schon deshalb, weil jemand mit leerem SA und wenig Idealisierungen kein Interesse an irdischen Werten hat. Daher scheint die Option, reich zu heiraten, ihm nicht sehr attraktiv, ebenso wenig wie beispielsweise einen Juwelierladen zu überfallen. Eine Person mit wenig Stressflüssigkeit im Stressakkumulator wählt sich vermutlich eine ganz andere Alternative, oft ist das ein Leben, bei dem sie gleichermaßen etwas für sich und andere leisten kann.

Menschen, die keine »Heiligen« sind

Wie sieht es nun mit Menschen aus, deren SA voller ist? Trifft auf sie die Devise »Leben ist, was ich will« schlicht nicht zu? Nein, das ist so nicht richtig. Wir alle müssen zwar unsere Startposition im Leben akzeptieren, doch es ist uns allen möglich, unsere Ziele rasch und ohne Ansammlung neuer »Sünden« zu erreichen.

Um das *wie*, die Methoden, soll es im nächsten Kapitel gehen. Sie müssen zunächst verstehen, *was* es ist, das Sie erreichen wollen und müssen. Finden Sie heraus, was das Leben Ihnen beibringen will, und erstellen Sie einen Plan, der Sie zu diesem Ziel hinführt. Zeigen Sie sich aufrichtig bemüht, wird das Leben Ihnen jede Hilfestellung bieten. Jedes gesteckte Ziel ist erreichbar – besonders mit einem Lächeln auf den Lippen. Dabei ist es egal, ob Sie 200 oder 200 Millionen Euro besitzen. Sie bekommen so viel Geld vom Leben, wie Ihre Seele verträgt. Doch Sie bekommen es nur, wenn Sie die beschriebenen Lebensregeln einhalten und das Leben aufrichtig um Hilfe bitten (im nächsten Abschnitt folgt wie gesagt mehr dazu).

Um unser Leben zu ändern, stehen uns viele Wege offen. Die oben beschriebenen Lebenseinstellungen sind nur drei davon. Es mag noch viele weitere geben … Jeder von uns kann seine eigene, für ihn persönlich passende Lebenshaltung wählen, die den eigenen Interessen und Bedürfnissen entspricht – vorausgesetzt er bleibt dabei, irdische Werte nicht zu idealisieren und weiterhin positiv zu denken.

Sie können Ihr Leben so führen, wie Sie es wollen. Finden Sie nur heraus, was Sie wirklich wollen, und bewerben Sie sich beim Leben dann um dessen Hilfe.

ZUSAMMENFASSUNG

1. Für Menschen mit einem leeren SA ist es ganz einfach, ihr Leben genau so zu führen, wie sie es wollen.
   Doch diese Menschen wollen auch nicht viel.

2. Die Mehrheit mit einem volleren SA kann ihr Leben
   besser gestalten, wenn sie die Hauptregeln des Lebens beachtet und auf die richtige Art um Hilfe
   bittet.

3. Sie können Ihre ganz eigene, persönliche Lebenseinstellung je nach Interessen- und Bedürfnislage entwickeln – ohne dabei Ihren SA-Füllstand erhöhen zu
   müssen!

4.

Die Ereignisse des
Lebens selbst gestalten

Im letzten Teil unseres Buches sollen Sie erfahren, wie Sie die Kräfte des Lebens für sich einsetzen können. Manchmal haben Sie sicher das Gefühl, dass Sie dem Leben zulächeln, und es lächelt zurück. Das ist der ideale Moment, um dem Leben einen Hinweis zu geben, dass Sie sich etwas Bestimmtes zum vollkommenen Glück wünschen. Sie müssen dann nur noch auswählen, was das sein soll, denn das Leben hat alles auf Vorrat: Geld, Begabungen, Liebe, Beziehungen, Traumjobs und so weiter. Theoretisch können Sie alles haben, was Sie wollen.

Praktisch auch – wenn Sie dabei keine Fehler machen. Denn die gewünschten Ereignisse in Ihrem Leben zu gestalten (beziehungsweise zu formen oder zu »bestellen«), erfordert die richtige Herangehensweise; sonst kann der entsprechende Wunsch sich in unvorhersehbaren Ereignissen ausdrücken. Stellen Sie sich vor, Sie setzen einen Fünfjährigen ans Steuer eines laufenden LKW und lassen ihn allein. Da er die Kraft und Energie des gewaltigen Fahrzeugs nicht richtig beherrscht, kann er großen Schaden

anrichten. Etwas ganz Ähnliches stößt den Menschen zu, die die
Macht des Lebens zu ihrem Vorteil einzusetzen versuchen, sich
aber über die Regeln der Kommunikation mit dem Leben gar
nicht im Klaren sind.

Wir haben einige Empfehlungen für Sie, die es Ihnen ermöglichen, zum wahren Lebensliebling und Glückskind zu werden.

Was Sie für Ihren Erfolg brauchen

Viele Menschen sind nur an einem interessiert: wie sie ihre Wünsche so schnell wie möglich und mit geringem Aufwand erreichen
können. Aller Erfahrung nach geschieht das auf diese Weise nie.
Es gibt jedoch Menschen, die ein Leben ganz nach Wunsch führen und deren Probleme sich wie von selbst zu lösen scheinen.
Doch eine entsprechend solide Ausbildung allein garantiert nichts
dergleichen, das zeigt uns die Realität oft genug. Wer ein betriebs-
wirtschaftliches Studium absolviert hat, hat deshalb noch lange
keinen finanziellen Erfolg. Solch ein Abschluss hilft den meisten
lediglich, eine der Norm gemäß vergütete Stelle in einem größeren Unternehmen zu bekommen. In der Tat besitzt die Mehrheit
aller Millionäre und Milliardäre keine besondere Wirtschaftsaus-
bildung. Ihnen wird die erste Million meist ganz ohne speziali-
siertes Wissen an einem bestimmten Punkt im Leben zuteil.
Charaktermerkmale wie Entschlossenheit, Selbstsicherheit, Aggressivität und Mut haben dabei oft den Ausschlag gegeben. Andererseits gibt es wiederum auch Menschen, die einige oder gar
all diese Charaktermerkmale besitzen, aber im Berufsleben nur
mäßigen Erfolg haben, weil sie sie nur privat, bei Streitigkeiten
in der Familie oder mit Freunden, einsetzen. Auch der Charakter
ist also nicht der ultimative Faktor. Was ist es dann? Was macht
das gewisse Etwas aus, das nur 5 bis 8 Prozent aller neuen Unternehmen am Markt Erfolg haben lässt?

Zur Beantwortung dieser Frage möchten wir auf die Redewendung »ein Glückskind sein« verweisen. Wer zu diesem Menschenschlag gehört, hat mit allem Erfolg, was er oder sie plant. Wer nicht dazugehört, muss sich mühselig durchs ganze Leben kämpfen und dabei immer mehr frustrieren lassen.

Das Leben meistern – so werde ich ein Glückskind

Das sprichwörtliche »glückliche Händchen« fürs Geschäft hat offensichtlich nicht jeder. Sie können das imposanteste Fachwissen im Bereich Marketing, Management, internationales Recht und Buchhaltung angehäuft haben, und Ihr Unternehmen erfüllt dennoch nicht Ihre Erwartungen. Umgekehrt ebenso: Die Menschen, die mit einem Fingerschnippen alles bekommen, was sie sich nur wünschen, haben unter Umständen keinerlei besondere Ausbildung – sie haben *Glück*! Wenn Sie selbst davon noch nichts abbekommen haben, dann sollten Sie lernen, wie Sie sich mit dem Glück anfreunden – und dann steht Ihnen alles offen: ideale Lebenspartner, Traumhäuser, Weltreisen und so weiter.

Bisher ging es in diesem Buch hauptsächlich darum, warum Sie möglicherweise vom Glück gemieden werden (Ihr voller SA). In diesem Kapitel aber sollen Sie lernen, wie Sie das Leben zu Ihrem Verbündeten machen und all Ihre Ziele erreichen können.

Drei Bedingungen für den Erfolg

Was müssen wir tun, um unsere Träume zu erfüllen? Eine Technik ist die »Ereignisgestaltung durch die Kraft der Gedanken«. Sie ist nicht schwer zu erlernen, Sie müssen nur die Regeln des Lebens befolgen.

Um Ihre Probleme zu lösen und zu bekommen, was Sie wollen, müssen Sie drei wichtige Bedingungen beachten:

> ➤ *sich nicht gegen das Leben oder die Umwelt stellen*
> ➤ *eine rechtmäßige Position im Leben wählen und einnehmen*
> ➤ *die korrekte Verständigung mit dem Leben etablieren*

Die ersten beiden Bedingungen waren bereits Thema der vorherigen Kapitel; jetzt soll es um die dritte Bedingung gehen.

Schön und gut, mögen Sie einwenden, aber es bleibt doch die Frage: Wann im Leben ist es denn notwendig, alle drei Bedingungen zu erfüllen? In der Geschäftswelt wäre es doch genug, das Leben um Geld zu bitten, ohne sich mit dem Prozess des Erkennens und Eliminierens meiner Idealisierungen zu beschäftigen. Aber da täuschen Sie sich: Ob es nun um Geld, Liebe oder eine bessere Stelle geht: Sie müssen stets alle drei Bedingungen gleichzeitig erfüllen! Auch nur eine davon zu vernachlässigen, zieht vielleicht »Erziehungsmaßnahmen« des Lebens nach sich und bringt Ihnen noch mehr Probleme ein. Der Mechanismus der spirituellen »Bestrafung« ist unbestechlich und diszipliniert uns alle, ungeachtet unser guten Charaktereigenschaften oder guten Taten. Sie bekommen, was Sie verdienen – ohne Ausnahme. Wenn Sie Geld in diesem Leben idealisieren und ein großes Bedürfnis danach haben, dann sorgt der Mechanismus dafür, dass Sie auch noch Ihr letztes Geld verlieren, um Sie daran zu erinnern, dass die Seele Priorität hat, nicht das Materielle. Erst wenn Sie das voll und ganz verinnerlicht haben, erfüllen sich auch Ihre Träume vom Geld.

Das hat durchaus seinen Sinn. Vom Standpunkt Ihres Wächters aus ist Ihr Leben auf der Erde nur ein vorübergehender Aufenthalt, und er ist nur am Wohlergehen Ihrer Seele interessiert. Wenn er also findet, er müsse Ihren Aufenthalt (das heißt Ihr Leben) auf der Erde verkürzen, um Ihre Seele zu schützen, dann tut er es, ohne zu zögern. Doch wie fänden Sie das, mit einem vorzeitigen Tod bestraft zu werden, damit Ihr »irregeleitetes« Leben ein Ende hat? Wir jedenfalls empfehlen Ihnen, sich zu jeder Zeit an alle drei Bedingungen zu halten – selbst dann, wenn Sie aktuell gar keine Bedürfnisse verspüren.

ZUSAMMENFASSUNG

1. Drei Bedingungen müssen eingehalten werden, um Wünsche rasch zu erfüllen:

   ➤ sich nicht gegen das Leben oder die Umwelt stellen

   ➤ eine rechtmäßige Position im Leben wählen und einnehmen

   ➤ die korrekte Verständigung mit dem Leben etablieren

2. Nur wenn Sie stets alle drei Bedingungen gleichzeitig erfüllen, werden Sie Ihre Ziele wie gewünscht erreichen.

Die Grundprinzipien der Ereignisgestaltung durch die Kraft der Gedanken

Warum Sie sich nicht gegen die Welt, die Sie umgibt, stellen sollten, ist leicht zu erkennen. Sie wissen bereits, dass die Welt einer fein abgestimmten, hochkomplexen Maschinerie gleicht. Akte der Gewalt oder Verstöße gegen die Grundregeln des Lebens werden nicht toleriert. Auf direktem Weg zu Ihrer Wunscherfüllung alles andere niederzutrampeln, würde bedeuten, dass Sie voller Unverständnis und unfähig wären, die Hinweise Ihres Wächters zu verstehen. Dann würden Sie Ihre Begabungen und Fähigkeiten in Bezug auf das erwünschte Ziel idealisieren, das heißt stark übertreiben – die direkte Folge wäre eine erzieherische Lektion, die das Leben Ihnen erteilen müsste. Um Ihre Träume hingegen effektiv zu realisieren, sollten Sie sich einige Grundregeln einprägen. Wenn Sie das System nach Dale Carnegie oder eine ähnliche Schule des positiven Denkens kennen, lassen sich diese Prinzipien leicht mit den unseren kombinieren – mit wahrhaft »wunder-voller« Wirkung!

Unserer Methode liegen sieben Hauptprinzipien zugrunde. Ihnen zufolge müssen Gedanken und Taten eines Menschen geordnet sein, um seine Ziele mit Unterstützung des Lebens zu erreichen. Im Folgenden sollen sie genauer behandelt werden.

Erstes Prinzip: Nur Sie selbst können die Ereignisse Ihres Lebens erschaffen

Die Behauptung ist schnell aufgestellt – doch scheint ihre Aussage zweifelhaft. Wie sieht es mit Krankheiten aus, Problemen in der Familie, Arbeitslosigkeit, Inflation, hohen Benzinpreisen? All diese Dinge verderben uns doch dem Spaß am Leben, warum sollten wir sie dann erschaffen haben?

Eigene Erlebnisse

Vielleicht erscheint es Ihnen noch so, als habe die Methode der Ereignisgestaltung nichts mit Ihnen zu tun. Doch wir alle erschaffen uns die Ereignisse in unserem Leben selbst. Sie können sich sicherlich an einen Augenblick in Ihrem Leben erinnern, in dem Sie sich etwas sehnlichst gewünscht haben – und es dann auch tatsächlich geschah! Und das, obwohl vorher nicht viel darauf hindeutete, dass sich die Dinge so gut für Sie entwickeln würden. Vielleicht hat Ihnen einmal jemand etwas geschenkt, das Sie sich heimlich schon lange Zeit gewünscht hatten. Oder Sie haben plötzlich und unerwartet eine großartige Arbeitsstelle gefunden. Oder Sie sind in einen traumhaften Urlaub gefahren, ohne vorher daran geglaubt zu haben, je die Zeit oder das Geld dafür zu finden. Oder Sie sind einer Person begegnet, die gegen alle Wahrscheinlichkeit die Liebe Ihres Lebens wurde.

Ob Sie es nun glauben oder nicht – Sie haben diese positiven Ereignisse selbst angelockt und in Ihr Leben gebracht. Leider ziehen wir auch sehr häufig negative Ereignisse an. Zum Beispiel haben Sie sich immer davor gefürchtet, beim Bezahlen mit der Kreditkarte einmal in eine peinliche Verlegenheit zu geraten, obwohl Ihr Kreditrahmen normalerweise gedeckt ist – und dann wurde die Zahlung einmal tatsächlich verweigert, und das vor aller Augen. Oder Sie waren immer ängstlich darum besorgt, sich im Winter nicht zu erkälten und haben daher reichlich Vitamin C zu sich genommen und sich immer warm angezogen. Dennoch haben Sie sich eine Erkältung eingefangen und sind entgegen all Ihrer Bemühungen krank geworden. Ist es Ihnen schon einmal passiert, dass Sie bei der Planung einer Feier oder eines Vorhabens an Dutzende möglicher übler Verläufe dachten und sich alle im Detail vorstellten? Und dann ging tatsächlich alles schief?

Nach der Lektüre der ersten drei Kapitel dieses Buches wissen Sie längst: Die negativen Folgen entspringen Ihren eigenen negativen Gedanken und Befürchtungen. Sie werden Ihnen als Lektionen von Ihrem Wächter gesendet, damit Sie dadurch Ihre Idealisierungen (in diesem Fall die der Kontrolle über Ihre Umgebung) hinter sich lassen. Wenn Sie ehrlich mit sich sind, dann können Sie auch den einfachen Gedanken begreifen, dass *alles, was Ihnen in Ihrem Leben zustößt, eine Folge Ihrer eigenen mentalen Akzeptanz oder Gegenwehr ist!*

Noch ein Beispiel: Eine junge Frau beklagt sich, dass sie nicht genug Geld verdient. Wenn man sie fragt, wie viel sie gern verdienen würde, antwortet sie zwar mit einer konkreten Angabe in Euro, fügt aber im selben Satz schon hinzu, dass Sie *nicht glaubt*, dass irgendjemand ihr so viel zahlen würde. Wenn Sie selbst sich das nicht vorstellen kann, wer sollte es dann tun? Und wenn niemand daran glaubt, wer wundert sich dann noch, dass ihr nie das ersehnte Gehalt angeboten wird? Aus diesem Teufelskreis negativer Programmierung gibt es nur einen Ausweg: Sie selbst muss aus der negativen Programmierung ausbrechen.

Es gibt noch Tausende Beispiele mehr dafür, dass Menschen sich ungerecht behandelt, gekränkt fühlen, dass sie sich als zu unwürdig oder unbegabt wähnen, um ihre Wünsche Wirklichkeit werden zu lassen. Bei solch einem mentalen Grundzustand muss sich niemand wundern, wenn er mit seiner Wunscherfüllung nicht weiterkommt.

Regel Nummer eins

Die einzig mögliche Schlussfolgerung lautet: positiv denken! Diese Richtlinie sollte zum Fundament all Ihrer mentalen Prozesse werden!

Positiv denken bedeutet, sich selbst in Gedanken auf genau die Art und Weise zu *betrachten*, die man sich für sich wünscht: gesund, schön und glücklich. Wenn Sie einen wichtigen Termin haben und sich vor einem negativen Bescheid fürchten, dann stellen Sie sich vor Ihrem inneren Auge mehrere positive Ausgänge des Termins vor. Selbst wenn Sie sich das Treffen selbst nicht als angenehm vorstellen können, ist es doch unerlässlich, dass Sie sich zumindest den Ausgang als gutes Ende vorstellen. Mit einem wahren Hollywood-Happy-End im Kopf wird im wahren Leben eine positive Entwicklung der Ereignisse wahrscheinlicher.

Wenn Sie den Zweifeln und Sorgen in Ihrem Kopf nicht Einhalt gebieten, können Sie hingegen davon ausgehen, dass Ihre schlimmsten Befürchtungen vermutlich wahr werden (besonders wenn Sie diese Furcht persönlich betrifft). Denn negative Ereignisse werden von negativen Gedanken wie Angst, Sorge und Selbsterniedrigung angezogen. Erwarten und visualisieren Sie also stets und ausschließlich positive Resultate. Das Leben hat *alles* zur Auswahl, und es erfüllt Ihnen Ihre Wünsche, das heißt, es lässt Ihre Gedanken wie »Das schaffe ich nie«, »Dazu bin ich zu alt/dick/unerfahren« oder »Ich habe ohnehin keine Chance« wahr werden. Sie schaffen es nicht, sind zu alt, dick und so weiter und haben keine Chance ...

Lassen Sie solche Muster hinter sich, und gehen Sie dazu über, positive Gedanken zu denken als Fundament Ihrer glücklichen Zukunft.

Regel Nummer eins anwenden

Sind Sie beispielsweise unzufrieden mit Ihrem Gehalt und hätten gern mehr Geld, dann vermeiden Sie es, sich schon im Vorfeld zähe Verhandlungen mit Ihrem Chef oder fruchtlose Debatten über Ihre Fähigkeiten mit Ihren Kollegen vorzustellen. Solche sinnlosen Verhaltensweisen kosten Sie nur Energie und machen auf krasse Weise Ihre eigenen Idealisierungen (von Geld oder Fähigkeiten) deutlich. Für eine Gehaltserhöhung müssen Sie nicht mehr tun, als sich vorzustellen, dass Sie mit einem konstruktiven Vorschlag beim Chef gut ankommen oder zu einer Position mit höherem Gehalt befördert werden. Sollte das innerhalb Ihrer Firma unmöglich sein, stellen Sie sich vor, ein verlockendes Angebot von einem anderen Arbeitgeber zu erhalten. Je intensiver

Sie sich in diese positiven Entwicklungen eindenken können, je mehr gute Optionen Sie sich vorstellen können, desto eher wird eine der Fantasien Wirklichkeit werden.

Diese Technik lässt sich wirklich auf alle Lebensbereiche anwenden. Fühlen Sie sich einsam, dann suhlen Sie sich nicht im Selbstmitleid, sondern stellen Sie sich lieber genau vor, wie Sie der Frau oder dem Mann Ihrer Träume begegnen werden. Malen Sie sich aus, wie und wo das geschieht und wie sich die Beziehung anbahnt und entwickelt. Nach nur wenigen Monaten, in denen Sie diese Art des positiven Denkens geübt und verfeinert haben, erschaffen Sie bereits das ersehnte Ereignis, und Ihre große Liebe taucht auf. Einfach so.

Eine unserer Leserinnen konnte jahrelang nicht schwanger werden. Die Ärzte konnten nichts für sie tun, und sie und ihr Mann hatten schon alle Hoffnung aufgegeben. Doch dann veränderte sie ihre innere Einstellung, und sie beschloss, sie sei bereits schwanger und die Schwangerschaft dauere nur ein wenig länger als üblich. Sie begann, wie eine Schwangere zu gehen, ihren Bauch zu streicheln und zärtlich mit dem Baby zu sprechen, das sie sich darin vorstellte. Vier Monate später wurde sie schwanger und brachte dann einen gesunden Jungen zur Welt. Die positive Selbstprogrammierung war stärker gewesen als alles andere!

Bevor wir zum nächsten Prinzip übergehen, wollen wir erläutern, welche Bewohner der subtilen Welt uns beim Erreichen unserer Ziele behilflich sind. Lang gehegte Träume, die Wirklichkeit werden, betrachten wir vielleicht als Wunder. Dabei steht uns eine ganze Armee an Helfern zur Verfügung. Sehen können wir sie nicht, da sie in einer unsichtbaren Parallelwelt neben der unseren existieren, doch existieren tun sie!

Hilfe bei der Ereignisgestaltung

Es ist klar, dass niemand genau wissen kann, wie die subtile Welt aufgebaut ist und von welchen Wesen sie bewohnt wird. Es gibt zahlreiche religiöse und esoterische Vorstellungen, doch ohne auch nur einen Beweis, der einer wissenschaftlichen Überprüfung standhalten würde. Doch dass die Wissenschaft die Existenz eines vermuteten Phänomens weder belegen noch widerlegen kann, bedeutet ja nicht, dass es nicht existiert. Es bedeutet nichts weiter, als dass nach wie vor die Möglichkeit besteht, die Existenz des fraglichen Phänomens auch von unserer realen Welt aus zu entdecken. Sie haben das Recht, sich ein eigenes Modell der subtilen Welt zu wählen, mit persönlich bevorzugten Begrifflichkeiten, die Ihnen die Vorgänge, die hier behandelt werden, am ehesten begreiflich machen. Wenn Ihnen unser Modell, so wie es ist, zusagt, wird es natürlich auch gut für Sie funktionieren. Wir haben dieses Modell nicht selbst erfunden, sondern es von einer esoterischen Lehre entlehnt, bei der alle Menschen auf dieser Welt sich in ständiger Interaktion mit den Einwohnern der subtilen Welt, genannt Energiefelder oder Helfer (Engel), befinden.

Energiefelder

Ein Energiefeld (manche nennen es auch »Gedankenform«) ist eine durch unsere Gedanken geschaffene Wesenheit, ein Wesen der Gruppenseele, ein Helfer oder innerer Führer, ein Begleiter oder derjenige, der unsere Wünsche wahr werden lässt. Es taucht für gewöhnlich dort auf, wo eine Gruppe Menschen durch dieselbe Art von Gedanken über ein und dasselbe verbunden sind. Auch Gedanken sind materieller Natur – der Unterschied zu tatsächlich greifbaren Dingen wie einem Tisch besteht darin, dass der Stoff unserer Gedanken sehr, sehr fein, subtil und fast nicht wahrnehmbar für unsere Sinnesorgane ist; Telepathie, außersinnliche Wahrnehmung und Astralvision, die einige Menschen beherrschen, bilden hier die Ausnahme. Wenn sich Menschen in

Gruppen versammeln und an dasselbe danken, wird mentale Energie freigesetzt, die eine mächtige stoffliche Form annehmen kann – bis zu dem Grad, zu dem sie sich zu einer Wesenheit für diese Gruppe verdichtet, die zu ihrem Energiefeld wird.

Wie Sie sich vorstellen können, sind die mächtigsten Energiefelder in religiösen Gruppen anzutreffen – im Christen- und Judentum oder im Islam beispielsweise –, weil die Entstehung und der Fortbestand solcher Wesen intrinsischer Bestandteil religiöser Rituale und Traditionen sind, welche Millionen Menschen regelmäßig in einer bestimmten Reihenfolge und nach spezifischen Regeln durchführen.

Neben solchen Energiefeldern gibt es auch Energiefelder der Familie, der Wissenschaft, des Sex, des Krieges und so weiter. Viele dieser Felder existieren auch nicht in Form einer isolierten »wolkigen Gestalt«, sondern eher in Form einer vielschichtigen nebelhaften Formation, die quasi mit einem Pfeil auf verschiedene Aspekte des Lebens deutet (etwa Energiefelder der Geschäftswelt, der Liebesbeziehungen und so weiter).

Wenn ein Energiefeld es zu einer bestimmten Potenz gebracht hat, versucht es manchmal, die Aufmerksamkeit und Gedankenkraft größerer Menschenmengen auf sich zu lenken. Energiefelder verleihen ihren Anhängern große Macht und bringen sie manchmal sogar zur Durchführung von individuellen oder »Massenwundern«. Von Zeit zu Zeit senden beispielsweise die *Energiefelder der Wissenschaft* einen Enthüllungsschub zur Entschlüsselung eines Forschungsproblems an diejenigen Wissenschaftler, die sich diesem Fachgebiet mit ganzer Seele gewidmet haben. Die Psychologie bezeichnet diese Augenblicke, in denen sich endlich eine lang gesuchte Lösung findet, als »Offenbarung«. In Wirklichkeit stellt der Energiefeld-Mentor der betreffenden Person in diesem Augenblick eine Verbindung zu einem passenden Informationspool her und erlaubt es ihm, einen kleinen Teil Informationen von dort zu dekodieren.

In der *Geschäftswelt* sind Energiefelder auch Mentoren für ihre Anhänger, und ein Ergebnis davon ist, dass einige Geschäftsleute als Belohnung für ihre Ergebenheit astronomische Summen einstreichen dürfen. Zugleich gibt es zahlreiche andere, die trotz ihrer Eliteausbildung, Erfahrung und Beziehungen niemals so viel Glück mit ihren Gewinnen haben. Viele von Ihnen mögen sich manchmal elend, erfolg- und chancenlos wie kein Zweiter fühlen und sich sogar erlauben, länger in diesem Selbstmitleid auszuharren. Doch das Resultat ist, dass Sie ein »Energiefeld des elenden Lebens« bei Kräften halten, das Sie beständig in einem Kreislauf der Marke »Keiner liebt mich«, »Ich bin schlecht drauf«, »Ich bin ein Pechvogel«, »Ich bin hässlich« und so weiter gefangen hält. Die unaufhörliche Beschäftigung der scheinbaren Pechvögel mit solchen Statements nährt das Feld gut, und es strengt sich entsprechend an, Sie niemals zu verlieren.

Eines der stärksten Energiefelder überhaupt ist das *Energiefeld der Politik*, besonders in unentwickelten Ländern mit schwacher Wirtschaftslage und unsicherer Regierungsstruktur. In diesen Ländern vertreten Millionen Menschen einen höchst aktiven, gegebenenfalls aggressiven und emotionalen politischen Standpunkt zu den Geschehnissen in ihrem Land. (Das ist etwas ganz anderes als die politischen Aktivisten, die mit einigen Tausenden höchstens eine kleine Minderheit in stabilen Systemen darstellen.) Jedes Ereignis in einem solchen Land ruft eine wahre Flutwelle von Emotionen wie Empörung, Freude oder Erleichterung hervor, die das Energiefeld groß und machtvoll machen. So kann es dann wiederum diejenigen politischen Leitfiguren stärken, die sich ihm widmen. So kommt es häufig vor, dass die Politiker, die von Millionen Menschen ihres Landes inbrünstig gehasst werden, sich stark und unbesiegbar vorkommen und sich bis ins hohe Alter bester Gesundheit erfreuen.

Die in den Massenmedien dauerpräsenten Szenen der Gewalt provozieren negative emotionale Reaktionen, die die Menschen in

Form von Angst, Schmerz und Verzweiflung an ihre Umgebung
weitergeben. Das lässt das entsprechende Energiefeld wiederum
erstarken, und es lässt die Menschen nicht mehr zu einem unge-
störten Leben zurückkehren. Es beginnt, Terroristen, Mörder, At-
tentäter und andere zu bestärken und zu stützen, die mit ihren
Vergehen dann wieder in einer endlosen Schleife den Medien Ma-
terial für den Teufelskreis liefern.

Eines der führenden Energiefelder ist das Energiefeld *des Show-
geschäfts*, das unzählige Menschen unterstützt, die dasselbe denken und fühlen, wenn sie sich für eine Aufführung, einen
Kinofilm oder vor ihren TV-Geräten versammeln. Dieses Energiefeld wird von Millionen Zuschauern energetisch aufgeladen
und beschenkt die Darsteller, die mit ihm verbunden sind, mit
Ruhm und materiellem Wohlstand.

Der Banken-Vergleich

Die Funktion eines Energiefeldes lässt sich mit der einer Bank
vergleichen. Banken sammeln von Einzelpersonen und Firmen
Geld ein, bewahren es für sie auf und bieten unterschiedliche
Dienstleistungen gegen Gebühren an. In unterschiedlichen Ländern haben es die Banken mit unterschiedlichen Währungen zu
tun – Euro, Dollar, Pfund und so weiter –, und sie haben ein Interesse daran, mehr Kunden anzulocken, denn sollte eine Bank
ihre Kunden verlieren, dann geht sie bankrott – egal, wie machtvoll ihr Status vorher gewesen sein mag.

Energiefelder gehen auf dieselbe Weise vor. Sie arbeiten mit unterschiedlichen Formen von Energie – eines sammelt religiöse Energie, ein anderes die der Gewalt, ein drittes Feld die von Sex und
so weiter. Auch Energiefelder haben ein starkes Interesse daran,
immer mehr »Kunden« anzulocken und für sich »abzuwerben«.
Langjährige, gute Kunden werden zudem mit hervorragenden Boni
belohnt. Dabei kann eine Bank nur finanzielle Unterstützung anbieten, Energiefelder jedoch haben vielfältige Dienstleistungen im

Angebot. Sie können Partner- und Stellenvermittlung, Berater, Leibwächter oder etwas ganz anderes sein. Sie müssen jedoch klar für diese Leistungen bezahlen – mit Ihrer Energie.

Sobald Sie und andere die Dienstleistungen eines Energiefeldes nicht mehr in Anspruch nehmen, verschwindet es. Das Beispiel der Energiefelder des heidnischen Glaubens soll das illustrieren. Vor vielen Tausend Jahren waren die Menschen Heiden, was bedeutet, sie beteten nicht einen Gott an, sondern viele. Ihr Energiefeld war sehr mächtig und half seinen Schülern, den Schamanen, stets, Wunder zu vollbringen, Kranke zu heilen und so weiter. Dann aber verdrängten das Judentum, das Christentum und andere monotheistische Religionen die heidnischen Götter. Die Menschen hörten auf, zu den heidnischen Göttern zu beten, und diese verschwanden von der Bildfläche. Modern gesprochen war das Energiefeld des heidnischen Glaubens bankrott.

Derselbe Prozess vollzieht sich auf unserem Planeten und in der subtilen Welt ununterbrochen, und dabei hängt nur sehr wenig von unserer menschlichen Kontrolle ab! Doch indem wir den Mechanismus durchschauen, können wir ihn uns zur Erreichung unserer eigenen Ziele zunutze machen.

Schutzpatrone

Jeder von uns ist in fast jedem Augenblick mit einem oder mehreren Energiefeldern verbunden, ähnlich wie eine Marionette. Bewusst oder unter dem Einfluss anderer Meinungen können wir entscheiden, mit welchem Energiefeld wir uns anfreunden wollen. Ganz ähnliche Prozesse laufen ab, wenn wir uns für einen Beruf, einen Arbeitgeber oder ein Hobby entscheiden, weil jeder dieser Bereiche sein eigenes Energiefeld besitzt.

Wenn Ihr Wächter Sie mit einem bestimmten Energiefeld in Verbindung bringt, dann um Ereignisse in Gang zu bringen, die Ihnen eine Lektion erteilen können. Höhergestellte Energiefelder helfen Ihnen dabei, Ihr Leben in Einklang zu bringen mit der

Regel Nummer eins und Freude, Liebe und andere positive Empfindungen auszukosten. Viele Menschen werden von einem oder
mehreren »hohen« Energiefeldern durchs Leben geführt, die ihnen
bei Entscheidungen und Problemlösungen zur Seite stehen.

Doch es kommt auch nicht selten vor, dass Menschen sich von
»niederen« Energiefeldern leiten lassen. Zu Beginn erregen sie
vielleicht nur deren Aufmerksamkeit, indem sie sich erlauben, in
negativen Gefühlen zu verharren, sobald das Leben ihre Forde-
rungen nicht erfüllt. Doch dann übernehmen die »Niederen«
bald das gesamte Mentoring der Betreffenden, und diese geraten
in große Schwierigkeiten, wenn sie sich irgendwann wieder einmal
von den negativen Energien verabschieden wollen, die ihren
»treuen Einzahler« nicht verlieren wollen.

Genau das kann geschehen, wenn Sie in solch einer Situation
nach vielen Jahren zerrüttender Kämpfe Ihren Feinden aufrichtig
vergeben. Statt »niederenergetischem« Hass lassen Sie nun die
saubere Energie der Liebe und Vergebung in Ihr Herz und Ihren
Verstand fließen. Während der ersten paar Wochen der Transfor-
mation könnte Ihre Lage sich noch verschlimmern, denn Ihr
Energiefeld zieht nun alle Register, um Sie nicht als Energiequelle
zu verlieren. Bleiben Sie aber hartnäckig in Ihrer Verweigerung
von Unzufriedenheit und Hass, dann beginnt es zu verstehen,
dass Sie nicht mehr in den dunklen Pfuhl negativer Gefühle zu-
rückfallen wollen. Bald gibt es auf und verschwindet. Dann wird
Ihr Herz nur noch von reiner Freude beherrscht.

Die Energie der Felder der niederen Ebene ist durchaus machtvoll,
daher haben auch so viele Menschen große Schwierigkeiten, wenn
sie schlechte Gewohnheiten wie Alkohol, Nikotin, Tratsch und
Lästereien, Sexsucht oder Ähnliches aufgeben wollen. Diese Energiefelder versorgen sie mit negativer Energie, die noch mehr
schlechte Gewohnheiten und Vorlieben anzieht. Diese Verbindung kann gekappt werden - aber nur durch eine ganz gezielte
und bewusste Anstrengung.

Die Energie höhergestellter Energiefelder andererseits ist ziemlich unstet. Ihre Hinweise und Lenkversuche sind nur schwer zu enthüllen. Nur wirklich positiv orientierte Menschen können solch subtile Tipps wahrnehmen, weil deren emotionale Körper nicht von den gesammelten negativen Empfindungen der Vergangenheit verschmutzt sind. Doch Sie haben stets Gelegenheit, in ihr Reich zurückzukehren – besonders gut gelingt das mit den Leitgedanken und Übungen aus diesem Buch.

Versuchen Sie selbst herauszufinden, unter wessen Einfluss Sie zurzeit stehen. Welches Energiefeld steht gerade jetzt im Moment mit Ihnen in Kontakt, während Sie dieses Buch lesen? Welches Feld lockt Sie möglicherweise in fünf Minuten von der Lektüre weg und verwickelt Sie in andere Beschäftigungen? Das ist nicht schwer zu erraten, wenn Sie Ihre Gedanken und Gefühle genau beobachten. Ergreifen Sie bewusst die Gelegenheit, die Energiefelder zu beaufsichtigen, die Sie Tag für Tag beherrschen und mit Informationen, Gedanken und Gefühlen versorgen. Sind Sie froh über diese Verbindungen? Stehen Sie in Kontakt mit genügend Energiefeldern von höheren Ebenen? Wenn nicht, sorgen Sie selbst dafür!

Zweites Prinzip: Einen Berg nach dem anderen erklimmen

Das zweite Prinzip lautet: »Erklimmen Sie immer einen Berg nach dem anderen.« Oder: »Laufen Sie in nur eine Richtung.«

Menschen sehnen sich nach so vielem, dass sich ihr Fokus im Verlauf eines einzigen Tages sehr häufig ändern kann. Daher bleibt den ihnen wohlgesonnenen Energiefeldern auch nur wenig Zeit, einen Traum zu erfüllen, weil sie meist bereits mit der nächsten Forderung beschäftigt sind – im ungünstigsten Fall ein ganzes Leben lang.

Multiple Wünsche

Wenn Sie Ihre Gedanken und Wünsche über einen bestimmten Zeitraum hinweg verfolgen, finden Sie vermutlich heraus, dass Sie alles auf einmal wollen: Ruhm, Geld, Luxuswagen, Traumvilla und teure Kleidung, Flachbildfernseher in Übergröße, dem Chef einen Streich spielen, ein heißes Date und so weiter. All diese Begehrlichkeiten kommen durch einen ständigen Fluss neu eintreffender Informationen bei Ihnen zustande. Sie werden in rascher Folge durch neue Wünsche ersetzt, diese durch wieder andere und so weiter. Das bedeutet, Ihre Bedürfnisse sind nicht ihrer Priorität nach geordnet, und Sie versuchen (bildlich gesprochen), in alle Richtungen gleichzeitig zu rennen.

Machen Sie sich einmal die Mühe, sich an die ganze Liste aller Wünsche zu erinnern, die Sie heute, gestern, letzte Woche, letzen Monat beschäftigt haben. Schreiben Sie alle auf. Welche davon sind durchgängig vertreten? In welcher Form (positiv/negativ) haben Sie diese Wünsche zum Ausdruck gebracht? Durch diese einfache Liste wird Ihnen bereits klar, wie schwer es Ihre Energiefelder haben, Ihnen zu helfen. Kein Schutzpatron kann in alle Richtungen gleichzeitig wirken und Ihnen alle Wünsche gleichzeitig erfüllen. Dafür reicht auch seine Energie nur dann, wenn er dafür in der Qualität der Wunscherfüllung zurückstecken würde – und das tun Energiefelder nicht! Sie hingegen unterstützen es mit Ihrer Energie kaum noch, da Ihre Gedanken nicht länger als fünf Minuten bei einem Ziel verweilen.

Entscheiden Sie sich für einen Wunsch (oder zumindest mehrere aus derselben Wunschrichtung), und vertrauen Sie Ihrem Energiefeld Ihre Energie an, um nur diese ganz besonders wichtigen Bedürfnisse zu bedienen. Um es nicht abzulenken und ihm nicht im Weg zu stehen, halten Sie derweil Ihre anderen Wünsche bewusst zurück. Stellen Sie sich innerlich einen einzigen Berg vor, und malen Sie sich möglichst genau aus, wie Sie ihn erklimmen. *So mühelos, wie Sie diesen Gipfel dann erreichen, stellen Sie danach vielleicht sogar fest: Den nächsten brauchen Sie sich nicht einmal mehr vorzunehmen!*

Drittes Prinzip: Mit dem Strom schwimmen

Diesem Prinzip zufolge wählen Sie aus Ihrem Wunschzettel den Wunsch aus, der sich im Moment am leichtesten erfüllen lässt.

Sie sind nicht allein

Sie sind nicht der Einzige auf der Welt, der versucht, sich einen Wunsch zu erfüllen. Wenn Sie eine gut bezahlte neue Arbeitsstelle finden wollen und dafür sogar all die Techniken in diesem Buch anwenden (also positiv denken und handeln und die Hilfe des Lebens und Ihres Energiefeldes auf die richtige Weise erbitten), dann stellt sich der neue Traumjob dennoch nicht zwingend sofort ein. Das liegt daran, dass es neben Ihnen noch Milliarden andere Menschen auf der Welt gibt, die sich ihrerseits in diesem Moment etwas wünschen – sie suchen nach etwas, und sie verhalten sich entsprechend. Das tun sie mehrheitlich ohne Verstand und System, unermüdlich in alle Richtungen gleichzeitig hetzend. Ihrem umfangreichen Wunschzettel entsprechend ist das Energiefeld schwer unter Druck, seine Arbeit zu tun, und all das Gerenne und Geschiebe behindert Ihr Energiefeld und Ihren persönlichen Fortschritt.

Ströme subtiler Energie

Das soll nicht heißen, in der subtilen Welt geschähe alles ohne jegliche Rücksicht auf die irdischen Bestellungen. In Wirklichkeit sind große Menschengruppen, die an eine Idee glauben oder durch einen gemeinsamen, gut durchdachten Plan verbunden sind, zweckgerichtete Energieströme beziehungsweise Energiefelder, welche den Aufstieg und Fall von Imperien und Staaten, das Auf und Ab auf dem Wirtschaftsmarkt oder den Aufbau gigantischer

Unternehmen lenken. In der subtilen Welt existieren also höchst kraftvolle Ströme aus Energie, an denen Sie sich besser nicht direkt beteiligen, wenn Sie Ihre eigenen Wünsche erfüllen wollen. Geschickter ist es, mit diesen unsichtbaren Strömungen zu schwimmen und ihre Macht zum größtmöglichen eigenen Vorteil zu nutzen. Das ist die Hauptbotschaft unseres dritten Prinzips: *Schwimmen Sie mit dem Strom!*

Wie aber sollen Sie das bewerkstelligen? Sie können die Energieströme der subtilen Welt ja wie gesagt nicht sehen, können folglich auch nicht erkennen, wo sie heute fließen und wohin sie morgen umgeleitet werden. Was also tun?

Energieströme finden und nutzen

Auf diese komplexe Frage gibt es eine recht einfache Antwort: Lauschen Sie den Signalen des Lebens, und tun Sie das, was Ihnen heute mühelos erscheint. Sie alle haben jede Menge Dinge zu erledigen. Immer wieder müssen Sie sich entscheiden, was Sie heute, morgen oder in ein paar Monaten erledigen müssen. Tun Sie das Einfachste davon zuerst – sofern das nicht mit offiziellen Terminverpflichtungen in Konflikt gerät. Sie sollen beispielsweise jemanden treffen und ihm eine Antwort entlocken, doch Sie scheinen ihn nie erreichen zu können – immer ist er gerade auf Geschäftsreise, in einem Meeting, krank oder zu Tisch. Das bedeutet eine Warnung vom Leben, dass Ihre Interaktion mit ihm unerwünscht oder nutzlos wäre und Ihnen ohnehin nicht die erwünschten Ergebnisse bringen würde. Sie können natürlich hartnäckig bleiben, ihn zu Hause aufsuchen und dort im Schlafsack kampieren, bis sie ihm endlich gegenüberstehen – das Ergebnis der Unterredung wird Sie wahrscheinlich dennoch enttäuschen. Wir empfehlen Ihnen, wenn Sie in solch einer Sackgasse angekommen sind, eine neue Entwicklung derselben Angelegenheit abzuwarten oder einen anderen Weg zu den erwünschten Resultaten zu suchen – über Kontaktleute, soziale Medien oder Ähnliches.

Wenn Sie gegen den Strom schwimmen

Falls Sie beschließen, dass Sie es lieber mit dem Kopf durch die Wand versuchen möchten, nimmt das kein gutes Ende! Das liegt daran, dass Ihnen das Leben anhand all der Hindernisse, die Ihnen begegnen, aufzeigen will, was Sie noch nicht vorausgesehen oder bedacht haben. Sie erhalten so gerade eine deutliche Ansage vom Leben, dass Sie Ihre Ziele dieses Mal nicht erreichen werden, wenn Sie auf dem eingeschlagenen Weg bleiben.

Natürlich haben Sie nach wie vor das Recht, Ihre eigenen Regeln zu erfinden und sich damit auszuprobieren, selbst gegen zahlreiche Hindernisse. Das nennen wir Hartnäckigkeit. Dennoch würde solch ein Verhalten in dem Fall bedeuten, dass Sie die Zeichen des Lebens nicht zu entziffern bereit sind und sich nur auf sich selbst verlassen wollen. Noch einmal: Das Recht dazu haben Sie. Aber dann müssen Sie sich klar machen, dass Sie wirklich allein sind und das Leben Ihnen *nicht* durch etwas Glück hilft. Daher möchten wir ein so stures Vorgehen auch niemandem empfehlen. Wer weiß, welches unerwünschte Ergebnis Sie damit heraufbeschwören?

Subtile Signale erkennen

Sie können leicht selbst erkennen, ob Sie mit dem oder gegen den Strom schwimmen, wenn Sie genau auf die Ereignisse und Umstände, die das Thema Ihres Wunsches betreffen, hören. Sagen wir einmal, Sie möchten jemanden am Telefon erreichen, erhalten aber jedes Mal nur das Besetztzeichen. Oder Sie erreichen ihn endlich, aber er hat diesen für Sie wichtigen Anruf überhaupt nicht erwartet – das *ist* ein Zeichen, das Sie ernsthaft berücksichtigen sollten. Natürlich sollten Sie nicht gleich nach dem ersten Besetztzeichen aufgeben und auflegen. Wir wissen wie jeder andere, dass zur Zielerreichung im Leben Schwierigkeiten und Hindernisse aus eigener Kraft überwunden werden müssen. Dennoch: Rennen Sie nicht gegen geschlossene Türen an, sondern halten Sie Ausschau nach offenen nebenan. Der Informationsfluss des Lebens strömt ständig auf uns ein, doch die wenigsten sind in der Lage, ihn zu entschlüsseln und somit für sich günstige Entscheidungen zu treffen. Ein weiteres Beispiel: Sie wollen etwas kaufen, steigen in den Wagen und fahren in die Stadt zum Geschäft, aber alle Ampeln auf dem Weg sind rot; eine Umleitung hält Sie auf, oder Sie entgehen nur knapp einem Unfall. Vielleicht will Ihnen das Leben hier mitteilen, dass Sie den gewünschten Artikel nicht zu kaufen brauchen, dass Sie ihn schlicht nicht nötig haben, er ohnehin ausverkauft ist oder Ihre Erwartungen nicht erfüllen wird. Aller Wahrscheinlichkeit nach bekommen Sie, wenn Sie den Artikel doch noch kaufen, tatsächlich später Probleme damit. Solche und ähnliche Signale erreichen Sie ständig und von allen Seiten. Sie müssen nur noch die Fähigkeit entwickeln, auf sie zu achten!

Welche Signale sind wichtig?

Möglicherweise bewegt Sie nun die Frage: Auf welche Signale soll ich eigentlich achten? Wenn ich das Haus verlasse und es beginnt zu regnen, ist das dann ein Zeichen, dass ich besser wieder hineingehen sollte? Aber nein, niemand sollte eine Paranoia entwickeln, indem er oder sie versucht, jedes auch nur mögliche Stückchen an Lebensinformation zu entschlüsseln. Sie müssen nur auf die *offensichtlichen und starken Signale* achten, die Ihren inneren Widerstand oder Ärger provozieren. Wenn Sie bis zur Aggressivität gereizt sind, weil Sie an jeder einzelnen Ampel warten müssen, *dann* können Sie ein Zeichen erwägen.

Das Kriterium für die Authentizität der Signale des Lebens liegt bei Ihrem Körper- und Gefühlsempfinden in Form von beispielsweise Unzufriedenheit oder Ärger. Was keine starken Emotionen in Ihnen auslöst, können Sie getrost ignorieren. Wenn Sie aber offensichtliche und starke Signale einfach übergehen, dann erzeugen Sie in sich unnötige negative Emotionen, die Sie an Ihrer Wunscherfüllung hindern und für die Sie allein verantwortlich sind. Wenn Sie aber das dritte Prinzip zur Ereignisgestaltung in Ihrem Leben anwenden und dabei alle Widerstände und Konflikte minimal halten, dann haben Ihre Energiefelder es leicht, Ihnen zu helfen und für erwünschte Resultate sowie für anhaltendes Glück zu sorgen.

Viertes Prinzip: Das Energiefeld ist Ihr Freund

Dieses Prinzip empfiehlt Ihnen, niemals Ihre Schutzpatrone zu vergessen, ob Sie sie nun gerade um Hilfe bitten oder nicht.

Dem Energiefeld helfen

Wie schon erwähnt stehen Sie, ob Sie es nun absichtlich tun oder nicht, in Verbindung mit mehreren Energiefeldern, die Sie im Lauf Ihres Lebens durch Ihre Prägungen, Erziehung, Berufe, Interessen und so weiter erschaffen haben. Jedes dieser Felder hilft Ihnen dabei, mit Ihren Fähigkeiten, Interessen und Plänen Erfolg zu haben. Das bedeutet nicht, dass Sie dem Energiefeld nicht auch Ihrerseits helfen sollten, seine Kraft und Macht weiterzuentwickeln, da es ja durch Ihre Gedanken und Gefühle genährt wird. Wenn Sie also aus eigenem Antrieb den Kanal reinigen, der Sie beide verbindet, und Ihrem Energiefeld Ihre Zuneigung und Dankbarkeit deutlich zukommen lassen, schützt und versorgt es Sie noch kraftvoller.

Wir möchten Ihnen sehr ans Herz legen, sich *mit Ihrem Energiefeld beziehungsweise mit Ihrem Helferteam gut anzufreunden!* Denken Sie oft an es, fragen Sie es um Rat, suchen Sie nach möglichen Botschaften von ihm für Sie und halten Sie Ausschau nach den Resultaten seiner Beteiligung an Ihrem Leben. Scheuen Sie auch nicht davor zurück, sich in allen Fragen an es zu wenden, da es in der subtilen Welt lebt, kennt es ohnehin Ihre Vergangenheit, Gegenwart und Zukunft in allen Facetten. Seine Antworten mögen sich in Form von zarten Gedankenmustern, die sich in

Ihr Bewusstsein stehlen, zeigen, durch eine Stelle in der Zeitung, die Ihnen auf einmal ins Auge sticht, durch auffällige Szenen im Fernsehprogramm oder durch die laute Unterhaltung zwischen zwei Ihnen Unbekannten auf der Straße.

Formen der Hilfe

Ihr Energiefeld existiert nicht in materieller Form; es kann Ihnen den Geschäftsbericht über seine Tätigkeiten in Ihrem Leben nicht in schriftlicher Form überreichen. Wären wir Menschen übersinnlich begabt und fähig, unseren Geist völlig zu leeren und zu beruhigen, dann könnte Ihr Helferteam die gesuchte Information einfach abrufbereit dort ablegen wie ein PDF zum Download auf einer Website. Doch die meisten Menschen sind nicht übersinnlich begabt. Ihre Körper sind durch Fleisch- und Alkoholgenuss, durch Nikotin und Medikamente vergiftet und ihr Geist ist zahllosen Leidenschaften hörig, die alle eine klare innere Stimme übertönen.

Also bedienen sich die Energiefelder komplizierterer Arrangements, um Sie an die erwünschte Information heranzuführen. Wenn es Ihre Anfrage erhalten hat, kann das Feld die Ereignisse der nahen Zukunft Ihres Lebens vorhersehen, ein Element oder Ereignis daraus auswählen, das Ihnen zurzeit am hilfreichsten wäre, und dieses Element in Form von Gedanken, Textzeilen, Gesprächsfetzen und so weiter an Sie versenden. Sind Sie in diesem Moment aufgeschlossen und bereit zum Empfang, dann können Sie in eine fruchtbare Kommunikation mit Ihrem Energiefeld treten. Eine solche Verständigung bringt Ordnung in Ihr Leben. Dafür müssen Sie lernen, Ihre Probleme Ihrem Helferteam zu überantworten und darauf zu warten, dass es eine Lösung dafür anbietet. Dabei ist es von entscheidender Bedeutung, entspannt zu bleiben und daran zu glauben, dass all Ihre Schwierigkeiten gelöst werden.

Gläubige in aller Welt nutzen diesen Mechanismus, wenn sie sich mit ihren Sorgen an Gott selbst oder an die Heiligen wenden.

Gott ist allmächtig, und wenn man ihn um etwas bittet, dann gewährt er es auch. Wenn ihm das nicht gelingt, dann keinem! Dieser Gedanke hilft vielleicht, die Wartezeit bis zur Auflösung Ihrer Sorgen und Ängste entspannter zu verbringen. Wenn Sie selbst positiv denken, dann gestalten Sie mithilfe Ihres Energiefeldes schließlich auch Ihr erwünschtes Ereignis.

Dem zweiten Prinzip zufolge sollten Sie Ihr Energiefeld mit nicht zu vielen Wünschen auf einmal behelligen, damit seine Hilfestellung nicht »verdünnt« und damit weniger effektiv ausfällt. Bauen Sie Ihr Leben lieber auf dem dritten Prinzip auf, und vergessen Sie die ständig neuen Wünsche. Belasten Sie Ihr Energiefeld nur mit den wichtigsten Themen, die es schnell und bestmöglich lösen muss. Lassen Sie sich nicht entmutigen, wenn die Entwicklung des erwünschten Ereignisses nicht so aussieht wie vermutet: Ihr Helferteam weiß besser als Sie, wie es den Plan zur Ausführung bringt. Und falls Sie einmal unzufrieden mit der »Auslieferung« ihrer »Bestellung« sein sollten, denken Sie daran, dass Ihnen hier vielleicht das Leben selbst mitteilt, dass Ihre Wünsche falsch oder hinderlich sind.

Glückstage

Sie kennen sicher wie alle Menschen Tage, an denen es scheint, als hätten sich Ihre Probleme von selbst gelöst. Diese Tage sollen Ihnen zeigen, wie nah Sie Ihren Energiefeldern von Zeit zu Zeit kommen. An diesen Tagen schwimmen Sie mit dem starken Energiestrom Ihres Feldes, der zu Ihren Gunsten arbeitet. Leider gibt es nicht allzu viele dieser Tage. Wenn Sie jedoch lernen, ordentlich mit Ihrem Energiefeld zu kommunizieren und es stärken, dann erhöht sich die Anzahl dieser Tage auf einmal drastisch, und Sie können ruhigen Gewissens etliche Ihrer Probleme auf den nächsten »Glückstag« verschieben, an dem sie sich dann von allein verabschieden werden.

Optionen vorbehalten

Versuchen Sie, möglichst keine Chance auszuschlagen. Wenn Sie die Möglichkeit haben, Ihre Arbeitsstelle zu wechseln oder eine neue Bekanntschaft zu schließen, wenn Sie das Angebot für eine unerwartete Reise bekommen oder Ihnen ein Geschenk gemacht wird, schlagen Sie es nicht voreilig aus! Wir sind in der Regel daran gewöhnt, Entscheidungen auf rein logischen Begründungen aufzubauen und allein mit der linken, rationalen Hirnhälfte zu entscheiden. Dabei wäre es gut, wenn wir häufiger auf spontane Emotionen, Bauchgefühle oder scheinbar unlogische Ahnungen hören würden – damit wir uns später nicht vorwerfen müssen, eine gute Gelegenheit aus Vernunftgründen ausgeschlagen zu haben. Wer weiß, vielleicht hat Ihr Energiefeld Sie damit auf einen lang gehegten Wunsch aufmerksam machen wollen und bietet Ihnen nun endlich Gelegenheit zu dessen Erfüllung! Verderben Sie sich das nicht!

Sollten Sie trotz der Einwände des Verstandes eine Gelegenheit wahrnehmen, und diese entpuppt sich als Fehler oder endet im Chaos, dann war es nicht Ihr Weg. Vielleicht hat Sie da ein fremdes Energiefeld für seine Pläne einspannen wollen, oder Ihr eigenes Feld sendet Ihnen aktualisierte Informationen zu, dass es nun doch besser für Sie ist, den ganzen Plan abzublasen.

Abschließend noch einmal die Ermahnung: Geben Sie sich immer zumindest *etwas* Mühe, Informationen über neue Optionen zu dekodieren, bevor Sie sie ablehnen, damit Sie nur keine Chance verpassen!

Vorteile einer Freundschaft mit Ihrem Energiefeld

Menschen, die in gutem Kontakt zu ihren Energiefeldern stehen und ihnen voll vertrauen, sind friedliebend und ruhig. Sie hegen keine unvernünftigen Ängste über die politische oder wirtschaftliche Lage, ein unzureichendes Gehalt oder Ähnliches mehr. Sie haben den Irrglauben an die totale Kontrolle über das eigene

Leben aufgegeben und sind froh und dem Leben aufrichtig dankbar.

Solche Menschen werden vom Leben reich belohnt: Sie erhalten eine gut bezahlte neue Stelle, bekommen alle Darlehen zurück, bleiben dem Gesetz treu, kaufen nie ein Flugticket für ein Flugzeug, das abstürzen wird ... – sie sind Glückskinder!

Fünftes Prinzip: Stark sein

Das fünfte Prinzip legt Ihnen nahe, auf Ihrem Weg zum Lebenserfolg mentale (am besten natürlich auch physische) Stärke zu bewahren. »Mentale Stärke« bedeutet dabei auch, die sehr subtile Energie, die in der Luft liegt und die von anderen Menschen, der Natur, Energiefeldern, dem Universum und anderen Quellen ausgestrahlt wird, aufzunehmen und zu nutzen. In anderen Systemen heißt diese Energie »Chi«, »Prana« oder »Biophotonen«.

In der modernen technisierten Gesellschaft, die die Kraft der Menschen bewusst klein hält, fällt es schwer, effektive Wege zur Weiterentwicklung dieser Energie zu finden, welche unsere Wahrnehmung und Gesundheit verbessern könnte. Die energetischen Fähigkeit des technisierten Menschen sind sehr begrenzt. Arbeiten Sie dennoch stets an Ihrem Energiestatus. Er bestimmt Ihre innersten und äußersten Gedanken und Emotionen, identifiziert Ihre Energiefelder und legt die Geschwindigkeit für die Erfüllung Ihrer Bedürfnisse und Wünsche fest.

Wer führt Ihre Befehle aus?

Wenn Sie mit den Energiefeldern der niederen Ebenen (Gewalt, Drogen und so weiter) in Kontakt stehen, stehen diese Ihnen ganz zu Diensten. Sie schicken Sie auf Tour in einem Teufelskreis, bei dem Sie sofort, nachdem Ihnen ein Wunsch erfüllt wurde, direkt wieder zum selben Wunsch zurückkehren müssen.

Durchschnittspersonen ohne spezielle Abhängigkeiten haben es meist mit Energiefeldern der mittleren Ebene zu tun, die sie mit moderaten Lebensbedingungen (ein Haus, ein bis zwei Autos, höherer Schulabschluss, übliche Hobbys, gesunde Familie und so weiter) versorgen. Diese Menschen stehen unbewusst in Kontakt zu ihren Energiefeldern. Sie fühlen nichts Ungewöhnliches in Bezug auf andere Menschen und wollen auch nichts Neues in ihrem Leben erschaffen. Sie sind zufrieden mit ihrem Lebensstil und sicheren Einkommen in einem Durchschnittsjob. Diese Kategorie steht für die Mehrheit der Bevölkerung in wirtschaftlich entwickelten Regionen.

Anderen reicht solch eine Durchschnittsexistenz nicht aus, und sie versuchen, in vielen Aspekten ihres Lebens etwas Besonderes zu schaffen. Wieder andere spüren Wohlwollen und Liebe gegenüber allen Menschen, Tieren und der Natur – solche Menschen unterstehen dem besonderen Schutz der höher gestellten Energiefelder, denen der Kreativität, Wissenschaft, Gnade oder Liebe. Und zu guter Letzt gibt es diejenigen, die ihrem Glauben dienen (hiervon ausgenommen seien ausdrücklich Sekten, die ihre Anhänger zu sich locken und sie zu hörigen Zombies umprogrammieren) und die Fähigkeit besitzen, mit den höchsten und mächtigsten Energiefeldern zu interagieren. Solche Ausnahmen können Wunder vollbringen – und ihr Stressakkumulator ist verständlicherweise stets fast leer. Menschen, die mit den höchsten Energiefeldern in Verbindung stehen, bilden eine Gruppe machtvoller Ereignisgeneratoren. Einerseits werden sie nicht von den Sorgen einer Durchschnittsexistenz (Geld, Luxus, Macht, Beziehungen und so weiter) geplagt, wenn sie ihre Schutzpatrone kontaktieren. Andererseits steht ihnen tatsächlich die Möglichkeit offen, »alles, was das Herz begehrt«, zu erhalten. Doch weder ihr Herz noch ihre Seele begehren noch viel.

Energiestöße

Die Leser, denen jetzt klar geworden ist, dass sie noch ein ganzes Stück vom Status eines Ausnahmemenschen entfernt sind, müssen sich aber nicht allzu sehr sorgen. Um zu einem Ereignisgenerator zu werden, der seine Realität selbst gestaltet, müssen Sie nicht unbedingt unablässig ein starkes Energiefeld um sich haben. Ein solches brauchen Sie nur in dem Augenblick, wenn Sie Ihre Ziele formulieren und die Bestellung an Ihr Energiefeld senden.

Gewöhnliche Menschen sammeln von Zeit zu Zeit durchaus auch Pools an solcher Energie an. Leider jedoch verspüren sie sie nur während besonders heftiger Gefühlsausbrüche, die in der Regel von der Furcht vor einer großen Bedrohung verursacht werden. Dummerweise denkt jemand, der mit Rekordgeschwindigkeit einen Baum erklimmt, weil ein bissiger Hund hinter ihm her ist, nicht daran, dass er in genau diesem Moment einen so hohen Status an vitaler Energie in sich vereint, dass er sie, wenn er sie jetzt an die höheren Mächte schicken würde, nutzen könnte, um seine tiefsten Wünsche wie Lottogewinne oder Traumjobs zu verwirklichen.

Ähnliche Energiestöße finden in Augenblicken der überwältigenden Freude, Liebe oder auch Wut statt. Doch auch während solcher Momente erinnern sich die Menschen nicht an ihre Lebensprobleme und Bedürfnisse, sondern überlassen sich ganz und gar dem Strudel der Gefühle. Das Paradox liegt hier in dem Umstand, dass Menschen, die im Geist ständig mit ihren drängendsten Bedürfnissen beschäftigt sind, gar nicht mehr in der Lage sind, so leidenschaftliche Augenblicke der Emotion überhaupt zu verspüren, und daher nie Gelegenheit haben, über ausreichende Mengen an Energie für ihre Wunschbestellung zu verfügen. Dennoch liegt in diesem Zusammenhang der Schlüssel zur Akkumulation eines nützlichen Energiefeldes.

Wir wollen Ihnen besonders ans Herz legen, die Energiestöße während Ihrer sexuellen Kontakte für die Erschaffung der erwünschten Ereignisse in Ihrem Leben zu nutzen. Einer der Sexualpartner (eventuell der weniger emotional veranlagte) könnte bei der intimen Begegnung mit dem/der Partner/in dann auch an eine gemeinsame »Bestellung« denken. Die Energiewelle im Moment des sexuellen Höhepunktes kann zu einem wirkungsvollen Träger an die Energiefelder aus den Bereichen Sex, Liebe und Beziehung werden.

Energie sammeln

Wie schon erwähnt, hat ein normaler Mensch in dieser Welt meist nur wenig Energie zur Verfügung, problembelastet und von Krankheiten und Bewegungsmangel geplagt, wie er ist. Das geistige Signal, das Sie im Normalfall an Ihr Helferteam aussenden, ist also schwach und geht in Millionen ähnlicher Signale leicht verloren. Wenn Sie sicher sein wollen, dass Sie gehört werden, *rufen Sie lauter als die anderen!*

Das erreichen Sie, wenn Sie Ihren inneren Empfindungen, Sorgen und fruchtlosen Gedankengängen, die Ihnen viel vitale Energie rauben, Einhalt gebieten. Sie müssen sich ganz bewusst »aufladen« und diese Energie dann für die Wunschübermittlung an Ihr Energiefeld verwenden. Wenn Ihr Signal laut genug ankommt, lässt Ihr Team alles stehen und liegen, nur um Ihre spezielle Bestellung auszuliefern. Das ist nun leichter gesagt als getan, aber versuchen Sie es. Arbeiten Sie an sich, und denken Sie ans fünfte Prinzip: Stark sein!

Sie sollten Ihre Energie sammeln und dann gebündelt für Ihre besonders angepeilten Ziele verwenden, denn um sich mit einem Wunsch ans Universum zu wenden, brauchen Sie die größte verfügbare Menge an Energie. Körperenergie lässt sich gut durch Yoga oder andere sportliche Übungen steigern. Oder Sie sammeln so viel Energie wie möglich für einen bestimmten Zeitpunkt an und verwenden sie dann zum passenden Zeitpunkt auf Ihre Anfrage. Je »energischer« Sie vorgehen, desto schneller lassen sich Ihre Träume verwirklichen.

Sechstes Prinzip: Nur nichts übelnehmen

Das sechste Prinzip kennen Sie bereits vom Anfang des Buches her: Seien Sie nicht gekränkt, wenn Ihr Leben sich nicht ganz so entwickelt, wie Sie wollen – sonst stören Sie nur die Pläne anderer bei ihrer Erfüllung, und alles Pech, was Sie ab dann nur noch stärker verfolgen wird, ist die Strafe dafür.

Sie mögen das Gefühl haben, dass Sie das Pech überallhin verfolgt, aber sehen Sie es einmal von einer anderen Warte aus: Vielleicht wurden die Umstände, über die Sie sich heute beklagen, speziell für Sie geschaffen, damit Sie lernen, mit ebensolchen Situationen umzugehen. Diese Fähigkeit wird Ihnen in Zukunft dabei helfen, erfolgreich zu sein. Manchmal geht es auch darum, dass Ihre Wünsche vielleicht viel größer sind als Ihr gegenwärtiges Potenzial, und Sie könnten sie in absehbarer Zeit gar nicht einfach umsetzen. Beispielsweise wenn Sie Vorstandsvorsitzender Ihres Unternehmens werden wollen, gleichzeitig aber eher eine schüchterne Persönlichkeit und keine besonderen organisatorischen Fähigkeiten besitzen, wäre die effektivste Lösung für Sie zu lernen, Ihre Wünsche der Realität anzupassen.

Glauben Sie nur Ihrem Schicksal, und nehmen Sie dankbar alles an, was Ihnen widerfährt. Werfen Sie unter keinen Umständen irgendjemandem etwas vor, wenn Ihr Leben anders als geplant verläuft. Auf diese Weise halten Sie sich an Regel Nummer eins, und das Glück wird Sie letztendlich belohnen.

Misserfolg als Retter

Sehr häufig rettet uns das Leben durch kleinere Hindernisse oder Schwierigkeiten vor wesentlich größerem Unglück. Doch wir neigen selbstsüchtig dazu, das zu übersehen und auch die kleinen Hindernisse als unsagbares Elend zu empfinden.

Stellen Sie sich vor, Sie werden krank und können deshalb nicht zu einem wichtigen Termin oder einer für Sie vielversprechenden Verabredung erscheinen. Das betrachten Sie dann als echte Zumutung des Lebens an Sie, dabei hat das Leben Sie in Wirklichkeit vor viel größerem negativen Stress durch Misserfolg oder Ablehnung bewahrt. Es ist möglich, dass Sie große Erwartungen an dieses Treffen geknüpft hatten, während es aber in Wirklichkeit zu einer Geschäftsinsolvenz oder einer kränkenden Zurückweisung geführt hätte. Das, was Sie ohne den nötigen Abstand also als Unglück betrachten, ist in Wirklichkeit Ihr Glück – nur Sie erkennen es nicht.

Auch wenn es schwerfällt, diesen nötigen Abstand zu gewinnen: Das Vertrauen auf den Verlauf der Ereignisse lässt sich auch erlernen – und Anzeichen für Gutes oder Vorteilhaftes können Sie in jedem Ereignis suchen und finden.

Die Einstellung zählt

Zu diesem Prinzip gehört auch die Maxime, die Menschen in Ihrer Umgebung nicht grob, rücksichtslos oder herablassend zu behandeln. Nehmen wir an, Sie seien ein Manager, der einen scheinbar leistungsschwachen Angestellten entlassen will. Sie tun sich einen größeren Gefallen, wenn Sie den Betreffenden zunächst auf dessen Fehler aufmerksam machen und sanft auf den Gedanken vorbereiten, dass er seinen Arbeitsplatz wird wechseln müssen, wenn er sich nicht bessert. Brechen Sie die Beziehung nicht einfach abrupt oder gar schroff ab, sonst schaffen Sie eine negative Energiewelle, die Sie auf ihrem Weg zurück vielleicht noch mit sich reißt!

Alles ist miteinander verbunden! Wenn Sie daher grob oder abweisend zu jemandem sind oder herablassend über ihn hinweggehen, weil sich diese Person Ihrer Ansicht nach inkorrekt verhält, dann maßen Sie sich das Instrumentarium der »erzieherischen« Lebensmaßnahmen an. Doch *jeder* Mensch, egal, was wir persönlich von ihm halten, ist durch energetische »Schnüre« mit den höheren Mächten verbunden – mit seinen Energiefeldern der Familie, der Arbeit, der Freizeit, der Religion, des Sex und so weiter.

Sämtliche seiner Handlungen sind das Resultat einer integrierten oder auch gesonderten Funktion seiner Energiefelder. Und jedes dieser Felder hat seine eigene Agenda dafür, wie es die betreffende Person in Zukunft lenken will. Wenn Sie sich dieser Person gegenüber nun feindselig verhalten, stören Sie diese Verbindung und straffen oder zerreißen bestimmte Energieschnüre. Dass Sie so ihre Pläne bezüglich ihres Menschen durchkreuzen, erzürnt die Energiefelder. Viele von ihnen wenden sich nun Ihnen zu, um Sie für Ihre Einmischung zu bestrafen. Und für solche Strafen steht ihnen ein breites Instrumentarium zur Verfügung.

Erinnern Sie sich noch, wie Sie das letzte Mal eine Liebesbeziehung zurückgewiesen oder beendet haben? Hatten Sie vielleicht schon bald danach ein Problem, das Sie nicht einmal mit der kaputten Beziehung in Verbindung gebracht haben? Denken Sie einmal zurück, und bewerten Sie Ihre Beziehungsverläufe nach diesen neuen Gesichtspunkten. Sie finden den Zusammenhang bestimmt.

Wir raten Ihnen: Denken Sie bei jeder Art von Beziehung zu anderen Menschen (Freunde, Kollegen, Zufallsbegegnungen) an das sechste Prinzip. Und beachten Sie, dass es auch im umgekehrten Fall gilt: Sobald Sie sich schwere Selbstvorwürfe machen oder sich selbst erniedrigen, stören Sie die Pläne Ihrer eigenen Energiefelder.

Siebtes Prinzip: Das Universum hat nur Ihre Hände

Ihre Gedanken sind wertvoll, besonders dann, wenn Sie Ihre mentalen Prozesse im Bereich der Ereignisgestaltung bewusst ordnen und reflektieren. Doch Denken allein reicht nicht aus. Sie müssen die Schritte auf dem Weg, den die höheren Mächte Ihnen weisen, auch tatsächlich tun!

Menschen als Hände der Energiefelder

Energiefelder bestehen unter anderem aus der feinstofflichen Substanz, die als Produkt unserer Gedanken und Gefühle entsteht. Diese Substanz ist sehr empfindlich und fragil und nicht in der Lage, auch nur ein Staubflöckchen in der Luft zu halten. Die Energiefelder brauchen also unsere Hände, die der Menschen in der wirklichen Welt, als Instrumente.

Um ein Ereignis zu formen, plant das Energiefeld – oder nennen wir es hier besser: unser Helferteam – zunächst jeden Schritt, dann sucht es die schuldigen Verursacher des fraglichen Verstoßes auf und regt sie zu einigen Taten an, die den Plan zum Vollzug bringen. Das ist gar nicht so einfach, denn die Menschen widersetzen sich manchmal hartnäckig ihren ureigensten Ideen. Auf diese Weise kann sich die Umsetzung Ihres spezifischen Ereignisses eine ganz Weile hinziehen – besonders wenn Sie Ihrem Team nicht tatkräftig dabei helfen.

Das siebte Prinzip möchte Sie daher dazu ermuntern, Ihr Energiefeld zu unterstützen.

Beispiele aus dem realen Leben

Sagen wir, Sie suchen einen Ehepartner. Unserer Methode zufolge haben Sie das Bild von ihm und wie sie ihn finden bereits geistig heraufbeschworen und warten nur noch darauf, dass Ihre Bestellung ausgeführt wird. Das kann nun auch wirklich sehr rasch geschehen, besonders wenn Sie Ihrem Energiefeld aktiv dabei behilflich sind. Es kann einen passenden Ehepartner finden und das Treffen zustande kommen lassen, aber Sie selbst müssen die Gelegenheit dazu aktiv suchen: treten Sie Vereinen bei, fahren Sie in Club-Urlaub, gehen Sie aus, auf Partys, Konzerte oder an andere Orte, an denen Ihr Helferteam für Sie und Ihren Traumpartner erfinderisch tätig werden kann. Wenn Sie nur zu Hause sitzen und die Gesellschaft passender Menschen meiden, wie soll Ihr Partner dann zu Ihnen finden?

Dasselbe gilt für alle Bestellungen. Ihr Helferteam um Geld zu bitten, ist kaum sinnvoll, wenn Sie anschließend zu Hause sitzen bleiben und auf einen Geldboten mit Tausend-Euro-Scheinen an Ihrer Tür warten. Für ein dermaßen unwahrscheinliches Ereignis müssten Sie schon einen Energiestoß von erderschütternden Ausmaßen zustande bringen und alle erreichbaren Energiefelder auf einmal zu Hilfe eilen lassen. Haben Sie diese Macht? Vermutlich nicht. Sorgen Sie daher lieber selbst für andere, realistischere Gelegenheiten, Ihre Geldbestellung zu verwirklichen. Sie müssen aktiv Maßnahmen ergreifen, um die günstigen Umstände zu schaffen, in denen Ihr Team Ihnen helfen kann. Sie können beispielsweise jeden Tag ein Lotterielos kaufen oder sich nach besser bezahlten Arbeitsstellen umsehen. Dann muss Ihr Helferteam »nur noch« arrangieren, dass Ihnen die in etwa gewünschte Menge Geld als Gewinn oder Gehalt zukommt. Aber erwarten Sie bitte nicht, dass Ihnen das Glücksspiel-Energiefeld gleich einen Multimillionengewinn auszahlen wird, nur weil Sie darum bitten. Gewinne in dieser Größenordnung sind für solche Menschen reserviert, die Ihre Existenz seit sehr langer Zeit dem Glücksspiel gewidmet haben und an einem Punkt für die schiere Hingabe an ihr Energiefeld belohnt werden (wie viel sie bis dahin investiert haben, ist davon unberührt – bedenken Sie das, bevor Sie eine Karriere als Lottokönig erwägen). Kleine Gewinne erspringen einem etwas anderen himmlischen Mechanismus, um den es später noch gehen soll.

ZUSAMMENFASSUNG

1. Der beste Weg, Ihre Ziele zu erreichen, liegt in einer konfliktfreien Kommunikation mit der Außenwelt.

2. Ihnen wird die Hilfe von Helferteams zuteil – Bewohner der subtilen Welt, die jeweils von Menschen-

gruppen erschaffen werden, welche auf derselben Wellenlänge liegen und dieselben Gedanken zur selben Sache hegen.

3. Bei der Erreichung Ihrer Ziele sollten Sie Ihre Gedanken und Taten so anlegen und ausführen, dass sie die Möglichkeiten Ihres Energiefeldes nicht überfordern und dass sie sich auf die Lösung des wichtigsten, vordringlichsten Problems konzentrieren.

4. Um bei der Kommunikation mit Ihrem Energiefeld die maximale Wirkung zu erzielen, sollten Sie sich stets an die sieben Grundprinzipien der Ereignisgestaltung halten.

Wir erlernen die Methode der Ereignisgestaltung

Nun kennen Sie die Hauptprinzipien, um bestmöglich vom Leben unterstützt zu werden. Doch reicht es aus, sich ihrer nur bewusst zu sein und sie anwenden zu *wollen*? Nein, denn bevor Sie die Grundregeln zur Realitätsgestaltung beherrschen können, müssen Sie zunächst einige speziell dafür notwendige Fähigkeiten erlernen und durch Übung verfestigen.

Wir haben für Sie eine Schritt-für-Schritt-Methode entwickelt, mit der Sie lernen, erwünschte Ereignisse durch die Kraft Ihrer Gedanken zustande kommen zu lassen. Die nötigen Schritte sind:

> die Entspannung Ihres physischen Körpers

> das Einstellen von Gedankengängen »auf Kommando«

> das Erkennen echter und lohnender Lebensziele

> die Steigerung Ihrer inneren Energie und Selbstsicherheit

> das Erreichen der von Ihnen benötigten Resultate

Durch die Anwendung Ihres schon erworbenen Wissens wird Ihnen das Erlernen und Anwenden der folgenden Methode keine allzu große Mühe bereiten. Beachten Sie zunächst die richtige Reihenfolge der Techniken, bis Ihnen die Abfolge in Fleisch und Blut übergeht und jedes Mal zur Verfügung, wenn Sie einen neuen »Berg erklimmen« wollen.

Probleme bei der Interaktion mit Energiefeldern

Wir alle stehen unablässig nicht nur mit anderen Menschen im Austausch, sondern auch mit verschiedenen Energiefeldern, die versuchen, unser Verhalten, unsere Ansichten und Entscheidungen zu beeinflussen. Je stärker diese Interaktion ausfällt, desto mehr Gelegenheiten bekommen wir, das zu erreichen, was wir im Leben wollen. Die Interaktion mit Energiefeldern der höheren

Ebenen offenbart sich in plötzlichen Eingebungen, Inspirationen und teilweise sogar in deutlich wahrnehmbaren Antworten in Form von Stimmen oder Visionen. Das Hauptproblem dabei, diese Kommunikation auch bewusst wahrzunehmen, liegt in der spezifischen Funktionsweise unseres Gehirns, das unablässig Gedankenfolgen produziert.

Rastloser Geist

Konzentrieren Sie sich einmal wenige Minuten lang darauf, was in Ihrem Kopf vor sich geht. Probleme, Erinnerungen, Streits und Fantasien strömen von allen Seiten permanent auf Sie ein! Ihr Geist kommt nicht zur Ruhe; er bringt unablässig einen inneren Dialog hervor, den wir kaum steuern können. Dieser Dialog versperrt unserer Wahrnehmung den Weg zu den Hinweisen und Anregungen der uns umgebenden Energiefelder.

Sie kennen vermutlich Situationen in Ihrem Leben, bei denen Sie eine Entscheidung treffen mussten, und die Antwort begann sich gerade als schwaches Gespinst in Ihrem Kopf zu formieren, als eine unerbittliche Welle logischer Überlegungen, Berechnungen, Einwände und Befürchtungen darüber hinwegschwappte und eine ganz andere Entscheidung nach sich zog. Später bereuten Sie dann, nicht Ihrer ersten, intuitiven Eingebung gefolgt zu sein, weil dieser Weg der richtige gewesen wäre. Dieser erste Weg war eine Information, die Ihr Energiefeld oder Ihr Helferteam Ihnen in Form einer Eingebung hat zukommen lassen. Ihr Gehirn aber hat diese Botschaft zurückgewiesen, weil das schwache Signal nicht gegen die lauten, vordergründigen Gedankengänge ankam.

Die Sensibilität unseres Körpers wird zudem von Stimulanzien wie Kaffee, Alkohol, Medikamente, Drogen und so weiter drastisch eingeschränkt. Um die Fähigkeit Ihres Körpers zum Empfangen der richtigen Energiesignale zu verbessern, empfehlen wir eine Übung, mit deren Hilfe Sie den inneren Monolog im Kopf zumindest für ein paar Minuten zum Schweigen bringen können.

Den Körper entspannen

Ihr Geist ist mit Ihrem Körper verbunden, und bei körperlichen Schmerzen und Verspannungen lenkt Ihr Verstand die Aufmerksamkeit unablässig auf die betroffene Region. Den Körper »auf Befehl« entspannen zu können, ist unerlässlich, wenn Sie den ständigen inneren Monolog im Kopf anhalten wollen. Welche Methode Sie auch bevorzugen, ob Entspannungs-CDs oder Atemübungen – entscheidend ist, dass Sie innerhalb von 2 bis 3 Minuten die Muskeln so weit entspannen können, dass kein physischer Schmerz oder Reiz Sie von Ihren geistigen Übungen ablenken kann. Vor allem zu Beginn Ihres Trainings sollten Sie jedes Mal sorgfältig für diese umfassende Entspannung sorgen.

Den Verstand beruhigen

Der nächste Schritt besteht darin, die unaufhaltsame Folge der Gedanken in Ihrem Kopf abzustellen. Das ist gar nicht leicht, doch im Lauf der Jahrhunderte wurden zahlreiche effektive Methoden dafür entwickelt. Sie lassen sich in folgende Kategorien einteilen:

➤ *Technik des Ersetzens von Gedanken* (durch wiederholte andere Gedanken)

➤ *Technik der Konzentration auf ein Objekt*

➤ *Technik der bewussten Gedankenunterdrückung*

Technik des Ersetzens von Gedanken
Der Kern dieser Technik ist der Ersatz von ungeordneten Gedankenfolgen durch eine bestimmte Wort- oder Lautfolge. In

fernöstlichen Traditionen wird dafür die geübte Wiederholung sogenannter Mantras gelehrt. Die bekanntesten Mantras sind »Om« und »Om mani padme hum«, aber es gibt noch zahllose weitere. Die Wiederholung des Mantras über lange Zeitspannen versetzt Sie, wenn Sie diese Technik richtig beherrschen, in einen Geisteszustand, in dem Sie Ihre verborgenen außersinnlichen Fähigkeiten entdecken und einen stabilen Kontakt zu dem gewünschten Energiefeld herstellen. Alle religiösen Gebetsformeln (Worte in einer bestimmten Folge) oder Wortfolgen, die Sie sich selbst ausgedacht haben, wirken ebenso, wenn Sie sie ernsthaft und mit Gefühl immer wieder sprechen.

Technik der Konzentration

Die nächste Methode, welche in den esoterischen und religiösen Lehren weit verbreitet ist, erfordert die Konzentration Ihres Verstandes auf ein Objekt oder einen Prozess Ihrer Wahl. Das kann ein Punkt an der Wand sein, ein Gemälde oder Foto oder auch Ihre eigene Atmung und Ihr Herzschlag. Im Zen-Buddhismus wird das Zählen der eigenen Atemzüge trainiert. Sie können entweder beim Einatmen (schwerer) oder beim Ausatmen (leichter) von eins bis zehn zählen und dann wieder von vorn beginnen. Das Ganze mindestens 20 Minuten durchzuhalten, erfordert tatsächlich große Konzentration. Die Übung hilft auch, Ihre Aufmerksamkeit zu verbessern, was für das Anhalten Ihres inneren Monologs von entscheidender Bedeutung ist.

Die größte Herausforderung bei dieser Übung ist, jegliche Gedanken über Ihre Konzentrationsübung abzustellen. Sie müssen also Ihren innerlichen Empfindungen gegenüber aufmerksam sein, ohne sie bewusst in Worte zu fassen. Sie können beispielsweise die Konzentration auf Ihre Nasenspitze richten und Ihrem Atem nachfühlen – wie tief die Luft in Ihre Nase eindringt, ob die Nase dabei kalt oder warm wird und so weiter. Üben Sie, diesen Prozess friedlich und gedankenfrei zu beobachten, anstatt zu denken: »Ich sitze hier und atme durch die Nase, es ist kalt und die kalte Luft dringt in meine Nase ein.« Sobald sich Gedanken einstellen, müssen Sie sie verscheuchen oder einfach darauf warten, dass sie von allein verschwinden. Wenn Sie diese Übung jeden Tag 20 Minuten lang durchführen, erreichen Sie bald gute Ergebnisse und haben gelernt, den inneren Gedankenstrom jeweils 5 bis 10 Minuten zu unterbrechen.

Technik der bewussten Gedankenunterdrückung
Zu dieser Übung gehören bestimmte Bilder, die Sie vor Ihrem inneren Auge entstehen lassen, um Ihren Gedankengang zu unterbrechen. Ein Beispiel: Mit einem mentalen Handtuch können Sie alle Gedanken »wegwischen«: Kaum will sich ein neuer Gedanke einschleichen, entfernen Sie ihn sofort mit dem Handtuch. Auch ein Staubsauger eignet sich gut oder ein Schmetterlingsnetz, mit dem der »Eindringling« wieder eingefangen wird. Sie können sich ganz nach Belieben ein »Löschmittel« vorstellen, solange es in Ihrem Kopf nicht mit einem konkreten sprachlichen Ausdruck verknüpft ist.

Übung »Leerer Raum«
Stellen Sie sich vor, Ihr Kopf sei ein mit lauter Dingen vollgestopfter Raum: Möbel, Bücher, Kleidung und Gerätschaften liegen überall verstreut herum, und alles gehört zu einem Ereignis oder einem Menschen in Ihrem Leben. Das Sofa kann Ihre Arbeit sein, der Stuhl Ihre Partnerin, der Tisch Ihr Vater, die Teller Ihre Kinder und so weiter. Tragen Sie nun all diese Dinge aus dem Raum heraus, und lassen Sie ihn absolut leer zurück.
Dann nehmen Sie sich mental selbst an der Hand und ziehen auch sich selbst aus dem Raum, während Sie hinter sich abschließen. Ihr Kopf ist nun so leer wie der Raum. Sie können nur noch von draußen durch ein Fenster hineinsehen.

Sobald wieder neue Gegenstände den Raum zu füllen beginnen, verwenden Sie einen Kühlschrankmagneten, um sie anzuziehen und wieder nach draußen zu bringen.

Diese Übung gleicht der des »inneren Beobachters«, bei dem Sie sich vorstellen müssen, irgendetwas im Innern Ihres Kopfes von außen zu beobachten. Der Beobachter ist passiv und nimmt nicht an dem inneren Gedankengetümmel teil – er betrachtet es nur aufmerksam. Dabei fällt es den Gedanken immer schwerer, ohne Ihre aktive Unterstützung weiterzufließen, und der Strom versiegt schließlich.

ZUSAMMENFASSUNG

1. Die Methode der Ereignisgestaltung durch die Kraft der Gedanken funktioniert am besten in dieser Reihenfolge:

    ➣ die Entspannung Ihres physischen Körpers

    ➣ das Einstellen von Gedankengängen »auf Kommando«

    ➣ das Erkennen echter und lohnender Lebensziele

    ➣ die Steigerung Ihrer inneren Energie und Selbstsicherheit

    ➣ das Erreichen der von Ihnen benötigten Resultate

2. Die drei Haupttechniken, um Ihre Gedanken zur Ruhe zu bringen, sind folgende:

    ➣ Technik des Ersetzens von Gedanken

    ➣ Technik der Konzentration auf ein Objekt

    ➣ Technik der bewussten Gedankenunterdrückung

3. Jede dieser Methoden oder alle zusammen können – richtig angewendet – dazu führen, dass Sie Ihre Gedanken zur Ruhe bringen und kontrollieren beziehungsweise in die richtigen Bahnen lenken können. Mithilfe dieser Übung entwickeln Sie einen Geisteszustand, in dem Sie den Ratschlag Ihres förderlichen Energiefeldes laut und deutlich wahrnehmen können.

Lebensziele darlegen

Nun, da Sie wissen, wie Sie Ihren Geist beruhigen können, um die Signale Ihrer Helfer besser zu verstehen, können wir dazu übergehen, Ihr neues Können zur Erfüllung Ihrer eigenen Wünsche einzusetzen. Dafür müssen Sie sich allerdings an einen bestimmten »Terminplan« in Ihrem Kopf halten, vor allem wenn Sie noch Anfänger auf diesem Gebiet sind.

Authentische Lebensziele

Zunächst müssen Sie entscheiden, was Sie wirklich wollen – mit anderen Worten, welchen Berg genau Sie jetzt erklimmen wollen. Es ist sehr wichtig, dass Sie Ihr Ziel genau bestimmen, damit Sie später nicht dem Leben vorwerfen, es habe Ihre Träume nicht wie gewünscht erfüllt. Das Leben gönnt uns durchaus das, was wir wollen; doch sehr häufig ist es so, dass wir selbst gar nicht wirklich wissen, was das ist. Genauer gesagt hegt der Verstand einen Wunsch, die Seele aber einen ganz anderen. Das Leben aber reagiert nur auf das, was die Seele braucht.

Ein Beispiel: Sie wünschen sich aufrichtig einen neuen Arbeitsplatz mit besserer Bezahlung, doch tief in Ihrem Innern befürchten Sie, dass Sie dafür nicht qualifiziert oder nicht im richtigen Alter sind. Und genau diese Befürchtung ist die Bestellung, die beim Leben ankommt: »Ich will keine Veränderung, denn ich weiß gar nicht, was meine Arbeit hier, geschweige denn woanders wert ist. Ich habe Angst, lasst mich bloß in Ruhe!« Das Leben erkennt die verborgene Botschaft deutlich und macht Ihre mühevolle Jobsuche überflüssig. Sie kommen damit keinen Schritt weiter, weil die neue Stelle gar nicht dem wahren Wunsch Ihrer Seele entspricht.

Oder eine junge Frau möchte einen festen Freund und späteren Ehemann finden und wird immer frustrierter, da sie den passenden Mann nicht zu finden scheint. Doch tief in Ihrer Seele sitzt die Angst, betrogen zu werden (wie in einer früheren Beziehung) oder misshandelt zu werden (wie eine Freundin) oder einem Mann keine gute Ehefrau sein zu können oder ständig mit ihrem Mann zu streiten. Die verborgene Angst sendet ständig die Botschaft ans Universum aus: »Ich will nicht heiraten! Davor habe ich Angst!« Und so verschafft ihr das Leben folgsam auch keine Gelegenheit, einen passenden Partner kennenzulernen.

Noch ein Beispiel: Eine alte Dame strengt sich sehr an, neue Medikamente und Behandlungen für ihre Erkrankung zu finden. In Wirklichkeit benutzt sie ihre Krankheit aber als Instrument zur Manipulation ihrer Familie, die sie zudem für ihren schlechten Gesundheitszustand verantwortlich macht. Würde sie wirklich ein Gegenmittel finden, dann würde sie ihr Druckmittel verlieren, was ihr Unbewusstes nicht zulassen will. Ihr Wunsch nach Heilung ist also nicht authentisch; ihre Seele verlangt nach der Krankheit – und das Leben gewährt sie ihr weiterhin.

Es lässt sich an diesen Beispielen unschwer erkennen, dass unsere wahren Wünsche sehr häufig von denen abweichen, die wir nach außen tragen. Das Leben aber reagiert nur auf die wahren, inneren, seelischen Wünsche. Da die anderen Ziele, die Sie formulieren, unberücksichtigt bleiben, müssen Sie lernen zu unterscheiden, was Sie gegenwärtig aufrichtig und mit ganzer Seele wollen und brauchen.

Dazu steht Ihnen noch ein anderer Weg offen, Ihre wahren Wünsche zu erkennen. Analysieren Sie Ihr gegenwärtiges Leben, und machen Sie sich alle Vor- und Nachteile bewusst. Überlegen Sie bei jedem Wunsch nach etwas Bestimmtem genau, ob Sie damit Ihre Seele oder eher die Erwartungen anderer (Familie, Kollegen, Freunde) bedienen wollen. Wenn Sie konsequent vorgehen, werden Sie auch zu dem richtigen Schluss kommen. Die Frage nach dem, was Sie im Inneren wirklich brauchen, können Sie auch mit therapeutischer Hilfe, zum Beispiel mit einem Psychologen, erörtern. Sie können genauso während einer Meditation oder in tief entspanntem Zustand auf das lauschen, worauf Ihre Helfer Sie hinweisen wollen. Oder Sie entschlüsseln mit der Methode des »Automatischen Schreibens« Botschaften Ihres Unbewussten.

Übung: »Meine wahren Ziele«

Für diese Übung brauchen Sie Papier und Stift. Setzen Sie sich an einem Ort, an dem Sie nicht gestört werden können, an einen Tisch. Stellen Sie das Telefon ab, und schalten Sie Fernseher und Radio aus. Nehmen Sie den Stift in die Hand, und setzen Sie ihn so aufs Papier auf, dass Sie jeden Augenblick mit dem Schreiben beginnen können. Entspannen Sie Ihren Körper, und halten Sie Ihren Gedankenstrom an.

Fragen Sie sich mental: Was wünsche ich mir wirklich? Was will ich in Wahrheit erreichen? Worin liegen die Hindernisse dafür?

Dann warten Sie in Ruhe auf Gedanken (Wörter, Sätze oder Bilder), die Ihnen in den Sinn kommen. Versuchen Sie, die Fragen nicht bewusst zu erwägen oder bewusst nach Antworten zu forschen. Warten Sie einfach. Sobald sich die Gedanken in Ihrem Kopf einfinden, schreiben Sie sie nacheinander auf. Wenn Sie angemessen auf den inneren Dialog mit Ihrem Unbewussten eingestimmt sind, sollten Sie innerhalb von 10 bis 15 Minuten etwa 5 bis 15 verschiedene Hinweise erhalten.

Bitte achten Sie beim Notieren der Antworten darauf, jede Beurteilung, Interpretation und jeden Vergleich zu unterlassen, und halten Sie Ihre bewussten Gedanken fern. Überlassen Sie sich einfach dem Strom der Eingebungen, und Sie erhalten letztlich auf Ihrem Zettel eine brauchbare Niederschrift, die sowohl konkrete, klare Antworten als auch abstraktere Vorstellungen enthalten kann.

Was Ihnen auch in den Sinn kommen und so chaotisch es teilweise auch erscheinen mag, haben Sie keine Angst davor! Gerade Anfängern im Automatischen Schreiben passiert es häufig, dass sie eine Menge sinnlose »Junk-Mails« erhalten, weil ihre Energiekanäle noch verstopft sind. Mit der Zeit aber reinigen sich die Kanäle, und Sie bekommen zuverlässig genauere Informationen zu den gestellten Fragen.

Wenn Sie Ihre 5 bis 15 Antworten notiert haben, kehren Sie in Ihren normalen Bewusstseinszustand zurück und versuchen, das Geschriebene zu verstehen. Vielleicht passt es gut zu dem, was Sie ohnehin schon erwartet haben, und Ihnen eröffnen sich wenig neue Perspektiven. Das bedeutet dann, dass Sie recht gut über Ihr Seelenleben Bescheid wissen, Ihren Helfern bereits gut zugehört haben und sie Ihnen gerade nichts Neues zu sagen haben. Doch häufiger geschieht es, dass die Notizen beim Automatischen Schreiben stark von dem abweichen, was Sie gewohnt sind, von sich zu glauben. Verwerfen Sie die neuen Ideen nicht einfach als Unfug! Behalten Sie sie im Kopf, und denken Sie einige Tage lang darüber nach, was Sie geschrieben haben. Wenn Sie wirklich aufrichtig mit sich und Ihrer Seele umgehen, finden Sie höchstwahrscheinlich viele Körnchen der Wahrheit darin und können beginnen, sich dem glücklichen Ende Schritt für Schritt zu nähern.

Bei dieser Übung ist es von großer Bedeutung, das beständige Geplapper des Verstandes nicht mit der Stimme Ihres Unbewussten zu verwechseln. Gehen Sie am besten nach der Formel vor: Stille – Frage – Antwort – Stille.

Die wahren Wünsche verarbeiten

Was fangen Sie nun also mit den Befürchtungen und Zweifeln an, die Sie so lange verbergen wollten und die Sie nun durch das Automatische Schreiben entdeckt haben? Ihnen muss klar werden, dass es genau diese Ängste sind, die Ihren Weg zum Erfolg blockiert haben.

Entscheiden Sie sich (dieses Mal bewusst), was Ihnen wirklich wichtiger ist: Ihre persönliche Freiheit oder eine Ehe mit den dazugehörigen Einschränkungen? Auf Ihrem gegenwärtigen Arbeitsplatz in Ruhe gelassen zu werden, oder eine besser bezahlte Stellung mit all der zusätzlichen Verantwortung, die dazugehört? Ihre Gesundheit oder Ihr Bedürfnis, die Verwandten kontrollieren zu können?

Treffen Sie Ihre Entscheidung, und entspannen Sie sich! Sie können ein kleineres Gehalt für Ihren Seelenfrieden in Kauf nehmen, und das ist genau die richtige Wahl, wenn Sie mehr Geld nicht durch Nervenzusammenbrüche oder Herzinfarkte bezahlen wollen. Sie können aber auch die bessere Stellung zusammen mit den höheren Anforderungen wählen, wenn Sie wissen, dass Ihnen die Aufregung zusagt und das höhere Ansehen die Anstrengung wert ist. Jeder sollte individuell für sich entscheiden, was ihm oder ihr mehr am Herzen liegt. Welche Entscheidung Sie auch treffen: Treffen Sie sie freudig und mit offenem Herzen, dann wird Sie das Leben für Ihre kühne und kluge Offenheit belohnen. Achten Sie auch nicht auf die Meinungen und Wertungen anderer Menschen. Gehen Sie davon aus, dass all Ihre Entscheidungen grundsätzlich richtig sind. Sie können sich nicht irren, es gibt kein richtig oder falsch.

Dem Leben seine Wünsche mitteilen

Wenn Sie sich über Ihre wirklichen Wünsche Klarheit verschafft haben, ist es an der Zeit, sie auch dem Leben (und Ihren Energiefeldern beziehungsweise Helfern) mitzuteilen. Es sollte wissen, welche Wünsche und Bedürfnisse genau Sie ausgewählt haben. Das zweite Prinzip unserer Methode rät: einen Berg nach dem anderen erklimmen. Setzen Sie bei Ihren Zielen also Prioritäten, und konzentrieren Sie sich auf dasjenige, was für Sie am wichtigsten ist.

Sich auf nur einen einzigen Wunsch zu konzentrieren, fällt keinem Menschen leicht. Tatsächlich wird jemand, der sich nur einem einzigen Ziel im Leben widmet, typischerweise als Fanatiker abgestempelt und oft sogar an den gesellschaftlichen Rand gedrängt. Religiöse Fanatiker sprechen nur von ihrem Glauben, und nichts anderes auf der Welt interessiert sie. Glücksspielfanatiker beschäftigt nur der eine Gedanke: gewinnen! Drogenabhängige (also die Fanatiker der Extremempfindung) kennen weder Skrupel noch Grenzen, wenn es um ihre erwählte Droge geht. Sportfanatiker kennen im Leben fast nichts außer ihrem Fußballverein und so weiter. Die Probleme dieser speziellen Menschengruppen sollen hier aber nicht von Interesse sein. Wir möchten uns auf ganz gewöhnliche Menschen konzentrieren, die alles wollen: eine bessere Arbeitsstelle, eine liebevolle Familie, ein schönes Haus, gebildete Kinder, Gesundheit und so weiter. Welchen Berg sollen Sie nun als Erstes auswählen, um ihn zu erklimmen?

Versuchen Sie Folgendes: Bestimmen Sie, was Ihnen gegenwärtig am meisten Sorge bereitet, und betrachten Sie dieses Problem als Ihren »ersten Berg«. Sie sollten dabei auf keinen Fall Ihre anderen, als weniger wichtig eingestuften Ziele vergessen (also auch nicht zum Fanatiker werden), sondern diese Stück für Stück nacheinander in dieselbe »Hügelkette« mit einbauen. Haben Sie beispielsweise ein berufliches Ziel (»Ich will ein Jahresgehalt von 50.000, 100.000 oder 200.000 Euro.«), dann suchen Sie den Lohn aus, die Ihren Fähigkeiten und Kenntnissen am realistischsten entspricht, und setzen Sie alles daran, ihn zu erhalten. Wenn aber doch das Leben mehr als genug Geld für jeden anzubieten hat, warum nicht gleich mehr verlangen? Nun, als Faustregel gilt: Verlangen

Sie kein Einkommen, das über dem Fünffachen Ihres gegenwärtigen Verdienstes liegt, sonst wären Sie selbst wahrscheinlich nicht mehr in der Lage zu glauben, dass Sie das Geld wirklich verdienen. Dann würden innere Ängste und Zweifel sofort Ihre Bemühungen blockieren. Das derzeitige Gehalt zu verdoppeln, wäre aber eine durchaus erreichbare Grenze. Einmal dort angekommen, könnten Sie von den neuen Grundvoraussetzungen ausgehend gerne neu verhandeln ...

Wir wollen Ihnen keineswegs nahelegen, dass das Leben geizig sei oder dass aus Ihnen kein Millionär werden könnte. Das Leben würde Ihnen das und mehr gerne gönnen, doch Sie selbst könnten es nicht annehmen, ohne daran zu zweifeln, ob es Ihnen überhaupt zusteht. Nur sehr wenige Menschen haben ein so gutes Selbstbewusstsein, dass sie mühelos riesige Geldsummen bestellen können, die dann korrekt ausgeliefert werden; diese Menschen sind dann auch in der Lage, die Summen ohne Furcht anzunehmen. Solche Menschen sind die Ausnahmen, die ihre Karriereleitern im Eiltempo hinaufgesprungen sind, etwa als Filmstars, Bankiers oder Vorzeigewissenschaftler. Die Sprossen auf deren Leitern stehen ein wenig weiter auseinander als die der meisten Menschen. Dem Rest von uns sei ans Herz gelegt, sich gewissenhaft aufzuwärmen und Stück für Stück an Tempo zuzulegen.

Ohne Frage ist die Familie einer der wichtigsten Bereiche im Leben – Liebe, Partner und Kinder. Wenn Sie in diesem Bereich bestimmte Wünsche haben, sollten Sie sie sehr exakt und deutlich formulieren, etwa: »Ich heirate einen reichen Menschen, der mich liebt und den ich liebe«, »Ich begegne der Liebe meines Lebens und unternehme eine wundervolle Urlaubsreise mit ihr«, »Das Verhältnis zu meinem Ehepartner wird immer friedlicher«. Dasselbe gilt für etwaige Gesundheitsprobleme: »Ich finde einen Arzt, der mir erfolgreich hilft, meine lange Krankheit zu heilen.« Oder für die Freizeit: »Ich reiche ein eigenes Werk zu einem Wettbewerb ein und bekomme dafür Anerkennung.« Oder für neue

Fähigkeiten: »Ich erlerne innerhalb von sechs Monaten mühelos eine neue Sprache.«

Schreiben Sie Ihre Ziele nach Prioritäten gestaffelt auf ein Blatt Papier, oder tragen Sie sie als elektronische Notiz in Ihren Organizer ein. Lassen Sie sich die Liste dann als Hintergrund an Ihrem Computerbildschirm anzeigen, oder sorgen Sie auf andere Weise dafür, dass Sie sie immer wieder zu sehen bekommen und freudig an ihre Erfüllung denken können. Ein gezeichnetes Bild oder eine Fotocollage Ihres Ziels an der Wand erfüllt diesen Zweck ebenfalls. Hauptsache, Sie denken über die Ziele nur positiv, denn so lenken Sie die Aufmerksamkeit hochschwingender Energiefelder darauf, und diese verhindern dann effektiv und auch in Zukunft negative Emotionen (Zweifel, Ängste, Panikattacken, Enttäuschungen und so weiter) in Verbindung mit Ihren Wünschen.

In diesem Stadium kommt Ihnen all Ihr Wissen in der Vermarktung, Finanzierung, Verwaltung und in anderen praktischen Bereichen nun auch zugute. Denn Planung ist ein Werkzeug bei den Bestellungen ans Leben, das Ihnen hilft, Sie mit dem Erwünschten zu versorgen. Indem Sie über Ihre Pläne auch noch intensiv nachdenken und sich Gedanken zu ihrer Umsetzung machen, erleichtern Sie Ihren Helfern die Arbeit und erzielen schnell und sicher die gewünschten Resultate. Nur immer positiv bleiben! Wenn Sie dennoch über mögliche Hindernisse nachdenken sollten, dann denken Sie parallel immer auch über erfinderische Lösungsstrategien nach. Und vergessen Sie nie das siebte Prinzip: »Das Universum hat nur Ihre Hände.« Sie müssen erst handeln, dann kann Ihr Helferteam die gewünschten Ereignisse hervorbringen.

Die Formulierung Ihrer Ziele und typische Fehler dabei

Wenn Sie Ihre Lebensziele definieren, müssen Sie sich an zwei einfache Regeln halten, damit die Ergebnisse nicht von Ihren Wünschen abweichen.

Erstens: Wenn Sie Ihre Wünsche und Bestellungen formulieren, *sprechen Sie nur von sich selbst*. Es ist nicht ratsam, Ihre Verwandten, Freunde oder Partner einzubinden. Sie alle haben ihre eigenen Wünsche, die den Ihren vermutlich nicht entsprechen, was wiederum der Umsetzung Ihrer Vorstellung im Wege stünde. Sagen Sie also nicht: »Mein Kind wird gut in der Schule« oder »Mein Mann verdient mehr Geld« oder »Meine Mutter mischt sich nicht mehr in mein Leben ein« oder Ähnliches. Denn da die betreffenden Menschen nicht selbst um eine Veränderung gebeten haben, kann das so nicht klappen. Auch der umgekehrte Fall - wenn Sie sich etwa wünschen »Ich verdiene viel Geld, um meinen Eltern damit zu helfen« - hat keine großen Erfolgschancen, da Ihre Eltern Sie nie gebeten haben, Geld für sie zu verdienen. Das Leben erfüllt Ihnen das, was Sie für sich wollen und brauchen. Verwenden Sie bei Ihrer Bestellung daher die »Ich«-Form - oder das Leben lässt Sie links liegen.

Zweitens: Verwenden Sie keine negativen Ausdrücke wie »nicht« oder »nie«, sondern versuchen Sie, um das Gewünschte zu bitten, ohne das Bestehende loswerden zu wollen. Eine Bestellung wie »Ich will nicht krank sein« hat keinen Erfolg, denn das Universum kennt keine Verneinungen. Was ankommt als Bestellung ist daher: »Ich will krank sein« - und das will ja nun wirklich niemand. Was wollen Sie denn stattdessen sein? Beispielsweise gesund sein. Dann formulieren Sie aber bitte auch nicht: »Ich will gesund werden«, denn damit verschieben Sie Ihren Wunsch in die Zukunft - und dort wird er bleiben. Verwenden Sie stattdessen das magische »Ich bin«, und bestimmen Sie: »Ich bin gesund.« Mit diesen Grundregeln haben Sie für Ihre Bestellungen beim Leben die besten Chancen.

Ein weiterer Fehler liegt im Verstoß gegen das zweite Prinzip der Methode, das da heißt: »Einen Berg nach dem anderen erklimmen.« Wir alle sind vielfachen Versuchungen im Leben ausgesetzt, und viele wollen alles und zwar sofort. Das Ergebnis ist, dass sie *in alle Richtungen gleichzeitig* zu rennen scheinen. Sie wollen eine Arbeit, die sie mögen, sie wollen lieben und geliebt werden, Häuser und Autos besitzen, Anerkennung und Ansehen, Lottogewinne und mehr.

All diese Wünsche gleichzeitig erfüllen zu wollen, kostet insgesamt so viel Energie, dass keiner von ihnen mit ganzem Potenzial verwirklicht werden könnte. In unserer Methode bezeichnen wir das als »Unsicherheit der Zielabsicht«. Denken Sie daran: Auch wenn Sie das Recht haben, alles gleichzeitig zu wollen, reicht Ihr Energievorrat nicht aus, um für die Ausführung all dieser Wünsche auf einen Schlag zu bezahlen.

Ein weiterer häufiger Fehler sind *unrealistische Ziele*. Wenn Sie beispielsweise Kanzler werden wollen, ohne eine abgeschlossene Ausbildung zu haben und obwohl Sie nicht vor Menschen sprechen können, wäre dieses Ziel unmöglich in der näheren Zukunft zu erfüllen. Eine Nichterfüllung würde Sie in diesem Fall besser bedienen, da sie Ihnen viel Stress und Ablehnung ersparen würde. Wählen Sie also echte, erfüllbare Ziele, deren Erreichen Ihnen Freude bringt.

Ein weiterer häufiger Fehler ist ein *ungenau geäußerter Wunsch*. Wenn Sie sich wünschen: »Ich will Liebe« und dabei ein wohlhabendes, schönes und dunkelhaariges Wesen vor sich sehen, dann erfüllt Ihnen das Leben den Wunsch vermutlich sofort, weil er leicht zu erfüllen ist – nur sind gerade keine reichen Brünetten im Angebot. Dafür gewinnen Sie die Zuneigung des Nachbarhundes ohne Probleme ... nicht ganz Ihr gewünschtes Ziel.

Auch bei Ausrufen wie »Ich will Geld!«, ohne eine Summe oder die Quelle zu spezifizieren, kann es geschehen, dass Sie im Supermarkt einen Euro im Einkaufswagen finden, und schon hat das Leben eine weitere Bestellung ausgeliefert!

Drücken Sie sich also stets klar und präzise aus bei Ihren Wünschen, sonst laufen Sie Gefahr, durch die Erfüllung unweigerlich enttäuscht zu werden – was Ihre Chancen für die Zukunft nur noch weiter verschlechtert, da Sie sich nun ärgern oder frustriert sind und in negativen Emotionen feststecken.

Sinnvoll ist bei jeder geäußerten Lebensbestellung folgende Affirmation: »Ich verbringe jeden Augenblick meines Lebens im Paradies und bin glücklich darüber, was ich heute geschaffen habe. Ich werde auch in Zukunft mein Bestes tun, um dieses Paradies nach meinen Wünschen zu gestalten.«

ZUSAMMENFASSUNG

1. Erklären Sie dem Leben laut und deutlich Ihre Ziele, dann eilt es Ihnen zu Hilfe.

2. Da das Leben nur auf die wahren Wünsche Ihrer Seele reagiert, müssen Sie zunächst erkennen, was Sie wirklich wollen. Dabei helfen Techniken wie ein Dialog mit Ihrem Unbewussten in Form einer Übung im Automatischen Schreiben.

3. Untersuchen Sie Ihre Wünsche, und eliminieren Sie alle »unechten«, die nicht Ihrer eigenen Seele entspringen. Jeder Wunsch, dessen Erfüllung Ihrem Herzen Frieden und Freude bringt, wird erhört.

4. Formulieren Sie nicht zu viele Ziele, sonst zieht sich deren Verwirklichung zu lange hin und geschieht nur halbherzig. Konzentrieren Sie sich auf das Wichtigste.

5. Achten Sie auf die zwei wichtigsten Regeln der Wunschformulierung, und vermeiden Sie typische Fehler, damit Ihre Energiefelder Ihre Vorstellungen auch ganz nach Wunsch ausführen können.

Den Energiestatus erhöhen

Ihre geistige Botschaft sollte laut und mit genügend Nachdruck vorgetragen werden, so dass die passenden Energiefelder sie auch gut empfangen können inmitten der Milliarden Anfragen aller Menschen auf diesem Planeten.

Die dazu nötige zusätzliche Energie können Sie lernen zu sammeln, zu konzentrieren und ideal in Ihrem Körper zu verteilen – dafür gibt es zahlreiche Trainingsmethoden, zum Beispiel Yoga. Motivationsseminare arbeiten auch manchmal mit einem von außen herbeigeführten Zustand der Euphorie, der (vor allem in Gruppen) die Wunscherfüllung sehr effektiv vorantreiben kann. Leider lässt der Effekt eines solchen Trainings meist nach zwei oder drei Monaten nach, und wenn die Betreffenden dann das Seminar nicht noch einmal besuchen, bleibt die Euphorie aus.

Wir wollen Ihnen ein alternatives System anbieten, um Ihr Energiepotenzial zu erhöhen, dessen Erfolg nur von Ihnen allein abhängt.

Selbstvertrauen aufbauen und den Energiefresser Zweifel überwinden

Ob und wann Ihre wahren Wünsche erfüllt werden, hängt von der Menge an innerer Energie ab, die Sie in die Wünsche investieren können. Wenn Sie voller Zuversicht, Selbstbewusstsein und Vitalität an die Sache herangehen, werden Ihre Wünsche manchmal im Handumdrehen Wirklichkeit.

An Sie selbst gerichtete Nachfragen vom Typ »Hab ich das richtig gemacht?«, »War das ein Fehler?« und so weiter haben dagegen einen großen Energieverlust zur Folge. Die nagenden inneren Bedenken sind das Resultat einer unkontrollierten Geistestätigkeit und untergraben Ihre Kraft und Gesundheit. So haben Sie wenig Chancen auf ein Leben in Wohlstand. Ein anhaltender innerer Dialog aus Zweifeln zerstört Ihre Fähigkeit, große Gelegenheiten zu ergreifen. Natürlich sind Zweifel ein nicht wegzudenkender Teil der menschlichen Psyche. Niemand hier will auf ihrer völligen Abschaffung bestehen. Aber wir wollen Sie dazu ermutigen, Ihre Probleme unter Einsatz Ihres vollen Potenzials sowie ohne unnötige energetische Abzüge zu lösen und nicht auf die »leisen Zweifel« zu hören. Gebieten Sie dem Strom negativer Gedanken in Ihrem Kopf Einhalt, und schaffen Sie Platz für konstruktive Antworten auf Ihre Lebensfragen.

Erfolgsgarant Energie

Menschen mit sehr hohem Energiestatus können nach Belieben zu allen Energiefeldern, auch zu den höchsten, Kontakt aufnehmen und sie dazu bringen, ihre Pläne zu verwirklichen. Doch wem so eine Gabe von der Natur gegeben wurde, der schenkt seinen eigentlich unglaublichen Fähigkeiten oft wenig Beachtung, weil er es gar nicht anders kennt.

Ein hoher Energiestatus allein nützt zudem auch nicht viel, wenn dabei gegen das zweite Prinzip der Methode verstoßen wird und zu viele Ziele gleichzeitig ins Visier genommen werden. Dann dauert es mit der Wunscherfüllung länger. Paaren Sie aber ein hohes Energiepotenzial mit einem einzigen besonders wichtigen, authentischen Lebensziel, dann kann Ihr Traum schon am nächsten Tag Wirklichkeit werden.

Es gibt mehrere Möglichkeiten, Ihren Energiestatus zu erhöhen. Sie können beispielsweise fernöstliche Disziplinen wie Qigong oder Tai Chi, Atemtechniken des Yoga oder Rebirthing-Übungen anwenden. Sie können Ihre innere Batterie auch von der Natur aufladen lassen – Sonne, Wasser und Bäume schenken Ihnen Energie. Wählen Sie eine Methode, die Ihnen persönlich Kraft verleiht und in Ihnen Energien aktiviert – es sollte allerdings die passende Art von Energie für Ihr Vorhaben sein. Wenn Sie beispielsweise den Mut aufbringen wollen, jemandem zu gestehen, dass Sie ihn lieben, dann benötigen Sie eine sanft fließende Energie. Diese lässt sich gut aus der Natur, zum Beispiel aus Schauspielen wie Sonnenuntergängen, empfangen.

Übung »Kristallvase«

Stellen Sie sich einen Sonnenuntergang oder Sonnenaufgang vor. Schließen Sie zunächst fest die Augen, und öffnen Sie sie dann nur einen kleinen Spalt, durch den ein dünner Lichtstrahl in Ihre Augen dringen kann (bei schlechtem Wetter oder im Haus stellen Sie sich den Lichtstrahl von oben einfach vor).

Stellen Sie sich vor, Ihr Körper sei eine leere Kristallvase, die mit dem Lichtstrahl angefüllt werden soll. Beginnen Sie, die »Sonnenflüssigkeit« durch die Augen aufzunehmen, und stellen Sie sich vor, wie Ihr Kopf, Ihre Arme, Ihre Beine, Ihr ganzer Körper Stück für Stück davon erfüllt wird, bis sie von Ihrem Scheitel (dem Rand der Kristallvase) aus »überzufließen« beginnt und Sie mit einem großflächigen Lichtschild überzieht.

»Waschen« Sie sich nach der Übung mit den Händen das Gesicht.

Eine ganz andere Übung brauchen Sie, wenn Sie mit Ihrem Chef oder einem Geschäftspartner reden und dem anderen Ihren Standpunkt klarmachen wollen. Für die folgende Übung sollten Sie allein sein, denn Sie müssen laut vor sich hinsprechen.

Übung »Ich bin mächtig«

Stellen Sie sich aufrecht hin, heben Sie die Hände vor die Brust, ballen Sie sie zu Fäusten und lassen Sie sie dann an den Seiten wieder herabfallen. Sprechen Sie zeitgleich dazu laut und mit Nachdruck aus: »Ich bin mächtig! Ich besitze

Energie! Ich bin der Herr über mein Leben!« Oder: »Ich bin glücklich (beziehungsweise reich oder erfolgreich).« Sie können auch konkrete Botschaften einarbeiten: »Ich bin der Leiter meiner Abteilung!«, »Mein Bericht ist der beste!« und so weiter.

Wiederholen Sie das fünf- bis sechsmal hintereinander. Wenn Sie sich mit voller Kraft engagieren, fühlen Sie bald ganze Energiewellen in Ihren Körper strömen.

Durch diese Übung eignen Sie sich eine entschlossene Energie an, wie sie in der Politik oder in Vorstandsetagen gebraucht wird. Für eine Gehaltserhöhung wirkt sie Wunder! Führen Sie die Übung regelmäßig mehrmals täglich durch, besonders vor wichtigen Terminen.

Sich selbst kennenlernen

Der nächste Schritt bei der Erhöhung Ihres Energiepotenzials erfordert eine gute Selbstkenntnis. Sie müssen wissen, wie viele »Berge« Sie in Ihrem Leben bereits erklommen haben, und Sie sollten stolz auf diese Leistungen sein. Unserer Erfahrung nach neigen allerdings ungeheuer viele Menschen dazu, ihre bereits erlebten Erfolge zu verdrängen oder kleinzureden – was einen ernsten Verstoß gegen die Regeln des Lebens darstellt!

Übung »Meine Leistungen«

Holen Sie sich Papier und Stift. Teilen Sie das Blatt in drei Tabellenspalten auf, und beschriften Sie diese mit:

1. Meine positiven Charaktermerkmale

2. Was habe ich erreicht?

3. Wie kann ich mich besser zum Ausdruck bringen?

Setzen Sie sich bequem hin, und entspannen Sie sich. Fragen Sie sich in Gedanken nach Ihren guten Charakterzügen, und schreiben Sie die Antworten in die passende Tabellenspalte – die Liste kann so lang sein, wie Sie möchten. Dazu gehören auch Freundlichkeit, Durchhaltevermögen, Aufrichtigkeit, die Eignung als Trostspender und so weiter, ebenso Kenntnisse wie Fremdsprachen, Zeichentalent oder vielleicht die Beherrschung eines Musikinstruments.

Die Erfahrung zeigt, dass auch noch der bescheidenste Mensch ungefähr ein Dutzend positive Charaktermerkmale ausgraben kann. Keine falsche Bescheidenheit! Erweitern Sie die Liste ruhig um mehrere Seiten.

Nach dieser Liste füllen Sie gleich die zweite Spalte aus. Achten Sie nicht auf Gedanken und Ablenkungen, die Ihre Konzentration unterbrechen könnten. Sie müssen jetzt all Ihre Lebensleistungen zu Papier bringen, egal, wie unwichtig Ihnen diese erscheinen mögen. Ob das Ihr Schulabschluss, eine Hochzeit oder Scheidung, eine interessante Reise oder Anschaffung, eine gute Freundschaft, die Komposition eines Songs oder auch »nur« ein Fußballtortreffer ist – schreiben Sie alles auf, auf das Sie stolz sein können.

Dann füllen Sie die dritte Spalte aus. Hier können die Antworten wieder stark variieren. Vielleicht wollen Sie ein General sein, eine bekannte Politikerin, ein Agent, Mutter von zehn Kindern oder ein Playboy. Wenn es zwischen den Inhalten der zweiten und dritten Tabellenspalte Übereinstimmungen gibt, ist das gut, denn es bedeutet, dass Sie in Spalte drei nicht nur unvernünftige Fantasien aufschreiben, sondern Ihre Ziele auf »echten« Verdiensten aufbauen, die eine Verwirklichung des Wunschtraums wahrscheinlicher machen. So lassen sich von jedem Menschen fünf bis zehn

Tätigkeiten aufspüren, bei denen er Erfolg haben kann, wenn er sich bemüht.

Die Übung nimmt 15 bis 30 Minuten in Anspruch. Wenn Sie fertig sind, kehren Sie zu Ihrer normalen kritischen Wahrnehmung zurück, und überprüfen Sie das Geschriebene. Sie werden überrascht sein von Ihren Leistungen!

Die Menschen unterschätzen häufig ihre eigenen Verdienste und halten sich stattdessen mit ihren angeblichen Fehlern auf. Mit der Zeit aber senkt so eine Selbsterniedrigung ihren Energiestatus, ihr Selbstvertrauen und ihre Motivation. Diese Übung nun verschafft Ihnen Gelegenheit, Ihre Selbsteinschätzung zu überprüfen und Ihr Selbstvertrauen auf gesunde, positive Weise zu steigern. Werfen Sie Ihre Tabellen nicht weg. Sie können diese Übung beliebig oft fortsetzen, indem Sie neue Leistungen in die Spalten eintragen. So stärken Sie sich mit jedem Mal ein wenig mehr, was Sie der Erfüllung Ihrer Ziele Stück für Stück näher bringt.

Bei dieser Übung sollten Sie zudem beachten, wie herausragend auch die Menschen um sie herum sind. Wenn Sie das nicht anerkennen und auf die anderen herabsehen, dann verfallen Sie ins andere schädliche Extrem: der Idealisierung Ihrer Begabung. Sobald das geschieht, erteilt das Leben Ihnen eine Lektion. Ein einfaches und wirksames Motto ist daher: »Ich bin großartig! Alle Menschen um mich herum sind auch großartig!«

ZUSAMMENFASSUNG

1. Ihre Chance auf die Erfüllung Ihrer Wünsche und Bedürfnisse hängt von der Menge Ihrer inneren Energie ab. Wenn Sie ernsthaft und mit Leidenschaft daran arbeiten, Ihren Energiestatus und Ihre Selbstsicherheit zu erhöhen, verschaffen Sie Ihren Wünschen eine bessere Basis, gehört zu werden. Der

erste Schritt besteht darin, sich von Ängsten und Zweifeln zu befreien.

2. Detaillierte Visualisierungen Ihrer Wünsche wirken sehr machtvoll dabei mit, sie zu verwirklichen.

3. Zur Verbesserung Ihrer Selbstsicherheit ist es sinnvoll, Ihre bisherigen Leistungen und Verdienste schriftlich festzuhalten und die Liste ständig zu ergänzen.

Optimale Ergebnisse erzielen

Die letzte Phase unserer Methode der Ereignisgestaltung durch die Kraft der Gedanken verlangt von Ihnen, uneingeschränkt anzuerkennen, was das Leben Ihnen gibt. Sie müssen ein so angenehmes und warmes Gefühl der Zufriedenheit erzeugen, als seien Ihre Träume bereits wahr geworden. So erschaffen Sie ein ganzes Reich des Glücks, bevor Sie Ihre Ziele tatsächlich erreichen.

Diese Idee ist nicht neu. Im Gegenteil, seit ewigen Zeiten wurde in zahlreichen Quellen immer wieder bestätigt, dass Sie, wenn Sie Millionär werden wollen, sich schon jetzt wie ein Millionär fühlen müssen. Denken, gehen, atmen und verhalten Sie sich wie ein erfolgreicher Mensch, der ausgesorgt hat. Das bedeutet natürlich nicht, dass Sie ebenso viel Geld ausgeben sollen – es ist eher der emotionale Zustand, den Sie kopieren wollen. Das Geld selbst und die passende Gelegenheit, es zu bekommen, tauchen schon auf, wenn Sie diese Rolle einige Zeit lang mit Überzeugung spielen. Ihre Firma könnte Ihnen eine Beförderung anbieten, Ihre Glückszahlen gewinnen oder ein anderes »Wunder« könnte wahren Überfluss in Ihr Leben zaubern. Sie erinnern sich: Wer schwanger werden will, erschafft sich erst einen mentalen inneren Zustand der Schwangerschaft, und das Kind folgt. Es ist immer dasselbe Prinzip.

Sich selbst mögen

Wenn Sie sich selbst häufig in Zweifel ziehen, spiegelt sich dieses Denken in Ihren Augen, Ihrer Energie und Ihren Taten wider. Die Menschen um Sie herum erkennen Ihre Selbstzweifel und reagieren darauf entsprechend – keiner würde jemandem, der nicht einmal mit sich selbst zufrieden ist, eine bessere Stellung anbieten. Erschaffen Sie daher ein Bild von dem, was Sie sein möchten, und behalten Sie es im Sinn. Das geht schnell: Zunächst müssen

Sie herausfinden, woran es Ihnen noch mangelt – welche inneren Fähigkeiten Sie also erst weiter entwickeln müssen, bis sie zu Ihrer herausragenden Persönlichkeit passen. Dann sollten Sie ergründen, welche einschränkenden Denkmuster Sie noch immer zurückhalten, welche Eigenschaften oder Verhaltensweisen Ihnen und Ihrem rundum glücklichen Leben im Weg stehen.

Übung »Meine Eigenschaften«

Holen Sie sich Papier und Stift. Teilen Sie das Blatt in zwei Tabellenspalten auf, und beschriften Sie diese mit:

1. Eigenschaften, die ich loswerden möchte

2. Eigenschaften, die ich entwickeln möchte

Entspannen Sie sich, und fragen Sie sich in Gedanken nach den Eigenschaften, die Sie loswerden und die Sie entwickeln möchten. Tragen Sie dann die Antworten in die passende Tabellenspalte ein. Sie werden wahrscheinlich von Vorsätzen wie dem, dass Sie abnehmen müssen oder sich ruhiger verhalten sollten, überschwemmt. Sie könnten die Botschaft empfangen, dass körperliche Gebrechen Sie vom Erfolg abhalten, dass Sie mutiger oder attraktiver sein oder sich anders kleiden sollten. All diese Antworten sind auch gültig, vorausgesetzt, dass sie wirklich Sie selbst als Person betreffen – und nicht Ihre Lebensumstände.

Wenn die Botschaften nach 10 bis 15 Minuten aufhören, kehren Sie in Ihren wachen, kritischen Zustand zurück, und lesen Sie Ihre Notizen aufmerksam durch. Sie halten nun eine selbst erstellte Liste all Ihrer Mängel und Verdienste in Händen – und Sie haben ein besseres Verständnis dafür, welche Eigenschaften, Anschauungen und Verhaltensmuster Sie anstreben. Das sind lebenswichtige Informationen, die Sie ein Weilchen in Ruhe auf sich wirken lassen sollten.

Die folgende Übung hilft Ihnen dabei, sich die notwendigen neuen Eigenschaften nun auch anzueignen.

Übung »Mein Rollenvorbild«

Aus der eben erarbeiteten Tabellenspalte »Meine Eigenschaften« wählen Sie zwei oder drei Charaktermerkmale aus, die Sie für sich entwickeln möchten. Überlegen Sie nun ein paar Minuten, wen Sie kennen, der diese Eigenschaften besitzt. Das können Freunde sein, Verwandte, Ihr Lieblingsschauspieler oder ein bekannter Politiker. Sollte Ihnen tatsächlich niemand einfallen, dann malen Sie sich einen idealen Menschen vor Ihrem inneren Auge aus, und stellen Sie sich genau vor, wie er oder sie spricht, geht, sich anzieht und so weiter.

Stellen Sie sich jetzt vor, es sei diese andere Person, die mit Ihren Alltagssorgen und Problemen fertigwerden muss. Lassen Sie sich mehrere Szenarien durch den Kopf gehen, wie diese ideale Frau oder dieser ideale Mann mit Schwierigkeiten umgeht. Verfolgen Sie mental, wie sie oder er die richtigen Entscheidungen trifft und alles Gewünschte erreicht. Anschließend das Wichtigste: Sie übertragen das Idealbild aus Ihrer Vorstellung auf sich selbst und übernehmen es – so, als zögen Sie eine Jacke über. Versuchen Sie, wie Ihre Idealperson zu fühlen, zu gehen, zu sprechen und zu lachen. Seien Sie – zunächst in Ihrer Vorstellung – ebenso fähig und erfolgreich.

Diese Technik wenden tatsächlich in sehr ähnlicher Weise Schauspieler an, die sich an die Entdeckung von Einzelheiten und Charakteristika einer neuen Rolle machen. Der einzige Unterschied ist, dass ein Schauspieler die Handlung seines Films nicht verändern kann – Sie hingegen können Ihren eigenen Lebensfilm umschreiben! Als Autor Ihres eigenen Lebensdrehbuchs können Sie für die ideale Person auch die passenden Umstände erschaffen. Sie sind nicht nur Autor, sondern auch Darsteller, Regisseur und Zuschauer Ihres Lebensentwurfes in einer Person.

Nehmen Sie sich diese Übung vor, sooft Sie wollen – bis Sie sich ausreichend mit Ihrem Rollenvorbild verschmolzen sehen, also erfolgreich in dessen Bild »reinkarniert« wurden. Auch wenn Sie sich für Ihre persönlichen Bedürfnisse vielleicht eine besonders schwierige oder schrille Persönlichkeit als Vorbild aussuchen wollen – tun Sie das, und machen Sie sich keine Sorgen. Denn gerade so ein Übergangsprozess bringt Ihnen sehr wertvolle Erkenntnisse und Entdeckungen. Nicht vergessen: Sie spielen ein Spiel namens »Leben«, gehen Sie also nicht verbissen oder besorgt, sondern spielerisch an die Dinge heran ...

Lernen Sie, Ihre neue Rolle auch im wirklichen Leben zu spielen. Verschmelzen Sie mit Ihrem Ideal immer dann, wenn Sie eine Ihrer neu erworbenen Eigenschaften brauchen. In Ihrer Vorstellung kann dann Ihre Idealperson für Sie handeln, und Sie führen nur deren Willen aus – natürlich liegt der aber immer innerhalb der Grenzen von Ethik und Legalität. Ihr idealer Mensch ist durch und durch integer!

Lebensumstände verändern

An dieser Stelle kommt die Frage auf, ob wir bei unserer Methode der Ereignisgestaltung durch Gedankenkraft auch andere Menschen beeinflussen sollten. Mit anderen Worten: Sollen wir versuchen, andere Menschen von der Verbindung zu einem Energiefeld zu trennen, um für sie eine alternative Verbindung zu einem anderen Energiefeld aufzubauen?

Das ist sicherlich verlockend. Wenn Sie beispielsweise Ihren Ehepartner vom Trinken abhalten möchten (ihn also vom niederen

Energiefeld des Alkoholismus trennen wollen). Oder wenn Sie Ihr heranwachsendes Kind vor einer gefährlichen Drogensucht bewahren wollen. Oder Sie wünschen sich, dass Ihr Freund sich mehr in die Beziehung einbringt. Aber stellen Sie sich jetzt bitte folgende Frage: Habe ich in meiner Vorstellung ein Modell der Welt geschaffen, die ein gutes Stück von der Realität abweicht? Versuche ich immer wieder, die reale Welt diesem idealisierten Bild in meinem Kopf anzupassen, und löse ich damit immer wieder negative Gefühle in mir aus? Fühle ich mich schuldig, oder schäme ich mich, weil ich glaube, versagt zu haben?

Jetzt haben Sie mit der Lektüre dieses Buches aber genau die Werkzeuge und das Wissen, um dieses falsche Denk- und Fühlmuster zu durchbrechen. Sie können die Wahrheit annehmen. Sie können Ihre *eigenen* Ziele für *sich* verwirklichen. Und der Schlüssel dazu liegt nicht so sehr darin, was Sie eigentlich tun, sondern *wie* Sie es tun! Nämlich a) mit Selbstvertrauen, Vergebung für sich und andere und der Erkenntnis, welche Erfahrungen Ihnen alle vergangenen Fehler gebracht haben – oder b) mit dem Kopf durch die Wand, über die Leichen anderer Menschen gehend und ignorant gegen alle Zeichen, die das Leben Ihnen sendet? Entscheiden Sie sich für den zweiten Weg, dann erteilt Ihnen das Leben postwendend eine Lektion, und nichts wird besser.

Gehen Sie Ihren Weg, und seien Sie dabei möglichst flexibel, indem Sie die hier vorgestellten Methoden individuell und in einer für Sie selbst förderlichen Weise anwenden. Denken Sie daran: Das Leben ist ein Spiel! Und dem Sieger winkt ein ausgeglichener, freudvoller Seelenfrieden, den er großzügig mit allen Verwandten und Freunden teilen kann – himmlisch!

Nehmen wir einmal an, Sie haben sich zu genau solch einer inneren Haltung entschlossen; Ihr Ehemann trinkt aber immer noch, Ihr Kind experimentiert noch mit Drogen und Ihr Freund hat Ihnen noch immer keinen Heiratsantrag gemacht. Sie scheinen das Spiel zu verlieren. Wie reißen Sie in der Situation das Steuer noch herum, um einem Sieg entgegenzusegeln?

Besonders wirkungsvoll können Sie Ihr eigenes Schicksal mit unserer Methode der Ereignisgestaltung vor allem in Bezug auf Ihre ganz persönlichen Veränderungen (mehr Einkommen, Ehefrau finden und so weiter) formen. Auf andere und deren Lebensentscheidungen angewendet, ist sie weniger effektiv. Dennoch können Sie sie einsetzen, und um Erfolg zu haben, sollten Sie die folgenden Empfehlungen beachten.

Die Umgebung beeinflussen

Sind Sie immer noch wild entschlossen, einen anderen Menschen zu einer Veränderung zu bewegen? Dann halten Sie sich vor allem an eine Regel: Beeinflussen Sie die Umgebung des Menschen, nicht den Menschen selbst!

Wenn Sie also Ihren Ehepartner vom Alkohol abbringen wollen, er oder sie aber nicht denselben Wunsch hegt, dann können Sie zumindest versuchen, ein Modell der gewünschten Ereignisse in einer neuen Umgebung mental entstehen zu lassen. Dabei werden Sie das Energiefeld des Alkoholismus bekämpfen müssen, der seine Verbindung zu Ihrem Ehepartner nicht trennen will, und ziehen Sie mit genügend positiver Energie in den Kampf, haben Sie keine schlechte Chance, ihn zu überwinden.

Stellen Sie sich eine neue Situation vor, in der Ihr Ehepartner einfach nicht mehr trinken kann – sei es während eines Umzugs, auf einer Geschäftsreise, zu Besuch bei tief religiösen Verwandten, bei einem neuen Freizeitsport oder Hobby. Wählen Sie ein passendes Modell, und aktivieren Sie all Ihre positive Energie, die Ihnen zur Verfügung steht, um dieses Modell aufs wahre Leben zu übertragen. Dabei werden Ihnen Ihre eigenen Energiefelder und Gedankenformen zur Seite stehen. Auf diese Weise können Sie einen Anfang schaffen, von dem aus Ihr Partner es leichter hat, den Rest des Weges (Alkoholentzug) selbst zu Ende zu gehen. Jemanden dazu zu veranlassen, sich in Sie zu verlieben, ist sehr problematisch und quasi unmöglich zu bewerkstelligen, solange der andere kein wahres Interesse an Ihnen hat. Beeinflussen Sie nie den freien Willen eines anderen Menschen!

Keine negativen Ziele

Eine äußerst wichtige Einschränkung: Wenn jemand Sie gekränkt hat und Sie den Betreffenden am liebsten loswerden möchten, bestellen Sie beim Universum bitte keine Krankheit und keinen Unfall für ihn. Wünschen Sie ihm stattdessen etwas Gutes. Stellen Sie sich zum Beispiel vor, dass er eine bessere Stelle findet oder eine große Erbschaft in Puerto Rico antritt und wegzieht. Egal, was Sie sich ausdenken, wünschen Sie ihm auf alle Fälle eine positive Entwicklung der Umstände.

Sie haben nicht zu entscheiden, ob der Betreffende dieses frohe Ereignis verdient oder nicht. Wünschen Sie es sich einfach mit aufrichtiger Überzeugung für ihn, und warten Sie ab. Das zuständige Team wird entscheiden, ob es für Sie beide gut ist, wenn sich Ihr Wunsch erfüllt.

Freundliche und konstruktive Wünsche werden leichter von höher gestellten Energiefeldern aufgenommen, die verstehen werden, dass Sie von dieser Person getrennt zu werden wünschen. Sie werden Ihnen den Wunsch gern erfüllen, wenn Sie ausschließlich positive Energie aktiviert haben. Anderen etwas Schlechtes zu wünschen, ruft hingegen nur niedere Energiefelder oder Gedankenformen auf den Plan, und die wenden sich fast immer gegen den Wünschenden. In einem Satz gesagt: Wenn Sie Ereignisse für andere Menschen gestalten wollen, konzentrieren Sie sich dabei auf positive Ereignisse. Dann steigt die Wahrscheinlichkeit, dass die Kraft Ihrer Gedanken tatsächlich den Lauf der Dinge so lenkt, wie von Ihnen geplant.

ZUSAMMENFASSUNG

1. Im letzten Stadium unserer Methode müssen Sie wiederum darauf bedacht sein, dem Leben Ihre Ziele und Wünsche zu zeigen. Achten Sie dabei darauf, ein Gefühl zu kreieren, als ob Sie bereits alles hätten, was Sie sich wünschen.

2. Zur Verbesserung Ihres Selbstvertrauens erschaffen Sie mental eine Idealperson, die über alle entscheidenden Charaktereigenschaften verfügt, um Ihre Wünsche wahr werden zu lassen. Übernehmen Sie selbst die Rolle dieser Idealperson, und lernen Sie, sie immer dann zu spielen, wenn Ihnen die betreffenden Eigenschaften zugutekommen.

3. Wenn Sie anderen helfen wollen, dann drängen Sie sie nicht zu etwas, das Sie selbst für vernünftig halten. Gestalten Sie lieber eine neue Umgebung, in der derjenige wahrscheinlich von selbst darauf kommt, sein Verhalten Ihren Wünschen anzupassen.

4. Wenn Sie die Realität für andere Menschen gestalten wollen, dann wünschen Sie ihnen nur gute und positive Ereignisse.

Sicherheitsvorkehrungen bei Inanspruchnahme der subtilen Welt

Möglicherweise kommt Ihnen das, was wir Ihnen in diesem Buch anbieten, wie eine der vielen Theorien am Markt vor? Immerhin empfehlen wie Ihnen vor allem, sich auf ein Ziel im Leben zu konzentrieren: lächelnd voranschreiten! Ähnliche Ratschläge erteilen Dutzende anderer Selbsthilfebücher und auch die Psychologie, die sich ja als materialistische Wissenschaft versteht, sicher. Aber andererseits geht es bei uns auch um schwer erklärbare Phänomene wie karmische Erziehungsmaßnahmen oder die praktische Interaktion mit der subtilen Welt und den Gedankenformen. Das klingt wiederum nach Mystizismus. Was also ist das hier: Mystik, Religion oder psychologische Erkenntnisse?

Wir selbst bezeichnen unsere Methode als »untraditionelle Psychologie«. Im ersten Schritt werden die Gründe für Ihre gegenwärtige Lebenssituation analysiert, um dann im nächsten Schritt den besten Weg zur Erreichung Ihrer Ziele zu bestimmen. Sie können dieses System auch als »positive Psychologie« bezeichnen, da es sich an Menschen richtet, die positiv denken wollen und werden.

Methode Kaugummiautomat

Schlicht ausgedrückt erinnert die Methode von einem gewissen Standpunkt aus an einen Kaugummiautomaten. Sie werfen eine Münze ein und ziehen an einem Griff, bis Ihnen eine Kaugummikugel in die Hand fällt. Nur merken Sie bei unserer Methode im Leben meist gar nicht, dass Sie eine Münze einwerfen! Scheinbar liefert sie Ihnen Kaugummis (spricht Haus, Geld, Autos, Gesundheit) frei Haus. Doch Ihre Lebenserfahrung könnte Ihnen immer noch Anlass geben, das Leistung-für-lau-Konzept infrage zu stellen – Sie wissen, umsonst ist höchstens der Käse in der Mausefalle zu haben. Um Ihren Kaugummi genießen zu können, müssen Sie also, Sie wissen es, »Geld« (beziehungsweise seine Entsprechung) in den dafür vorgesehenen Schlitz einwerfen. Erst danach können Sie ein Ergebnis erwarten.

Die Ereignisgestaltung durch die Kraft der Gedanken scheint auf den ersten Blick Leistungen ohne Bezahlung zu bieten. Es funktioniert so: Ziel auswählen, mentales Modell bauen und es in der Realität bestaunen. Doch so sieht es nur oberflächlich betrachtet aus. Eigentlich funktioniert das System anders ...

Bezahlung

Nun suchen Sie also vorsichtig nach dem Münzeinwurf für Ihren »Lebenskaugummi«. Sie wissen, dass von nichts auch nichts kommt, und darum wollen Sie wissen, wie Sie Ihr Zahlungsmittel eingeben können, um das Leben zur Auslieferung zu bewegen.

Was Sie dabei nicht ahnen: Sie zahlen bereits. Sie entlohnen die Gedankenformen durch Ihre Gedanken, denn diese Gedankenfelder »ernähren« sich von mentaler Energie. Wenn Sie nicht an sie denken, sie anerkennen und andere dazu anstiften, ebenfalls ihre Hilfe in Anspruch zu nehmen, dann können sie nicht existieren. Die so lebenswichtigen positiven Gedankenenergien, die Sie bei Ihren Bestellungen einsetzen müssen, sind also Ihre Münzen.

Ihr Wächter sorgt, Sie erinnern sich, gut für Ihre Seele. Er lehrt Sie, andere Menschen und die Welt um sich herum nicht zu verurteilen. Und wenn Sie die Regeln des Lebens beachten, dann hilft Ihnen Ihr Wächter dabei, Ihre Ziele zu verwirklichen (sofern diese Ihrer Seele weiterhelfen).

Wer mithilfe der Kraft seiner eigenen Gedanken die Ereignisse seines Lebens selbst erschafft, handelt effektiv, sinnvoll und sicher.

Anklopfen

Das Leben um Hilfe zu bitten, ist nicht verboten – eine Bestätigung dafür findet sich sogar in der Bibel: »Bittet, so wird euch gegeben werden; suchet, so werdet ihr finden; klopfet an, so wird euch aufgetan werden!« (Matthäus 7,7) Unsere Methode ist nur die konsequente Anwendung dieser Lehre. Klopfen Sie also an die Tür der höheren Mächte, und wenn Sie das auf die korrekte Art und Weise tun, dann wird die Tür sich tatsächlich vor Ihnen öffnen.

Außerdem haben Sie die Methode, auch ohne sie zu kennen, bereits schon immer angewendet; nur mit dem Unterschied, dass Sie nicht oder nicht immer die erwarteten Resultate erzielten. Jeder denkt intensiv darüber nach, was er braucht und wie er es bekommen könnte, und jeder sucht, ohne es bewusst zu verstehen, unablässig den Kontakt zu bestimmten Gedankenfeldern und lässt sie in der subtilen Welt für seine Wunscherfüllung arbeiten – oft genug allerdings leider vergeblich.

Betrachten Sie sich als einen Blinden mit schwerer Demenz, der sich in einem Einkaufszentrum etwas zum Anziehen kauft: Sie suchen etwas aus, ohne es sehen zu können, dann bezahlen Sie dafür, vergessen aber anschließend sofort, die gekaufte Ware mitzunehmen und verlieren auch noch den Kassenzettel. Kommt Ihnen nun kein eifriger Verkäufer nachgelaufen und bringt Ihnen die Ware, dann gehen Sie nach Ihrer Shoppingtour ohne etwas nach Hause – oder mit einem Sammelsurium an Dingen, die Sie nicht brauchen, nicht wiedererkennen und bei deren Anblick Sie sich nicht erinnern können, sie gekauft zu haben. Nun: Da Sie ja durch Ihre Gedanken und Emotionen ohnehin bezahlen – wäre es da nicht klüger, sehen zu lernen und zu erkennen, was Sie auswählen? Sollten Sie nicht lieber Ihr Gedächtnis trainieren, um sich bewusst an Ihre Wünsche und deren Erfüllung erinnern und sich daran erfreuen zu können?

Mit unserer Methode lernen Sie genau das.

Sicherheitsmaßnahmen im Umgang mit Gedankenformen

Wenn Sie einige Regeln für den Umgang mit Ihren Gedankenfeldern und -formen beachten, können Sie Fehler vermeiden und Ihnen muss keine Lektion zur Kurskorrektur erteilt werden.

Erste Regel: Keine unehrenhaften Ziele anvisieren

An diese Warnung erinnern Sie sich: Wünschen Sie anderen nur Gutes, sonst richten Sie mithilfe niederer Gedankenfelder nicht nur bei den anvisierten Opfern, sondern auch bei sich selbst und der ganzen Umgebung möglicherweise großen Schaden an.

Tatsächlich bezahlen Sie einen hohen Preis für alle unehrenhaften Ziele und Taten. Die Gedankenformen der niederen Ebenen »ernähren sich« von Furcht und Schrecken und kommen immer wieder zu Ihnen zurück – nur um ein Vielfaches stärker und mächtiger. Dabei riskieren Sie, selbst krank oder in einen Unfall verwickelt, beraubt oder verprügelt zu werden, Ihre Arbeit oder Ihr Geld zu verlieren und so weiter. Je stärker Sie Ihre Wünsche mit negativen Gefühlen, Ängsten, Gewalt und Drohungen belasten, desto schwerer fallen sie später auf Sie zurück.

In anderen Situationen kann es nun geschehen, dass Sie anderen versehentlich schaden, also im Verlauf Ihrer Wunscherfüllung jemanden unabsichtlich verletzen. Ein Beispiel: Sie sind in einen Mann verliebt und wollen ihn heiraten. Der Mann ist aber leider bereits verheiratet und auch noch glücklich. Durch die Methode der Ereignisformung durch die Kraft der Gedanken haben Sie ein gutes Mittel zur Hand, den Lauf der Dinge so zu gestalten, dass er sich später scheiden lassen und seine Frau für Sie verlassen wird. Doch damit würde seine gegenwärtige Ehe zerstört, was seine Frau nicht freuen würde. Sie würde unter Umständen auch versuchen, Sie als Verursacherin ihres Elends zu verfluchen. All ihre Anklagen kommen dann sicher bei Ihnen an, ganz besonders, wenn Sie sich selbst schon innerlich schuldig fühlen. Versuchen Sie bei Ihrer Wunscherfüllung also immer, alle Beteiligten vorausschauend einzubeziehen und niemandem von ihnen zu schaden.

Zweite Regel: Nur nicht provozieren lassen
Wenn Sie in irgendeiner Form von jemandem angegriffen werden, dann bieten sich diverse Strategien an, wie Sie darauf reagieren können.

Die typischste und vermutlich verbreitetste Reaktion wäre der Einstieg in den Konflikt, bei dem Sie den Angreifer zu besiegen versuchen. Das geschieht etwa in Actionfilmen, in denen der Held auf seiner Mission alles und jeden niederstreckt, der sich ihm in den Weg stellt, und am Ende siegreich triumphiert.

So läuft es im wirklichen Leben Gott sei Dank nur höchst selten ab. Wenn Sie jemand attackiert, dann fühlt er sich vermutlich stark (er hat ja die Unterstützung seiner niederen Gedankenformen). Sie sollten jedoch nicht darauf eingehen, sondern versuchen, dem Konflikt aus dem Weg zu gehen. Versuchen Sie, den Angreifer mental zu ignorieren, oder entschärfen Sie die Situation durch einen Scherz. Tun Sie, was nötig ist, um sich nicht auf einen Schlagabtausch mit den niederen Gedankenfeldern einzulassen, die nur gierig darauf warten, dass Sie wütend werden. Sie warten bereits grinsend und zum Sprung bereit im Hintergrund, verlassen Sie sich darauf.

Gelingt es Ihnen, den Konflikt erfolgreich abzuwenden, dann stoppen Sie auch den Zufluss negativer Aggressionsenergie in Ihren Körper und Geist. *Lassen Sie sich daher nicht in Konflikte und gewalttätige Auseinandersetzungen hineinziehen; sonst steht Ihnen das Leben nicht bei.*

ZUSAMMENFASSUNG

1. Die Erfahrung zeigt, dass die Methode der Ereignisgestaltung durch die Kraft der Gedanken ein wirksames Mittel ist, um einen Dialog zwischen einem
   Menschen mit Wünschen und Zielen und dem Leben
   herzustellen. Schalthebel in dieser Maschinerie sind
   die Gedankenformen, die ihm entweder bei der Erfüllung helfen oder ihm Hindernisse in den Weg
   legen.

2. Wie für jede andere Dienstleistung müssen Sie auch
   für die Hilfe des Lebens und die der Gedankenformen bezahlen. Der Preis für die Hilfe wird in Form
   Ihrer Gedanken, Gefühle und Energien beglichen.

3. Um nicht dem Einfluss niederer, negativ ausgerich-
   teter Gedankenformen zu erliegen, müssen Sie sich
   vor allem an die wichtigste aller Regeln halten: Vermeiden Sie Idealisierungen!

Typische Irrtümer

Abschließend sollen noch einige Fragen beantwortet werden, die häufig falsch verstanden werden.

Das Recht auf Wünsche

Möglicherweise denken Sie jetzt: »Wenn ich doch freudig das Leben so annehmen soll, wie es ist, habe ich dann überhaupt noch das Recht auf irgendwelche persönlichen Wünsche? Sollte ich nicht dankbar das annehmen, was das Leben (oder Gott) mir gegeben hat?«

Das Leben aber (oder Gott) achtet gar nicht darauf, ob Sie in einer 3-Millionen-Euro-Villa wohnen oder obdachlos auf der Straße, ob Sie bei McDonalds essen oder japanische Feinkost – solange Sie nur glücklich sind! Sie können in einer Hütte mitten im Wald unter primitiven Bedingungen leben und damit vollauf zufrieden sein. Oder Sie können voller Wut, Enttäuschung und Hass jeden Morgen einsam auf Ihrem Landsitz aufwachen und sich ärgern, dass Ihre Nachbarn einen besseren Blick auf die Berge haben.

Anders gesagt: Materieller Besitz macht die Menschen nicht glücklicher oder unglücklicher. Mit Geld kann man Glück nicht kaufen, das alte Sprichwort stimmt vollkommen. Doch unser allgemeiner Drang zur Lebensstandarderhöhung wird jeden Tag größer und sucht jeden einmal heim.

Sie sollten wissen: Das Leben hat Freude daran, uns zu materiellem Besitz zu verhelfen – sofern wie nur dankbar und friedlich darauf reagieren.

Unterschied zwischen Idealisierung und Ziel

Vielleicht fragen Sie sich auch: »Wenn ich mir etwas ganz besonders wünsche, würde dieses Ziel nicht irgendwann in eine Idealisierung umschlagen?«

Eine Idealisierung ist eine übertriebene Bindung an etwas oder jemanden, die über lange Zeit negative Emotionen erzeugt. Solange Sie sich etwas sehr wünschen, aber gleichzeitig keine ständigen Zweifel und Befürchtungen hegen, dass es nicht wahr werden könnte, kann Ihr Ziel auch nicht als Idealisierung betrachtet werden.

Beginnen Sie allerdings, auf dem Weg zur Erfüllung Ihres Wunsches auf Hindernisse zu treffen und depressive Verstimmungen zu verspüren, dann haben Sie aus Ihrem Wunsch tatsächlich eine Idealisierung gemacht und bekommen von den höheren Mächten Lektionen, die Sie lehren sollen, sich von Ihrem übertriebenen Wunsch zu befreien.

Hören Sie nun auf die Signale des Lebens, und schenken Sie den Hindernissen und Lektionen Beachtung, dann können Sie sich der aufgebauten Idealisierung gründlich entledigen. Dann werden Sie keine Probleme mehr damit haben und früher oder später das Gewünschte erhalten.

Immer nachgeben?

Eine weitere Frage ist eventuell: »Die Hauptregel des Lebens besagt, wir sollen es so annehmen, wie es ist. Heißt das, wenn jemand mich angreift, schlägt, beleidigt oder beraubt, sollte ich das einfach so hinnehmen und nachgeben? Habe ich ein Recht auf Selbstverteidigung?«

Sie können zu Ihrer Verteidigung jede Strategie wählen, solange sie sich nicht als negative Resonanz in Ihrer eigenen Seele festsetzt und Ihnen dort schadet. Wenn Sie glauben, beispielsweise einen verbalen Angriff verdient zu haben und sich tief im Inneren gar nicht wehren wollen, können Sie ihn einfach hinnehmen – und Ihre Lehren daraus ziehen.

Es ist für Sie wichtig zu lernen, sich ohne Hass, sondern mit Güte in der Seele und im Herzen zu verteidigen ... vielleicht spüren Sie sogar Mitleid gegenüber jenen Menschen, die Ihnen schaden wollen. Ein Beispiel: Wenn Sie bei Ihrem Geschäftspartner beobachten, dass er Geld so sehr idealisiert, dass er Sie um Ihren Anteil betrügt, dann können Sie sich entscheiden, ihn vor Gericht zu zerren. Wenn Sie während des Prozesses aber den Geschäftspartner auch immer mit Mitleid bedenken, weil Geld das Einzige von Wert für ihn ist, macht der Konflikt Ihrem eigenen Innern nichts aus und füllt Ihren Stressakkumulator nicht weiter.

Es ist nur natürlich, dass die meisten von uns mit Ärger und Enttäuschung auf einen solchen Betrug reagieren, wir sind keine Heiligen. Doch wir alle können diese negativen Gefühle bewusst bekämpfen und klein halten, statt sie über Monate und Jahre mit durch unser Leben zu schleppen, wo sie nur uns selbst belasten.

Sollen die anderen sich ändern?

Eine wichtige Frage: »Ich habe es meinen Eltern (meinem Chef, Ehepartner, Freunden) lange Zeit übel genommen, wie sie sich mir gegenüber verhalten haben. Nun ist mir klar geworden, dass sie nur die Instrumente einer Lektion für mich waren, und ich werfe ihnen nichts mehr vor. Bedeutet das, ich kann nun verlangen, dass sie sich endlich auch ändern und von jetzt an besser benehmen?« Verlangen können Sie das nicht, nein. Niemand ist irgendjemandem etwas schuldig in dieser Welt. Niemand hat die Pflicht, sich zu ändern, nur weil Sie ihm verziehen haben. Niemand verhält sich so, wie er es tut, nur um Ihnen Schwierigkeiten zu machen. Ganz im Gegenteil, vielleicht verhalten die anderen sich so, weil sie Ihnen dadurch (nach ihrer persönlichen Logik) Schwierigkeiten ersparen möchten.

Wir alle sind das Produkt einer bestimmten Kombination aus Umgebung, Erziehung und Lebenserfahrung. Dies lässt sich nicht auf Knopfdruck verändern. Sie können nicht plötzlich anders denken oder leben. Nehmen Sie anderen daher bitte nicht übel, dass sie ihr Leben so führen, wie sie es können und kennen. Erkennen Sie lieber dankbar an, dass sie Ihnen den Unterschied zu sich selbst und Ihrem eigenen Leben so deutlich gemacht haben.

Die Chance jedoch, dass andere sich tatsächlich mehr nach Ihrem Geschmack verhalten, sobald Sie ihnen verzeihen, erhöht sich. Wenn Sie beispielsweise Ihrem Ehemann jahrelang vorhalten, er tränke zu viel Alkohol, und er daraufhin aus Protest nur umso mehr getrunken hat, dann muss er Ihnen, sobald Sie aufhören, ihn zu kritisieren, und ihn in Ruhe leben lassen, nichts mehr beweisen. Die Chance, dass er nun von selbst weniger trinkt, wird größer. Eine Garantie jedoch gibt es nicht. Sie können nicht von ihm *verlangen*, dass er dem Alkohol abschwört, kaum dass Sie ihm verzeihen. Vielleicht hört er nicht auf, weil andere Menschen (Familie, Freunde) ihn immer noch verurteilen und unter Druck setzen und er sich dem widersetzen will.

Das soll und darf aber nicht Ihr Problem sein – Sie persönlich haben ihm verziehen und ihn so akzeptiert, wie er ist. Ihr Problem und Ihre Entscheidungsmacht liegen einzig und allein darin, ob Sie persönlich weiterhin mit diesem Menschen Ihr Leben verbringen möchten. Das ist Ihre Entscheidung, und die haben Sie in der Hand – vergessen Sie das nicht.

Kontakt zu Energiefeldern

Was manche wissen möchten: »Energiefelder erfüllen unsere Wünsche und Träume; gibt es dabei nun ein bestimmtes Ritual zu beachten, wie zu einem solchen Energiefeld am besten der Kontakt hergestellt wird, damit ich es um Hilfe bitten kann?«

Es gibt keine anderen Geheimregeln oder Rituale, um Ihre Energiefelder zu kontaktieren, als jene, die in diesem Buch bereits beschrieben wurden: Wege zum zweckgerichteten und positiven Denken an Ihre Wünsche. Wenn Sie nachdenken, Ihr Vorgehen planen, Ihr Ziel klar visualisieren und es mit guten Gefühlen und Gedanken begleiten, dann ziehen Sie damit konstruktive Energien auf die einzig mögliche Weise an: durch die Macht der Gedanken und Gefühle, welche sie, die Gedankenformen oder Energiefelder, einst erst geschaffen haben.

Wenn Sie planlos umherlaufen und immer nur kurz und unfokussiert über Ihre Wünsche nachdenken, dann dürfen Sie keine großen Erfolge erwarten. Konzentrieren Sie sich lieber bewusst, und geben Sie sich Mühe, Ihre Ziele klar zu erkennen und sie entsprechend dem siebten Prinzip der Methode anzustreben.

Gläubige

Gläubige wollen wissen: »*Ist die Methode auch für Anhänger meiner Religion geeignet?*«

Ja. Die Methode der Ereignisgestaltung durch die Macht der Gedanken widerspricht keinem auf dieser Welt bestehenden religiösen Glaubenskonzept. Sie empfiehlt keine religiösen Rituale und verwendet keine religiösen Attribute. Sie ist lediglich ein sehr effektives Mittel zur Selbsthilfe.

Christen haben vielleicht schon bemerkt, dass der erste Teil unserer Methode einer Interpretation des bekannten, im Matthäusevangelium zu findenden Glaubensgrundsatzes »Richtet nicht, auf dass ihr nicht gerichtet werdet« entspricht. Verärgerung, Frustration und Enttäuschung entstehen aus der Verurteilung der Welt, und wir alle sollten lernen, davon wegzukommen. Mithilfe unserer Methode finden Sie Ihre verborgenen Urteile über andere heraus und können sie eliminieren.

Schlusswort

Wir hoffen, dieses Buch hilft Ihnen mit den vorgestellten Konzepten und praktischen Übungen dabei, Ihre Lebensziele zu identifizieren und zu verwirklichen. Vielleicht haben Teile des Buches Sie zweifeln lassen, andere Gedanken aber haben Sie hoffentlich inspiriert.

Niemand verfügt über die ultimative Wahrheit, und wir respektieren Ihr Recht auf Ihre eigene Meinung zu den hier vorgestellten Konzepten. Wenn Sie unsere Methode ausprobieren (bleiben Sie mindestens drei bis fünf Monate dabei, bevor Sie ans Aufgeben denken!), dann werden Ihnen Ihre eigenen Erfahrungen beweisen, dass sie funktioniert. Sollten Sie jedoch aus irgendeinem Grund beschließen, dass die Methode nicht das Richtige für Sie ist, dann hören Sie bitte nicht auf, nach anderen Wegen zu suchen, um in Ihrem Leben Glück und Frieden zu finden.

Machen Sie aus Ihrem Leben das, was es sein kann und soll.

Wir wünschen Ihnen auf dem Weg dahin viel Freude und Erfolg.

Bibliographie

Sviyash, A./ Kisselow, K. (Übers.): *Was tun, wenn alles anders ist, als man möchte? Wege zur Selbstheilung.* Vega 2002.

Noch nicht in Deutsch erschienen:

Sviyash, A.: *Sensible World. Live Joyfully.*

Sviyash, A.: *What Stops You From Being Rich.*

Sviyash, A.: *Mind Heals Drug Kills!*

Sviyash, A./Sviyash, J.: *Advice on Arranging and Re-arranging Your Marriage.*

Sviyash, A./Sviyash, J.: *Smile Before It's Too Late. Positive Psychology in Everyday Life.*

Sviyash: *Lessons of Life, FAQ.*

Über den Autor

Alexander Sviyash

Der bekannte russische Autor leitet das »Center of Positive Psy-
chology«, das sich zum Ziel gesetzt hat, den Menschen bei der
Überwindung ihrer inneren Barrieren zu helfen und sie auf dem
Weg zum Erreichen ihrer Ziele zu begleiten. Sviyash bezieht seine
Energie und seine Weisheiten aus Meditationen im Himalaya, wo
er sich oft aufhält. Er hat zehn Bücher veröffentlicht, die allesamt
Bestseller wurden und mehr als acht Millionen Lesern zum Glück
verholfen haben.

Weiterführende Informationen zu
Büchern, Autoren und den Aktivitäten
des Silberschnur Verlages erhalten Sie unter:
www.silberschnur.de

Sie können uns alternativ
die beiliegende *Postkarte* zusenden.

Ihr Interesse wird belohnt!

240 Seiten, Klappenbr.
ISBN 978-3-89845-336-3
€ [D] 14.90

Carly Newfeld

Der inneren Führung vertrauen

Botschaften aus Findhorn

Dieses wertvolle Buch erkundet die vielen Möglichkeiten, um spirituelle Führung zu erhalten und auf unsere Intuition zu hören – und beiden achtsam und freudig zu folgen. In aufschlussreichen Schilderungen und spritzigen Dialogen erzählt Carly Newfeld Geschichten von Menschen, für die innere Führung und Intuition wie selbstverständlich zum Alltag gehören. Die Autorin schenkt uns einen Einblick, wie dank der inneren Führung von Eileen Caddy, Dorothy Maclean und Peter Caddy die Findhorn-Gemeinschaft entstand. Später nimmt sie uns mit zu sich nach Hause und auf Abenteuer, in denen wir schillernden Persönlichkeiten und ganz normalen Leuten begegnen, die uns zeigen, welche vielfältigen Formen innere Führung annehmen kann.

192 Seiten, 2-farbig,
Klappenbr.
ISBN 978-3-89845-335-6
€ [D] 14.90

Chris Prentiss

Das 9x9 der Lebensweisheiten

Kostbare Geheimnisse für ein glückliches Leben

Chris Prentiss, international bekannter Autor vieler Bücher, hat fast 40 Jahre lang überall auf der Welt nach den Geheimnissen geforscht, die Menschen wahren Erfolg, Wohlstand und anhaltendes Glück bescheren. Dabei hat er einen Weg entdeckt, der zu den wunderbaren Gaben geführt hat, nach denen wir uns alle sehnen: wahre Freundschaft, Frieden, Glück, liebevolle Beziehungen zu Menschen, insbesondere zu unseren Kindern, sowie ein einträglicher Beruf.
Die 81 Geheimnisse in diesem Buch werden auch Sie frei machen, beschützen und Ihnen Glück bringen, damit Sie sich auf den Flügeln von sechs Drachen in die Höhen des Erfolges emporschwingen können ...

232 Seiten, broschiert
ISBN 978-3-89845-303-5
€ [D] 16.90

Denise Linn

Soul Coaching – Ihr persönliches Seelen-Programm

Wenn Sie tatsächlich imstande wären, eine Botschaft von Ihrer Seele zu vernehmen, was würde sie Ihnen mitteilen wollen?

Soul Coaching ist ein 28-Tage-Programm, das sich damit befasst, in verschiedenen Bereichen Ihres Lebens Ordnung zu schaffen. Befreien Sie sich von mentalem, emotionalem und physischem Ballast, um so die spirituelle Botschaft der Seele zu vernehmen.
Es ist Ihr Buch, wenn Sie ein friedvolles, ausgeglichenes Leben ohne Hast und Hektik führen und sich selbst lieben sowie schätzen wollen.

160 Seiten, Klappenbr.
ISBN 978-3-89845-277-9
€ [D] 12,90

Dr. Wolfgang Schwahn

TU's!

Erfolgs-Styling

Wer träumt nicht vom Fliegen, vom Abheben von der grauen Alltäglichkeit, vom Überfliegen der vielen kleinen und großen Probleme? Aber was nützt das Träumen, wenn keine Taten folgen?

»TU's!« ist daher die klare Aufforderung dieses ersten Bandes, der dem interessierten Leser die Erfolgsinstrumentarien erläutert, damit er sein Lebensziel konsequent und mit echter Begeisterung erreichen kann. Anerkennung und Erfolg im Beruf, in Ihrer Beziehung und im Leben ganz allgemein – wie Sie dies erreichen können, zeigt der erfolgreiche Unternehmer Dr. Schwahn in diesem sympathischen Coaching-Helfer zum Erfolgs-Styling ...

192 Seiten, broschiert
ISBN 978-3-89845-294-6
€ [D] 12,90

Guido Ernst Hannig

Lebe deine wirkliche Berufung

Der spirituelle Weg

Spirituelles Berufscoaching ist der Schlüssel, um zur wahren Berufung zu finden. Doch zu einem erfüllenden Arbeitsleben gehört neben der Entdeckung auch die Umsetzung der Berufung. Das Kernanliegen dieses Buches liegt in den Antworten auf folgende Fragen:

- Was möchten Sie in Ihrem Leben verwirklichen?
- Sind Ihre Visionen klar genug, um sie in Ihr Leben zu bringen?
- Sind Sie bereit, auf die Kräfte im Universum zu vertrauen?

Dieser spirituelle Berufscoach illustriert anhand von realen Coachingfällen, wie man lernt, seine geheimen Wünsche zu entdecken.

160 Seiten, broschiert, 2-farbig
ISBN 978-3-89845-302-8
€ [D] 14,90

Petra Schmidt-Decker

52 Verträge mit mir selbst

Das Geheimnis der Gewinner

52 VERTRÄGE MIT MIR SELBST wirken wie eine unerwartet positive Nachricht: Sie bekommen bereits beim Lesen gute Laune, werden zuversichtlich, strahlen aus, dass auch Sie das Gewinner-Gen in sich tragen. Dieses Buch zeigt Ihnen, wie Sie es aktivieren können.

Das lang gehütete Geheimnis, wie man Angst, Unsicherheit, Niedergeschlagenheit in Zuversicht, Optimismus, Lebensfreude, in Mut, Energie und Anerkennung umwandelt, wird hier zum ersten Mal gelüftet.

208 Seiten, broschiert
ISBN 978-3-89845-347-9
€ [D] 6,95

Kurt Tepperwein

Das Anti-Ärger-Programm

Sicher geht es Ihnen wie den meisten Menschen: Sie ärgern sich –
manchmal mehr, manchmal weniger, aber immerhin: Sie ärgern sich ...
ob über Ihren Nachbarn oder über Ihren Arbeitsplatz. Ärger ist für
manche schon zu einem Teil ihres Lebens geworden und bringt sie
regelmäßig aus dem Gleichgewicht. Dieses Buch geht daher bewusst
tiefer und beleuchtet Ihre Gedanken und Einstellungen und führt Sie
über die geistigen Gesetze zu den Fragen nach dem Sinn des Lebens.
Die Selbstanalyse hilft Ihnen, sich selbst und Ihre Ziele besser kennenzulernen, und in praktischen Übungen lernen Sie, wie Sie diese
auch erreichen. Dann heißt es: Schluss mit dem Ärger – und Sie
können endlich ja sagen zu einem erfüllten und bewussten Leben.

208 Seiten, durchg. farbig,
Klappenbr.
ISBN 978-3-89845-305-9
€ [D] 16,90

Brenda Barnaby

Reichtum beginnt im Kopf
Praxisbuch zum Gesetz der Anziehung

Das universelle Gesetz der Anziehung ist ein uraltes Geheimnis, das
den Meistern der esoterischen Traditionen und den Mitgliedern von
Geheimgesellschaften bekannt war. Viele Jahrhunderte lang war das
Wissen um dieses machtvolle Gesetz und seine praktische Umset-
zung daher nur wenigen Eingeweihten zugänglich.
Abwechslungsreich und leicht verständlich führt Brenda Barnaby den
Leser in die Geheimnisse ein, wie dieses Gesetz ohne große Mühe
angewendet werden kann. Sie lernen, in Verbindung mit den Energien
des Kosmos zu treten und Ihre Probleme zu lösen. Das Gesetz der
Anziehung wird Sie in einen Gewinner verwandeln.

104 Seiten, broschiert
ISBN 978-3-89845-268-7
€ [D] 9,90

Ernie Carwile

Beharrlichkeit
Die Kunst des Scheiterns bis zum Erfolg

Wollen Sie das Geheimnis aller wirklich weisen, erfolgreichen und
wohlhabenden Menschen erfahren?
Indem sich der Autor auf bekannte Persönlichkeiten aus der Geschichte beruft, webt Ernie Carwile ein Netz, das Sie jedes Mal sicher auf-
fängt, wenn Sie wieder an sich zweifeln oder den Mut verlieren sollten,
Ihre Träume in die Tat umzusetzen. Er zeigt anhand von treffenden
Zitaten und unterhaltsamen Anekdoten von einflussreichen Denkern
sehr anschaulich: Sie alle vertrauten auf eine einzige, simple Tugend,
die stets hundertprozentig zum Erfolg führt: Beharrlichkeit ...